浙江省教育厅立项课题（Y201636839）研究成果
浙江外国语学院学术著作出版基金资助
浙江外国语学院阿拉伯研究中心资助

海湾合作委员会集体身份建构研究

刘　彬著

浙江工商大学出版社
ZHEJIANG GONGSHANG UNIVERSITY PRESS
·杭州·

图书在版编目（CIP）数据

海湾合作委员会集体身份建构研究 / 刘彬著. — 杭州：
浙江工商大学出版社，2020.6
ISBN 978-7-5178-3927-9

Ⅰ.①海… Ⅱ.①刘… Ⅲ.①中东问题－研究 Ⅳ.
①D815.4

中国版本图书馆CIP数据核字（2020）第108402号

海湾合作委员会集体身份建构研究
HAIWAN HEZUO WEIYUANHUI JITI SHENFEN JIANGOU YANJIU
刘　彬　著

责任编辑	张婷婷
封面设计	林朦朦
责任印制	包建辉
出版发行	浙江工商大学出版社
	（杭州市教工路198号　邮政编码310012）
	（E-mail：zjgsupress@163.com）
	（网址：http://www.zjgsupress.com）
	电话：0571-88904980，88831806（传真）
排　　版	杭州红羽文化创意有限公司
印　　刷	杭州高腾印务有限公司
开　　本	710mm×1000mm　1/16
印　　张	15.25
字　　数	226千
版 印 次	2020年6月第1版　2020年6月第1次印刷
书　　号	ISBN 978-7-5178-3927-9
定　　价	49.00元

目录

导　论

　　1981年5月25日，出于对国家安全的首要关切，阿联酋、阿曼、巴林、卡塔尔、科威特和沙特阿拉伯等六个海湾君主国家在阿联酋首都阿布扎比宣告海湾合作委员会正式成立，自此海湾六国走上了努力通过各领域协调发展、一体化合作从而实现联合自强的道路。在地区一体化进程的推动下，经过三十多年的共同努力，海合会六个成员国在政治、经济、安全等领域成果丰硕。经济上，在海合会促进下，成员国之间不仅建立了相对完善的内部统一市场和海关联盟，同时正在向建立统一货币的贸易体系迈进；政治方面，海合会在促进成员国之间睦邻关系与合作方面积极努力，并在早期曾有效应对来自伊朗和伊拉克的地区威胁，维护了地区的安全和稳定；军事层面，海合会国家通过建立半岛防御力量等方式共同致力于加快军事力量的现代化建设，提高联合防御的水平，扩大安全合作领域，并将非传统安全合作提升至战略层面。基于日臻成熟的多边合作机制，海合会国家在实现集体安全与发展的同时，在解决成员国内部以及与其他国家之间的矛盾、协调地区国家间争端、维护海湾以及中东地区的安全与稳定等方面正扮演着越来越重要的角色。特别是在2010年底以来的中东大变局中，海合会凭借其雄厚的经济实力和美国的大力支持，乘势扩大在海湾以及中东地区的影响力，中东政治格局"东升西降"的态势日趋明显，以海合会为代表的区域机制的重要性迅速提升。

　　除此之外，海合会国家集体合作体系的构建还具有更为深远的意义。事实上，早在海湾合作委员会成立之前的20世纪40年代，阿拉伯国家就曾有过多次民族统一、合作与联合的实践经验，但结果总是以衰落或瓦解而告终。因此有学者指出，"全体阿拉伯国家将是世界一体化的局外人"①，"建立地区联合与联邦的努力几十年来都未见成功，在阿拉伯主义边缘地区的再一次尝试（指海合会成立）自然不值得寄予过高的希望"②。海合会六国用三十多年的多元一体化进程的事实辩驳了地区一体化方面"阿拉伯例外"的论断，但与此同时也引发了我们的进一步思考：同样作为阿拉伯世界的成员，同样身处复杂多变的地区与国际政治与安全环境，为什么海湾六个君主国能够结成相对紧密的区域共同体并长期得以存在和发展？为什么同为海湾国家的伊朗、伊拉克与海合会国家的关系常常陷入安全困境而一直难以融入海湾石油国家俱乐部？为什么美国最终得以进入海湾六国构建的安全利益框架当中并影响海湾六国乃至整个海湾地区的安全走向呢？对于具有一体化特征的海合会地区合作体系，是否存在一种深层次的结构性因素决定着海湾六国一体化合作的形成与发展？如果有，这种因素具有哪些特点，它是凭借何种内在逻辑来对海合会地区合作体系产生作用的？同时它又有哪些问题和缺陷，导致海合会内部特别是近年来出现问题甚至重大危机，以及它将如何影响海合会一体化合作的未来走势？

对于上述疑问，建构主义的"集体身份"理论可以为我们提供一个新颖而又合理的研究视角与解释路径。在国际社会，认同其他社会成员的利益是国家自我身份之外的又一种社会身份，建构主义称其为"集体身份"。集体身份超越了国家身份，是社会群体认同的"同心圆"。集体认同寻找的是相同点，也就是同一性，体现的是结合点，也就是群体共有的东西，其中，群体的共有知识或者说共有观念通过行动者的社会化互动的实践活动，将群体的集体信念进行不间断的相互传承，形成集体记忆，使群体获得新的集体身份和利益，而不同的身份建构出不同的文化，在国际关系层面则意味着将建构出不同的国家间的关系状态。

在国际关系学科知识谱系的生成与发展进程当中，不同理论与学派总是围绕"冲突与合作"这一核心主题展开讨论与研究，其辩争的内容也大多涉及冲突与合作的原因、内涵和影响等等。在西方国际关系理论的长期

---

① 萨米尔·阿明：《世界一体化的挑战》，社会科学文献出版社2003年版，第211页。
② ［美］彼得·卡赞斯坦：《国家安全的文化》，宋伟、刘铁娃译，北京大学出版社2009年版，第400页。

论战中，社会建构主义在20世纪80年代兴起，成型于80年代末与90年代初，因其引入了观念结构理论，运用社会学研究方法对国际政治做出全新解读，因而引起学术界普遍关注，并于90年代中后期发展为强劲的国际关系理论学派，并与新现实主义、新自由主义并列为国际关系学科体系中的三大支柱理论。

在建构主义理论体系中，观念因素贯穿始终，正如建构主义领军人物亚历山大·温特所说，"观念（几乎）是无所不在的"[①]。首先，建构主义理论强调整体主义的方法论，整体主义是社会学的常用研究方法，在国际关系领域特指国际体系结构对国家的作用，以国际体系整体为基本分析单位来解释作为个体的国家的特征，并特别强调国际体系文化或共有知识、共有观念对国家的意义；其次，建构主义坚持理念主义的世界观，尽管承认物质因素的重要性与客观存在，但它强调更为重要的是社会性建构，提倡重视观念的作用，因为客观物质因素只有通过行为体的共有观念才能够产生意义和实质性内容。应当说，强调国际体系共有知识的整体主义方法论与重视观念作用的理念主义世界观共同构成了建构主义的理论基础。

建构主义者同时强调，建构主义是一种结构理论。在建构主义看来，在任何社会体系中，归根结底，只存在一种整体结构，而结构理论的研究目标就是表明体系中的因素如何结合以形成一个整体。"任何社会体系的结构都包含三个因素：物质条件、利益、观念。"[②]其中，观念决定利益；利益决定具有意义的物质条件；物质条件决定客观事实。简言之，就是"身份决定利益，利益决定行为"。因此，本质上来说，建构主义的结构是一种社会意义的结构，其构成是行为体的共有观念，在国际关系语境中，行为体就是国家，社会结构就是国际体系中的观念分配或者说国家主体之间的社会规则结构。这种观念分配的社会结构的形成和发展的基本条件是国家主体的社会化过程，即国家主体之间的互动造就了社会观念结构。通过国家之间的主体间实践，互动双方或多方可以形成并强化一些观念，同

① ［美］亚历山大·温特：《国际政治的社会理论》，秦亚青译，上海人民出版社2008年版，第131页。
② 同上，第139页。

时开始共有这些观念，从而形成某种国际政治文化，国际关系中的无政府状态就是通过国际社会成员在相互社会实践过程中建构起来的。而建构主义所认为的由观念建构的身份与利益的理论意义在于它打破了国际社会坚持的无政府状态的一贯逻辑，国际社会的无政府状态并非一成不变，而是根据国家间互动性质与身份建构的不同包含了多种逻辑内涵。（1）霍布斯文化：当自我以自私的方式对待他者，他者仅仅是一个外在客体，他者在自我这里没有权利和地位，只能被消灭或被征服，这时自我和他者之间就没有共同利益和认同，集体身份就不会存在，自我与他者的关系是由敌人的角色结构确立，其核心内容是敌意，是国家之间互存敌意、互为敌人的社会规则结构。（2）洛克文化：当自我承认他者的生存权利，二者建立起相互承认权利的关系，在国际关系层面就是国家间的主权成为共同的认同基础，对一个国家主权的威胁实际就是对整个体系的威胁，因为他者的主权权利被纳入自我的视域中，成为自我的一部分，这时国际结构由竞争对手的角色结构确立，其核心内容是竞争，国家之间不再互为仇敌，承认彼此的生存权利和财产权利，国家间关系的特征是维持现状。（3）康德文化：当自我与他者的相互认同关系演变成自我的认知领域包含了他者，把他者安全视为自己的安全，自我和他者形成了一个相对统一的认知领域，这时共同体的逻辑结构最终形成，自我与他者的关系结构由朋友的角色结构确立，其核心内容是友谊，国家之间的基本行为规则是非暴力和互助。①

在建构主义理论看来，作为观念结构的"规范"和"认同"在国家行为体间的社会化进程中发挥着关键性作用。这也是本书探讨海合会集体身份建构问题贯穿始终的核心切入点和思维工具。其中"规范"可以定义为"界定权利和义务的行为标准"②，包括理性法律规范和社会文化规范，规

---

① 秦亚青：《国际体系的无政府性——读温特〈国际政治的社会理论〉》，《美国研究》2001年第2期，第143—144页。

② Friedrich V. Kratochwill. *Rulls*, *Norms and Decisions*: *On the Conditions of Practical and Legal Reasoning in International Relations and Domestic Affairs*. London: Cambridge University Press, 1989, p. 59.

范具有规定和指导行为的常规性影响，同时更具有界定国家利益和构建集体认同的构成性影响；"认同"（或者称为"身份"）概念来自社会心理学，建构主义者将其引入国际关系领域，并解释为"自我与他者关系的理解"，是"民族和国家属性的建构"，[①]同规范一样，在国际关系领域，国家间集体认同能够建构并重新定义国家行为体的利益与偏好。建构主义将"规范"与"认同"引入国家关系的研究领域并成为建构主义的两个核心概念，国际关系研究的社会学转向通过规范与认同清晰地表现出来。由于行为体的互动实践不同，规范与认同也就不同，规范与认同附着于行为体，兼具主体间性与体系结构的特征。这种结构不仅可以约束行为体的行为，而且还可以改变行为体的身份。身份不同，利益则不同，国家的行为也会不一样。所以行为体如果在主体间的互动过程中被赋予新的身份，建立起新的规范，先前的国际政治图景就会发生改变。同时，"嵌入性"是作为规则和制度的规范在国际体系结构中的属性，规范具有构成作用，嵌入在行为主体的行为当中，内生于行为体的活动当中，其作用不仅仅是规定行为体的行为，更是给作为行为体的国家提供了对共同利益的集体理解，从而建构行为体的集体身份和利益。具体到本书，从建构主义理论出发考量海合会六个成员国的集体身份问题从一定意义上来讲就是认识在社会化互动基础上海合会六个主体国家之间的共有规范与地区认同的相互影响和共同作用的过程。

同时需要强调的是，建构主义理论认为，集体身份和利益是社会建构的，是社会结构和社会互动的产物，社会化互动是集体身份形成的动力。建构主义把社会化定义为"互动的普遍特征，通过互动，认同和利益生产和再生产出来"[②]。对于共同体而言，社会化互动对于解释主体间性的结构如何转变成国家间的集体身份和利益具有重要意义，同时集体身份是国际体系成员相互作用并基于国际社会承认的集体形象和特征，集体身份和

---

① 袁正清：《国际关系理论的社会学转向：建构主义研究》，上海人民出版社2005年版，第130页。

② 同上，第118页。

利益会随着成员国的互动的变化而变化。①

此外，不容忽视的是，集体身份体现的是集体利益，集体利益不是成员国家个体利益的简单叠加或汇总，而是在共同行动中由规范和制度影响与决定的统一利益。这种利益有时会要求个体国家抑制甚至放弃自我利益，而通过实现集体利益来满足个体利益。"集体身份形成的关键是国家要超越自私，考虑他国利益，将他国利益纳入自我"②，由此使得集体身份的建构难免面临来自个体身份的阻力。因此"在向集体身份进化的过程中处处存在阻力"③，由此使得在社会化互动过程中集体身份的形成和持续往往面临挑战而并非简单的螺旋式上升，当个体身份与集体身份矛盾激化时国家集体甚至面临衰落与瓦解的风险。

需要说明的是，建构主义已发展为当代国际关系学科谱系中的核心理论之一，并以强大的活力进入区域安全主义研究的实践前沿。尽管如此，本书对于建构主义理论并非毫无原则地接受与赞美，因为不存在对经验的分析和总结能够穷尽所有事实的理论，任何理论都是有其自身边界的；同时，围绕社会建构理论，来自内部的论争与外界的质疑一直存在，正如齐菲斯（Maja Zehfuss）所言，"建构主义已经成为不可回避的一个现象"，"虽然建构主义的勃兴是确定的事实，人们很难不受质疑地总结出它的关键论点"④。因此对于本书而言，建构主义集体身份理论的可贵之处在于它提供了一种新的理论视角来分析和理解国际关系中的区域合作与和平变革。

关于建构主义集体身份理论对于海湾合作委员会的理论适用性问题，首先从建构主义安全研究的经典著作《国家安全的文化：世界政治中的规范与认同》谈起。该书汇集了十六位美国一流学者的学术论文，集中探讨

---

① 姚勤华：《欧洲联盟集体身份的建构》，上海社会科学院出版社2003年版，第25页。
② 同上，第23页。
③ ［美］亚历山大·温特：《国际政治的社会理论》，秦亚青译，上海人民出版社2008年版，第452页。
④ ［美］彼得·卡赞斯坦：《国家安全的文化》，宋伟、刘铁娃译，北京大学出版社2009年版，第9页。

了规范、认同和文化在国际国内安全领域的影响问题，它将建构主义基本观点首次全面应用于实证领域，并且是将建构主义同安全研究结合起来的第一次尝试之作。尤其需要指出的是，该书运用建构主义理论将其实证研究领域从欧美国家到第三世界，包括"二战"前的法国、"二战"后的德国和日本、冷战时期的苏联、独立后的阿拉伯世界以及毛泽东时期的中国，其中用了一定的篇幅从认同角度对海湾合作委员会的创建与发展进行了阐述，表明建构主义从发达国家到发展中地区的广泛的理论适应能力，这主要基于该理论自身所具有的"社会本体论"的理论特性。

建构主义的社会本体论，是指建构主义认为我们所面对的世界并不是独立于我们的物质世界，而是我们实践活动的产物，是一种社会事实或社会类别，而社会世界是一种主体间性的和集体意义的世界。[①]以此为基点，建构主义将哲学与社会学的问题引入国际关系研究当中。首先，关于国家的本体地位，建构主义突破了以往国际关系理论将国家非人化的经济学思维方式，将国家人格化，认为国际关系研究应考虑人的本体性，特别是人的社会性，而国家是由人组成的，人与人之间的互动构成了社会，国家与国家的互动构成了国际社会，应当让人性回归国际政治研究，使国家间关系具有人性的能动性、实践性与社会性。这就是说，无论国家的类属，无论是西方的自由民主社会还是海湾六国的君主王权制度，在建构主义眼中，都是具有人的基本属性的国家主体，在这一点上各个国家和国家集团都是平等的、相通的。

其次，建构主义理论关注的是从人的本体性角度理解共同体成员国家的集体身份问题，国家间的共有认同问题实质上就是回答"我是谁？他是谁？我们是谁？他们是谁？"这类哲学的基本概念性问题。在建构主义的研究视角下，海合会集体身份的打造同样是基于对上述哲学本体论问题的回答，随着海合会的群体边界日益明晰和"我群体"的概念逐渐明确之后，加之共有规范的引导和国家间社会化互动的作用，海合会集体认同获

---

① 袁正清：《国际政治理论的社会学转向：建构主义研究》，上海人民出版社2005年版，第3页。

得了进一步调整和加强。

此外，建构主义将社会学的互动理论引入国际关系研究领域，社会层面的互动指人与人之间的相互交往，由于国家具有人的社会性，国际关系中的社会互动即指国家主体之间的相互交往与沟通。在回答了"我是谁?"之类的本体性问题之后，在社会互动层面，建构主义则提出并试图解答"我怎样成为我"和"他怎样成为他"的社会实践和互动进程问题。①这是从本体论出发研究国际关系当中国家间的社会化互动问题。在海湾合作委员会从成立至今的近40年发展进程中，海合会六国共同体意识的形成与强化正是通过六国之间各种形式和各个层面的长期交往实现的，这也就回答了海湾六国"我们怎样成为我们"的问题。

由此可见，建构主义将哲学中的本体论的基本问题与社会学的根本问题融入国际关系研究领域当中，在集体身份建构研究方面具有不分国家类属的普适价值，对于海合会集体身份建构研究同样具备理论适用性，可以从社会学的研究视角对海合会集体身份认同的有关问题进行客观、全面的分析与解读。

在共同体内部，尽管成员国之间具有一体化倾向，但在作为国际关系行为主体的国家之间仍存在着产生重大分歧的可能性，因此一体化进程中共同体集体身份的出现也并不意味着矛盾与冲突本身不存在，关键是共同体内部成员之间是否具备和平处理分歧与冲突的能力。由于政体相近、历史际遇相似、社会结构趋同、王室交往密切以及彼此邦邻，加之拥有共同的阿拉伯民族属性和伊斯兰宗教信仰，海湾六国基本属于"同质"国家。但是即便如此，由于国情差异、历史问题等，海合会国家之间对于各种地区以及国际问题的认识以及策略方面存在一定的差异和分歧，甚至部分国家之间因利益冲突导致双边关系出现过严重危机，如卡塔尔、巴林的领土争端。基于不以武力解决问题的共同的和平预期和行为规范，加之海湾六国依托海湾合作委员会长期形成的协商一致、及时沟通的传统，海合会国

---

① ［美］亚历山大·温特:《国际政治的社会理论》，秦亚青译，上海人民出版社2008年版，第25页。

家间的分歧与矛盾甚至冲突最终能以和平的方式加以解决，同时也暴露出海合会内部在组织规范的完善、后续执行机制的保障、争端解决机制的优化和效能方面的明显弊端，特别是中东剧变发生以来海合会内部以沙特等国同卡塔尔的外交危机等标志性事件。由此进一步表明，尽管在海湾合作委员会成立之初，海合会就阐明了实现成员国统一化和一体化的最终目标，并设定了在所有领域开展合作并建立相同制度的近期目标，同时以海合会为制度和组织依托进行了长期的社会化交往与一体化努力，虽然六国之间出现了具有互惠型集体体系的特征，经济一体化取得一定成绩，集体安全体系也具备了一定规模，但一体化的最终目标尚未真正实现，成员国之间的信任程度仍有待提高、治理体系仍需进一步完善和制度化，特别是在一体化进程中，海合会并未发展成为超国家机构并发挥有效作用，六个成员国在主权让渡与关系协调方面仍面临诸多挑战。这一方面表明海合会集体身份建构方面仍存在不少困难，同时也在一定程度上动摇了海合会集体身份建构的基础，侵蚀了成员国一体化取得的部分成果。

第一章

区域一体化与海合会集体身份建构

建构主义认为，可以将共同体的共享认同、价值观、规范与意图等共有知识看作"结构变量"，它决定着共同体形成的基础、发展模式与方向，成员国之间多元互动中的经济往来、社会文化交流、制度化的国家间组织等实践形式可以看作"过程变量"，它在数量和质量上的增加塑造着集体实践，改变着社会现实。通过结构变量与过程变量之间长期积极、动态的互动，促进了彼此间集体认同、共有规范和长久利益的发展，进而催生出成员国之间对于和平往来的稳定、可靠的预期。本章将依托上述观点，重点探讨海合会成员国之间如何通过多元一体化合作这一"过程变量"来实现海合会集体身份以及制度规定等"结构变量"的形成与发展。

　　关于一体化，可以理解为：一定地理范围内的国家与社会，在经济相互依存的存在或期望的基础上，通过有意识的政策与制度设计，加深相互间经济社会政策的融合与趋同，在广泛的领域建立起一定程度的共同规则与制度。①早在海湾合作委员会成立之初，海湾六国就将实现一体化作为其重要宗旨与崇高目标在海合会基本章程当中进行了阐明：……愿意实现相互间在各领域的发展、一体化和密切联系，相信相互间的协调、合作与一体化有利于阿拉伯民族的崇高利益，为了加强和密切相互间的合作与关系，为了在人民关心的各重要领域继续做出努力，实现人民的抱负和创造更加美好的未来并实现各成员国的统一……②围绕该目标，依托海合会为组织形式，海湾六国努力向实现一体化迈进，颁布了多个有关协调统一与一体化的纲领性文件，一体化的实践涉及政治、经济、军事、司法、环境、教育、外交等多个领域，特别是在早期合作中取得诸多成绩，推动了海合会成员国关系的不断深化和"海湾"身份的建构，但同时暴露出的一些问题与短板，对海合会内部凝聚力与稳定性带来的影响不容忽视。

---

① 王学玉：《通过地区一体化实现安全共同体：一个分析的框架》，《欧洲研究》2003年第5期，第17页。
②《阿拉伯海湾国家合作委员会基本章程》，海湾合作委员会网站，http://www.gcc-sg.org/。

第一节

海合会一体化合作的历史考察

1981年5月25日，阿联酋、阿曼、巴林、卡塔尔、科威特和沙特在阿布扎比峰会上联合签署海湾合作委员会宪章，从而标志着海湾合作委员会的正式成立。海合会的诞生成为海湾六国一体化进程的开端，同时也意味着"海合会国家集体身份认同"动态发展过程的启动。迄今为止，海合会六个成员国的安全合作关系已经历了30多年的曲折发展历程。一方面，在海合会一体化长远目标的引领下，六国之间一直保持着多方面、多层次的长期交往与互动；另一方面，海湾六个君主国已形成了不同于传统的阿拉伯民族主义的地区集体认同和具有"海湾范式"的共有规范；同时，经过长时间的积极、正面交往以及一系列的动荡与波折，一度被海湾六国忽视的国家间和平变化的可靠预期已基本建立。可以说，尽管存在着各种不尽如人意之处，海合会国家的"海湾"集体身份与"海湾"地区意识逐渐形成，并正处于进一步的发展与提升进程当中。由于社会化交往互动对海合会集体身份的形成发挥着基础性的关键作用，本节将以海湾六国之间经济与安全合作为线索，对海合会自成立以来迄今30多年的发展历程进行系统梳理。

一、海湾六国的早期交往（1961—1981 年）

海合会的成立并非一朝一夕的结果，而是建立在海湾六国前期努力与合作交往基础之上的。通过海湾六国之间加强接触与互动、实现联合自强的早期实践与经验累积，海湾六国"具有独立主权的海湾阿拉伯君主国家"的身份意识与认同开始显现，具有海湾风格与范式的共有观念与规范日渐明晰，从而为六国之间未来阶段更高层级的多方位合作奠定了坚实的基础。

（一）阿拉伯联合酋长国的诞生

1961年6月，科威特宣布独立，开了海湾阿拉伯君主国家追求完整主权、争取民族独立的先河，在随后的十年当中，阿曼、阿联酋、巴林、卡塔尔相继宣告成立或实现独立，其中，阿拉伯联合酋长国的诞生尤其值得关注。一则因为它是当代阿拉伯国家已实践过的多个国家联合体中唯一现存的联邦制国家，更为重要的是，阿联酋的成立为后来海湾六国的多边合作以及海合会的诞生提供了丰富的历史经验和可行的有效路径，证明了新兴海湾国家实现联合或一体化的能力与可能性，并对海湾六国集体规范的形成起到一定的探索作用，对于海湾六国的未来合作具有先行区的意义。

海湾南岸以及阿曼湾北岸的狭长地区，与阿曼有着密切的历史渊源。由于英国殖民当局的干预，该地区于19世纪中叶脱离阿曼并成为英国的保护地，统称为特鲁西尔阿曼。[①]1952年，英国殖民当局为加强对"被保护"的诸酋长国的管理与干涉，专门成立了特鲁西尔诸国理事会，以协调共同政策，并逐步走向联邦国家。该理事会没有成文宪章，是一个协商和咨询机构，由此海湾地区国家联合的倾向初露端倪。之后的1958年，沙迦和富查伊拉的执政者曾尝试建立联邦并达成协议，但最终该计划流产。进入20世纪60年代以后，特别是苏伊士运河战争失败后，英国在海湾地区的颓势更加明显，处于内外交困的窘境。为摆脱困境，1966年，英国国防部发表白皮书，主张收缩海外势力，英国从苏伊士以东撤离成为历史必然，其在海湾地区的军事与政治存在自然也在考虑之中。1968年初，英国宣布将在1971年底前结束它与海湾诸酋长国自1820年以来签订的所有现存条约，并

---

① "特鲁西尔"为英语"休战"的音译，在英国殖民保护时期，该地区逐渐形成阿布扎比、迪拜、沙迦、阿治曼、乌姆盖万、哈伊马角和富查伊拉等七个酋长国。

从海湾地区整体撤离，同时建议特鲁西尔7个酋长国举行会议，商讨它们的未来走向并达成建立一个联邦国家的建议。1968年2月18日，阿布扎比和迪拜两个酋长国的执政者在布赖米地区会晤，并于次日发表了两国建立联邦的联合公报，公报宣布由未来的联邦来监管两个酋长国的外交、国防、社会治安等事务，同时向其余5个酋长国以及巴林、卡塔尔发出邀请，共同商讨建立9个阿拉伯酋长国的联邦国家。2月27日，9个酋长国的元首聚会迪拜，签署了成立阿拉伯联合酋长国的"迪拜协议"。协议就制定联邦宪法、建立联邦的宗旨以及宪法的权力等内容做出规定。1969年10月，第二次最高委员会召开，确定总统、副总统人选以及定都等事宜。由于在权力划分等核心问题上存在分歧，之后经历了较长时间的会晤与磋商过程。在该过程当中，联邦国家的成员方面出现变化，由于伊朗对巴林加入联邦持有异议，加之巴林对卡塔尔的祖巴拉等地提出领土要求，导致巴林和卡塔尔最终退出联邦的筹建进程，并分别于1971年8月14日和1971年9月3日宣布独立。1971年7月18日，7个酋长国的元首在迪拜举行重要会议，通过了联邦国家方案，该方案称：为响应本地区人民的愿望，决定建立联邦国家，取名"阿拉伯联合酋长国"，使之成为本地区全面联合的核心，①并通过了临时宪法，但出于种种原因，哈伊马角当天没有宣布加入联邦。1971年12月2日，阿布扎比、迪拜、沙迦、阿治曼、乌姆盖万和富查伊拉6个酋长国的执政者举行会议，宣布阿拉伯联合酋长国正式成立。1972年2月10日，哈伊马角宣布加入联邦，自此由7个酋长国组成的阿拉伯联合酋长国正式诞生。

从某种程度上来说，阿联酋的成立是未来海合会形成和海湾六国安全合作过程的缩影，折射出海合会国家多领域合作的模式与特征，具有先验的作用与意义。

①黄振:《阿拉伯联合酋长国》,社会科学文献出版社2003年版,第62页。

（二）海湾六国早期经济合作

数十年前，资源有限、经验缺乏以及基础薄弱，使得海湾地区被认为是当时世界上最缺乏经济发展前景的地区之一。随着石油资源的陆续开发，海湾君主国家现代社会政治与经济的演进过程发生了重大变化，经济文明的交往模式逐步改观，开始进入以石油经济替代传统经济的时代。石油的开发一方面为海湾六国带来了摆脱经济窘境的机会，另一个重要方面就是它帮助这些国家迅速打破了英国的殖民统治造成的"封闭"状态，石油经济的国际性开阔了海湾六个君主国家的视野并扩大了其对外交往的范围，海湾六国之间以及这些国家同其他阿拉伯国家在各个层面的交流日益密切，这为海湾六国的早期经济合作创造了条件。

海湾六国在经济领域的早期合作总体上可以从阿拉伯石油国家、海湾阿拉伯国家以及海湾六国三个范畴内加以考察。

海湾六国在阿拉伯石油国家框架内的合作主要是通过阿拉伯石油输出国组织（OAPEC，欧阿佩克）来实现的。欧阿佩克于1968年1月9日由科威特、利比亚和沙特三国牵头创建，总部设在科威特城，该组织包括11个阿拉伯产油国，[①] 欧阿佩克是一个侧重于在阿拉伯国家范围内就石油问题进行合作与联合的机构。在该组织成立后，对内加强阿拉伯石油国家合作，对外统一立场，为维护阿拉伯产油国的权益做出了积极贡献。如在1973年"十月战争"中，欧阿佩克与欧佩克公共合作发起减产禁运斗争，首次成功运用石油武器参与中东事务；1974年5月，该组织在伦敦会议上讨论了阿拉伯世界与英国合作的问题；同年10月，与欧洲经济委员会达成双方经常接触与交换技术情报的协议；为扩大阿拉伯地区的经济合作和打破西方世界的控制，欧阿佩克在20世纪70年代倡导建立与石油产业相关的各种机构，为促进阿拉伯成员国石油产业发展，协调成员国的政治、经

---

① 11个成员国分别是：阿尔及利亚、利比亚、巴林、埃及、伊拉克、科威特、卡塔尔、沙特、叙利亚、阿联酋、突尼斯。

济、安全关系发挥了积极作用。[①]

　　海湾阿拉伯国家框架内的合作即海湾六国加上伊拉克共七国之间的经济方面的往来，合作内容主要涉及成立合作机构、签订合作协议、协调国家间的制度与规则等。1968年，阿联酋、巴林、沙特、卡塔尔、伊拉克和利比亚在巴林设立干船坞；1975年，"海湾国际银行"在巴林成立，参与的国家包括阿联酋、巴林、科威特、沙特、阿曼、卡塔尔和伊拉克；阿联酋、巴林、科威特、沙特、卡塔尔、伊拉克于1976年在科威特联合成立"阿拉伯航运公司"；同年在卡塔尔，阿联酋、巴林、科威特、沙特、阿曼、卡塔尔以及伊拉克七国共同成立了"海湾工业协商组织"，并提出建立海湾共同市场的设想；1979年海湾六国与伊拉克在科威特共同成立了"海湾阿拉伯国家农工商联合会"。[②]实际上，在同伊拉克的经济合作方面，由于意识形态、国家间认同、历史纠葛等复杂因素，海湾六国的态度并未表现出过多的热情与积极，"六国对于巴格达的社会复兴党政权缺乏信任，70年代的意识形态环境使得六国不得不将该阿拉伯地区强国（伊拉克）排除在多边合作机会与工作团队之外"[③]。在这种情况下，七个国家之间的合作并未获得多少实质性成果。

　　海湾六国之间的早期经济互动主要包括双边合作与多边合作两种方式。在双边合作方面，1970年沙特同科威特签订转口协议；1971年沙特和卡塔尔签署转口协议；1972年科威特与阿曼签订了经济及文化新闻合作协议；1973年科威特同阿拉伯联合酋长国签署了鼓励投资与资本自由流动的协议；[④]1975年沙特同巴林签订自由贸易协定；1977年科威特与沙特成立工业合作联合委员会，商讨联合经营水泥、玻璃、汽车轮胎生产等项目；1978年科威特分别同巴林、卡塔尔、阿曼、阿联酋签署谋求统一关税和保

---

① 王昕：《全球化背景下海湾阿拉伯国家现代化进程研究》，上海外国语大学2008届博士学位论文，第82页。

② 转引自 Emile A.Nakhleh.*The Gulf Cooperation Council：Policies，Problems and Prospects*. New York：Praeger，1986，p. 24.

③ Matteo Legrenzi. *The GCC and the International Relations of the Gulf*. London：I.B. Tauris&Co Ltd，2011，p. 21.

④ 钟志成：《中东国家通史：海湾五国卷》，商务印书馆2007年版，第234页。

护当地工业的双边合作协定；①此外，沙特同卡塔尔签订了对等国民待遇协定等。同时，海湾六国之间的多边经济合作也取得了一些成果，如：1973 年，巴林、卡塔尔、阿曼和阿联酋合资成立"海湾航空公司"；同年，卡塔尔、巴林、阿联酋、阿曼共同成立了多边经济合作混合委员会；1976 年，阿联酋、卡塔尔、巴林三国签订了统一货币协议；1980 年，沙特、科威特、巴林共同签约成立海湾石油化工工业公司。

应当说，上述合作协议与机构实体是六国区域经济合作的雏形，为海湾六国未来合作从方式与框架等方面提供了有益的经验与基础。

（三）海湾合作委员会成立前的酝酿与筹备

尽管有学者曾用"风急云骤中诞生"来形容海湾合作委员会的成立，但这并不表明海合会的出现是一蹴而就的，它历经数年的酝酿、筹划、磨合等前期筹备过程，最终成立。

首位公开提出组建海湾国家联合体构想的是被称为"外交舞台最为活跃人物之一"、时任科威特外交大臣与王储的谢赫·贾比尔·艾哈迈德·萨巴赫（Shaikh Jaber Al-Ahmed Al-Sabah）②。1976 年 5 月，贾比尔出访海湾各国，同各国领导人商讨如何采取共同行动，在面临政治、经济、安全威胁的情况下如何维护海湾地区的安全与稳定，此行期间他呼吁"建立一个海湾联合体，旨在实现在经济、政治、教育、信息等各个领域的合作，以满足海湾地区的需要"③。

最先响应该倡议并付诸行动的是阿曼国家元首卡布斯苏丹。1976 年 11 月，卡布斯苏丹在阿曼首都马斯喀特组织召开了包括海湾六国和伊朗、伊拉克在内的八国外长参加的会议。这次会议首次尝试建立海湾地区综合安全体系，尽管多种原因使得该会议并未取得实质性成果，会后也没有采取任何具体行动，但马斯喀特会议仍被视为海湾地区合作进程中的里程碑，

---

① 李尧丰、肖翠英：《海湾合作委员会的发展演变》，《西亚非洲》1987 年第 4 期，第 48 页。
② 1977 年 12 月 31 日，他接替前埃米尔萨巴赫·萨利姆出任科威特的第 13 任埃米尔。
③ Gulf Information and Research Centre. *The GCC*. London：Gulf Information and Research Centre，1983，p.15.

因为正是在此次会议上海湾多边安全机制的议题被正式提上议程进行讨论，在此之后，特别是在海合会成立后的数年当中，海湾六国构建多边安全机制的实践与努力正是以1976年马斯喀特峰会为起点的。

此后两年间，海湾各国间的交往也仅限于经济与文化的往来，并未实现真正意义上的多边互动合作。直至1978年12月，科威特新任王储兼首相谢赫·萨阿德·萨巴赫（Shaikh Saad Al-Sabah）出访沙特、巴林、卡塔尔、阿联酋和阿曼等五个海湾伙伴国家，此次五国之行为海湾六国的联合之路迈出了坚实的一步。访问期间，科威特同各被造访国家均用较为审慎的态度明确表达了加强地区合作的主张与愿望。值得关注的是，尽管科威特同五国之间的双边联合公报中均使用了"海湾地区阿拉伯国家""海湾地区阿拉伯人民"等较为审慎折中的表达，但此次出访以及联合声明的发布仅限于海湾六个君主国之间，由此含蓄地表明，海湾六国之间的共有认同已逐步明晰，构建排他性的地区跨国组织已势在必行。

进入1981年，在海合会正式成立前夕，海湾六国召开数次会议或会晤，通过及时有效地沟通为海合会的最终成立进行了积极筹划与充分准备。在前期互动沟通与认真筹备的基础上，1981年5月25—26日，海湾合作委员会首届峰会在阿布扎比召开，标志着海湾六国历史性合作的肇始，同时也意味着海合会国家进入区域一体化的开端。

从建构主义角度来说，海湾六国在陆续取得国家独立后的早期多元交往，对于海湾六国集体身份的未来构建具有以下意义：

在建构主义看来，行为体的互动导致了结构的形成。在国际关系领域中，行为体即国家，结构则是国际体系中的观念分配或曰国际体系文化（或称为共有知识、共有期望、共有观念等）[1]，而行为体造就结构的机制则是行为体的主体间的互动实践活动，"两个国家在从来没有交往的情况下是没有共有知识的，因此也就没有结构。双方一经交往，初始行为通过互应机制[2]会使互动中的双方产生并加强一些观念，并开始共同拥有这些

---

① ［美］亚历山大·温特：《国际政治的社会理论》，秦亚青译，上海人民出版社2008年版，前言。

② Logic of reciprocity，即行为主体间的实践活动。

观念，于是便产生了文化"①。而在共有文化中，国家间的"集体记忆"发挥着重要作用。集体记忆即建立国家间的群体身份和与他者群体关系的早期传统或经验，它一旦确定其影响将长期存在，从而有助于国家间群体身份与利益的最终确立。对于海湾六国而言，无论是阿拉伯联合酋长国的创建，还是六国在石油经济繁荣背景下的积极合作，以及为成立六国之间的联合组织而做的多年筹划与酝酿，正是得益于早期多领域接触与互动，海湾六国才形成了彼此间的交往传统与经验，并因而获得六国间联合与合作的"集体记忆"，使得六个海湾君主国之间开始产生并共享彼此间认同与观念，并且为六国间共有行为规范的形成进行了前期的探索与尝试。

二、海合会一体化合作的起步阶段（1981—1990年）

自海湾合作委员会成立后，海湾六国的合作重点始终集中在两大问题上：一是安全，二是发展。从1981年海合会正式成立到1990年海湾战争爆发，在将近10年的发展进程当中，海湾六国面临的主要问题与困境同样与"安全"和"发展"有关，具体表现为经济形势的动荡与低迷、国内政局的不稳以及两伊战争导致的地区安全形势的恶化等等。在此背景下，海湾六国以海合会为组织依托，根据《海合会宪章》及其他相关规章与协议的规定，为克服上述困难并践行"经济一体化"和"地区安全与稳定"的长远目标进行了积极的互动与合作，正如海合会在其成立之初的联合声明中所说："根据目前的状况，委员会②已对海湾地区的政治、经济和安全形势进行了分析，并决心在上述领域继续进行合作以应对危险，同时加强成员国之间的联系以规避风险。"③

---

① ［美］亚历山大·温特:《国际政治的社会理论》，秦亚青译，上海人民出版社2008年版，前言。
② 指海湾合作委员会。
③ Nasser Ali Qaedi. *The Security Motivated Cooperative Relationship and Development of the Gulf Cooperation Council*, *Dissertation for PHD*. Boston：Northeastern University，2003，p. 151.

（一）经济领域的合作

在这一时期，海湾六国在经济领域的合作主要是在下面两个背景条件下进行的。

首先是以石油为依托的资源型经济发展模式逐渐暴露出其局限性，20世纪70年代的石油繁荣不复存在，整体经济形势不容乐观。从20世纪70年代末到80年代初，西方世界开始进入"二战"以来最为深重的经济危机当中。为摆脱经济"滞胀"状态，西方国家充分利用新技术革命兴起的机会，相继进入工业结构的调整和改革阶段，许多高能耗产业逐步为低能耗产业所取代，对能源及其他资源的消费因此呈下降趋势，进而使海湾六国石油经济蒙受剧烈冲击。

其次是根据海湾合作委员会的基本宗旨与具体规划，海合会六个成员国的经济一体化战略开始进入具体实施阶段。作为一个综合性的政治、经济与军事地区合作组织，海合会的基本宗旨是：在政治、经济、军事、文化、教育、社会等各个领域里进行广泛合作，实现成员国之间的统一，并实现经济一体化。其中，经济领域的合作与经济一体化成为实现海合会基本宗旨的基础与核心，并同时设定了经济一体化的具体目标与措施。

为实现经济一体化并最终形成新的地区经济联合体这一长远目标，同时为了尽快摆脱经济形势持续低迷的现时困境，海湾六国在各个层面进行了积极的沟通与有效的互动，在共谋长远大计与共克时艰的过程中，不仅强化了六国之间共同的命运感和认同感，同时对于共有行为规范的磨合以及共同利益的塑造起到了重要作用。

第一，为使经济一体化目标落到实处，海合会成员国于1981年11月签订了《经济一体化协议》，并于1983年3月1日生效。该协议制定了合作框架，详细阐述了海合会宪章中关于经济合作的主要目标，并拟定了具体条款来专门协调六国之间经济、金融、工业与贸易等方面的政策。

除此之外，在共同政策与战略制定方面，六国还取得了其他相关合作成果，如1984年的《发展计划的目标与政策》、1985年通过的《海合会农业共同政策》、1985年制定的《海合会工业发展统一战略》等。

第二，通过召开成员国首脑或部长级会议，对包括经济合作在内的地区重大问题进行讨论磋商，制定了与六国经济共同发展相关的规划、协议或就具体现实问题提出解决方案。如1983年11月7—9日，海合会第四次首脑会议在卡塔尔首都多哈召开，根据《海合会经济一体化协议》，签订了进一步加强相互间经济合作的具体协议。同时，六国石油部长还就成员国摆脱以石油经济为单一主体的被动局面和在石油方面的全面合作进行了多次协商，并一致同意协调石油政策，统一油价，强调一国在紧急原因中断石油生产的情况下，其他成员国将为其提供援助。面对世界油价下跌的局势，六国一致决定采取统一立场，以一个声音对外。1986年11月2—5日，海合会第七次首脑会议在阿联酋首都阿布扎比召开。会上，面对油价暴跌以及将随之而来的巨额经济损失，海合会其他五国一致同意沙特提出的调整石油政策的提议，力争把世界油价维持在合理的水平。

第三，创建合作机构并进一步完善相关律法与规章的修改与制定。为促进一些专门领域的交流与合作，部分专业性合作机构或组织相继成立。如1983年，六国注资21亿美元联合成立了"海湾投资公司"，目的是在几乎所有经济领域内的可行性项目中开展研究并参与投资；1984年成立"海湾规范与标准组织"，旨在对海湾六国生产与进口商品的规范与标准进行统一；同时六国还共同成立了"海合会秘书处"下属的"海湾技术合作处"，以促进并拓展海湾六国间的多方位合作。

（二）安全领域的合作

自1981年海合会成立到1990年海湾战争爆发，整个80年代海湾六国在安全领域的合作主要体现在两个方面：一是以海合会作为共有平台力促两伊停止争战，早日实现地区和平；二是加强军事合作，提升六国集体安全防御能力。

1. 两伊战争中的安全合作

海合会成立之时正值两伊战争的第二个年头，战争加剧了海湾以及中东地区局势的动荡，对周边国家与地区安全构成严重威胁。在此背景下，海湾六国密切关注战争形势的发展，并以鲜明的态度、灵活务实的姿态活跃于海湾地区政治舞台，以"阻止战火蔓延、维护阿拉伯半岛安全"为针对两伊问题的集体安全合作最高目标，并在以下几个方面采取了积极和富有成效的措施：

（1）呼吁两国尽快停火，并努力进行调解。一方面，为早日结束战争，海湾六国积极参与联合国、伊斯兰会议组织、阿拉伯联盟等国际组织的调解活动，通过提出各种建议和方案推动两伊之间尽快实现停火和谈判。另一方面，海合会历次首脑会议与外长会议都将两伊战争问题作为重要议题进行讨论，在呼吁双方停战的同时提出一些积极的调停与解决方案。（2）对待两伊的立场方面，在标榜中立的前提下，奉行倾向伊拉克的政策，同时在具体情势下不失灵活与务实。为避免直接卷入战争，海湾六国对于两伊之间的战争一直宣称其中立的立场，实际上，六国对于伊拉克更多地采取了支持但不与之合流的有节制的偏袒政策，对于伊朗则总体上采取了以敌视、遏制为主的政策，同时在表示中立的立场下运用积极灵活的外交手段试图与伊朗开展交流对话，探索停战方式。（3）反对外来干涉，主张海湾事务的地区自决。两伊战争在加剧海湾地区动荡的同时，也给美苏超级大国插手海湾事务提供可乘之机。针对这一情况，海湾六国一致反对外来势力对两伊战争等海湾地区事务的干涉，曾公开表示："海湾合作是海湾国家领导人和人民的责任，海湾人民警觉地关注着海湾的独立和主权，海湾国家在伊斯兰独立政策的范围内既不依靠东方，也不依靠西方，而是依靠自己。"①

总体来说，在两伊战争过程中，出于维护自身安全与地区稳定的需要，海湾六国坚持一致立场，成为地区与国际政治舞台的重要力量，争取了六国作为整体力量在海湾地区的更高地位和更多话语权，同时对于六国之间凝聚力的提升与集体认同感的增强起到了积极作用。

2. 加强军事合作，提高防御能力

事实上，基于总体趋于一致的安全共识，海湾六国自海合会成立之日

---

① 朱水飞：《海湾合作委员会与两伊战争》，《世界经济与政治》1987年第10期，第44页。

起，就优先考虑军事安排与防御合作问题。元首峰会与部长理事会几乎每次会议上都对上述问题进行充分磋商，并普遍认为集体安全合作应从三个方面进行努力：发展军队，训练军队；建立统一的空防系统；发展军火工业并统筹向国外购置军火。①具体表现例如：（1）巴林未遂政变发生后，海湾六国更加感到加强安全合作的迫切性，并做出及时回应，通过紧急双边或多边磋商寻求具体安全合作措施，提升集体防范能力。（2）在1982年11月举行的海合会首脑峰会上，六国决定成立一支带有防御性质的联合部队，在此背景下，"半岛盾牌"联合部队应运而生。

在内忧外患的复杂安全环境下，通过六国之间积极、密切的合作，在寻求安全保障的同时，努力探索安全合作的有效路径。在此基础上，海湾六国集体安全战略与体系逐渐成形，不仅提高了海湾六国的地区战略地位，同时在六国内部进一步强化了海湾君主小国之间的集体命运感和危机面前的共同利益与共有认同。

三、海合会一体化合作的曲折进程（1990—2002年）

从20世纪90年代到2002年，海湾地区经历了艰难而曲折的发展时期，海合会成员国之间的协同与合作同样也经受了诸多危机与挑战，其中最为严峻的挑战就是1990年8月2日伊拉克对科威特悍然发动的侵略战争以及由此引发的海湾危机。海合会作为六国军事安全合作的组织与载体在应对危机时的反应、处理能力，以及其军事实力、联合防御能力等均面临着巨大挑战，同时，低油价、低产量、产品与服务的高进口量以及战争支出而导致的财政赤字，使得海湾六国在经济发展领域同样需要加强合作、应对考验。

---

① 漆竹生：《海湾阿拉伯国家合作委员会（下）——机构与任务》，《阿拉伯世界》1986年第4期，第27页。

（一）经济领域的合作

进入20世纪90年代，海合会六国的总体经济形势不容乐观，油价长期不振导致石油收入锐减，政府减少进口额度造成关税收入降低，经营失误导致投资收益不高，加之海湾战争各国加大了军费的投入。[①]在上述因素的共同影响下，海湾六国财政收入持续下滑，财政赤字明显增加。为摆脱经济困境，同时为了加快推进经济一体化进程，海湾六国在经济合作方面开展了如下工作。

1991年，海合会首脑会议通过了成立海湾经济合作委员会、支持阿拉伯国家经济发展署的决议；1992年5月，海合会宣布将于2000年实现建立海合会共同市场的目标，同意在巴林建立贸易中心；1994年4月，决定分阶段逐步实现统一税制，并在利雅得设立关税委员会；1995年12月允许六国公民跨国经商并批准实施六国电力联盟工程；[②]1997年各国国民银行与海湾国际银行开始在各成员国开设分行；1998年阿布扎比峰会中，根据当时油价持续下跌的紧迫形势，六国一致决定将削减石油生产限额的期限继续延长，并敦促其他产油国家达成共同协议来稳定市场恢复经济；1999年就统一关税、建立统一的海湾市场达成协议；2000年，巴林率先决定降低关税，2001年的首脑会议则把关税同盟成立时间从2005年提前至2003年；2001年5月，海合会对1981年的《经济一体化协议》做了重要修改，产生了新的《经济一体化协议》，新协议包括整体发展、海湾共同市场、经济和货币联盟、关税同盟、科技研究、交通通信以及基础设施建设、贸易、执行机制等各方面的条款，新协议成为海湾六国新的经济发展策略，六国的经济一体化被推上日常进程。

总体来说，尽管由于倚重石油资源的结构性经济弊端加上海湾地区政治安全形势的复杂动荡，海湾六国富国强民的发展之路总是伴随着起伏与波折，但六个君主国迈向经济集团化、一体化的步伐并未停止，正如沙特

[①] 钱学文：《海合会国家的财政赤字与经济改革》，《阿拉伯世界》1998年第1期，第16页。

[②] 程星原：《海湾阿拉伯国家合作委员会》，《国际资料信息》2001年第3期，第26页。

国王法赫德在1999年海合会第20次峰会上所言："当今世界，欧盟已成一体，南北美洲已成联合之势，东南亚诸国也已联手，我们再不团结一致，何以与他们抗衡？我们别无选择，只有依靠自己，加快步伐，奋起直追，否则，我们将被淘汰。"[1]

（二）安全领域的合作

在这一时期，海湾六国安全领域的合作主要体现在两个方面：一是在长达半年的海湾危机与海湾战争期间，出于自身安全利益与维护地区稳定的考虑，六国以海合会的名义与美英等西方国家形成了广泛的反伊拉克联盟；二是在海湾战争结束后继续在集体安全领域加强合作，弥补不足。

1. 海湾战争中的合作

伊拉克悍然入侵科威特的行为，一方面侵犯了海湾六国公开宣称的"对一国的攻击将被视为对海合会全体的攻击"的共同防御协定，同时使其他五国深受震动，担心伊拉克随时会挥师南下席卷所有海合会国家，其中沙特王室已明显感受到萨达姆政权对其自身安全构成的直接威胁。在此情况下，海合会国家在最短的时间里一致谴责伊拉克的侵略行径，要求其立即无条件撤军，在初期，海合会对和平化解危机仍抱有希望，努力寻求和平解决的可能性，但伊拉克拒绝撤军，和平努力失败。

在战争乌云的笼罩下，海合会第11次首脑会议于1990年12月22—25日在卡塔尔多哈举行，会议要求伊拉克无条件撤军，呼吁避免战争波及整个海湾地区；同时认识到使用武力来驱赶伊拉克的必要性，并建议各国在发展自身防御力量的同时扩大六国共有的联合防御部队，使之由原来的1万人增加到5万人。

尽管六国武装同伊拉克军队力量悬殊，但根据联合防御协定，六国仍积极加强共同防御与集体安全合作，并抓紧时间着手制订武装反击伊拉克侵略军的计划，同时积极同部分阿拉伯国家以及美英等西方大国形成广泛

---

① 唐志超：《海湾合作委员会第20次首脑会议》，《国际资料信息》2000年第1期，第24页。

的安全联盟。1991年2月26日，海湾六国同埃及、叙利亚正式签订《大马士革宣言》，强调如果需要，任何海合会国家都有权借助埃及与叙利亚军队来保卫自己的领土，"6＋2"模式的阿拉伯八国集团由此形成；同时，六国还通过出人、出钱、出力等方式积极参与解放科威特的军事行动；此外，在海湾战争期间，科威特同美国于1991年9月签订两国共同防卫条约，之后同英、法、俄、中等国家相继签署安全协议，海合会其他国家也纷纷开始同世界大国签署各种形式的安全协议。由此，在海湾战争期间，立足于三个基点的海湾六国安全防卫体系初步形成，三个基点分别为依靠自身力量的海湾防卫轴心，依靠阿拉伯友好国家的阿拉伯防卫轴心以及依靠大国力量的国际防卫轴心。[①]

需要指出的是，尽管保护任一成员国不受外来侵犯为海合会集体防卫战略的第一原则，但是在海湾战争期间，海合会及其成员国积极致力于危机的化解与侵略的结束，此前六国间也进行了长期的军事与安全合作，但在危机面前海合会并未展示出其独立的集体抗衡能力，从而暴露出集体安全合作的最大弱点，即面对强敌侵犯时其军事回应能力是软弱和有限的。

2. 后海湾战争时期的安全合作

从海湾战争结束后至21世纪初，海湾六国的集体安全实践取得进一步发展，数个军事机构和部门相继成立，并签订了一系列安全协议。1992年5月，海合会高级安全委员会成立，负责处理海湾地区的和平与安全问题。通过该委员会，六国致力于加强各国自我防卫能力，建成了一体化的防空预警系统，"半岛盾牌"部队与六国军队间合作日益密切。1993年的第14届海合会首脑峰会通过了关于扩充"半岛盾牌"部队、成立联合参谋部、在治安和缉私领域加强合作的建议。1994年由于伊拉克军队在沙特北部边境进行军事集结并与"半岛盾牌"部队出现对峙，当年的海合会首脑会议决定将该部队训练成为一支快速反应部队，并建立覆盖整个海湾地区的统一防空预警系统，但"半岛盾牌"部队扩员问题后来并未得到执行。1997年首脑峰会同意了建立六国间军事通信网络和共同早期预警系统计划。

---

① 钱学文：《论海湾六国安全防卫三轴心》，《阿拉伯世界》1998年第2期，第10页。

2000年的第21届首脑会议联合签署了名为"麦纳麦宣言"的共同防御协定，提议共同抵御外部威胁，计划扩大"半岛盾牌"部队，并决定在沙特境内建立该部队永久性军营。2001年决定建立由各国防长组成的最高防务委员会，确立了海合会防务委员会的每年例会机制。2002年10月，海合会第21次首脑会议在马斯喀特举行，会议宣告成立"海合会联合防御委员会"，负责应对海湾地区任何紧急情况，联合防御委员会的成立标志着海湾六国军事与安全领域的协调合作步入新阶段。①

四、海合会一体化合作的提升阶段（2003年至今）

同上一合作阶段相比，2003年以来海湾六国面临的经济与安全形势发生了明显变化。在经济领域，国际原油价格一路攀升，如2001年油价为20美元/桶，至2008年6月则跃升为140美元/桶，海湾六国石油收入也随之剧增，2002—2006海湾六国的经济总量翻了一番，收入增长了4倍，尽管无法避免受到全球金融危机的波及，但由于石油收入的增加以及伊斯兰金融业抗风险能力的优势，使得海湾六国经济并未遭受结构性影响。安全领域，伊拉克战争后海湾地区安全格局发生变化，但海湾地区的安全形势依然一直充满变数：伊拉克战后教派冲突的加剧和什叶派的崛起引起海合会国家逊尼派上层的担忧；伊朗核问题的凸显令海湾六国普遍感到不安；2010年底中东变局出现以来，包括海合会成员国巴林在内的部分阿拉伯国家出现的国内局势动荡也为海湾六国的国内安全问题敲响了警钟。

（一）经济领域的合作

继续实施统一发展战略，推进经济一体化进程，通过建立"海湾国家关税同盟""海湾国家货币联盟"以及"海湾共同市场"，海湾六国经济一体化初具规模。

---

① 钟志成：《中东国家通史：海湾五国卷》，商务印书馆2007年版，第448页。

1. 海湾国家关税同盟

2003年1月1日，海湾国家关税同盟正式建立、启动，海合会允许成员国的原产品在联盟区内互免关税流通，取消成员国之间的贸易限制规定，对外实行统一关税。海湾国家关税同盟的建立具有里程碑意义，有利于海湾六国作为一个利益整体同世界其他经济实体打交道，更为关键的是，只有实现关税同盟才能够进而建立海湾共同市场和实现货币统一，进而为经济一体化铺平道路。

2. 海湾共同市场

2008年1月1日，海湾共同市场正式启动，这意味着海合会六国将视其他成员国公民为本国公民，并在所有经济活动中给予其与本国公民同等的待遇，这无疑有助于六国之间技术、劳动力和资本的有效互补和合理配置，促进各国在各领域的发展。[①]

3. 海湾国家货币联盟

实际上，统一海湾六国货币的设想在1981年海合会成立之初就已经提出，但由于条件不成熟而被搁置。经过一个时期的发展和准备，2001年六国财长会议决定，计划到2010年最终实现海湾六国货币的统一。海湾六国实现货币一体化意义重大，一旦货币一体化，则意味着六国进入经济一体化高级阶段，即"经济联盟和完全经济一体化"，经济政策要完全保持一致，这也就意味着可以把海湾六国看作一个整体（或国家），从而使海湾六国成为国际石油市场的决定性力量。但货币联盟的实现之路并非一帆风顺：早在2007年阿曼就宣布因本国经济落后无法参加货币联盟；随后阿联酋也于2009年宣布退出海湾货币联盟计划；由于应对全球金融危机各国政策、立场不一，因此2009年3月，海合会发布官方消息，承认单一货币将无法按时发行，2010年的原定计划无法实现；2009年12月除阿曼、阿联酋之外四国通过了海湾货币联盟协议，但就单一货币发行时间没有给出具体时间表。总体而言，海湾国家货币一体化行动方案已部分完成，若单一

---

① 杨建荣：《阿拉伯海湾国家经济一体化及面临的挑战》，《国际商务》（对外经济贸易大学学报）2007年第1期，第44页。

货币联盟启动，海合会将成为继欧盟之后的世界第二大经济与货币联盟。

至此，海湾六国地区经济一体化进程已完成三个步骤，即自由贸易区（1983年）、关税同盟（2003年）和共同市场（2008年），同时正向更为关键的海湾国家货币联盟迈进。

与此同时，海湾六国在这一阶段还在银行科技、货币金融、调查统计、石油天然气、石油化工以及基础设施建设等各个领域进行了不同层次的协调与合作；在国际经济合作方面协调立场，制定了同主要贸易伙伴进行磋商、协作的统一战略，并积极开展同美国、欧盟以及日本等国家和经济集团的对话与磋商机制。①

（二）安全领域的合作

面对伊拉克战争之后海湾地区安全形势的新动向，海湾六国在继续加强彼此之间的常规安全合作的同时，会根据安全局势的变化做出适当的反应和调整，这些方面在六国应对伊朗核问题和包括巴林在内的阿拉伯国家政治危机时得以体现。

首先，海湾六国主要从以下几个方面继续保持和加强在常规安全方面的合作。一是继续加强共有军事力量的合作。早在20世纪80年代，海湾六国就联手组建了"半岛盾牌"部队以实现共同军事防御，到了90年代从人员编制、武器装备方面对该部队实行了进一步提升，在此基础上，2005年12月在阿联酋阿布扎比举行的海合会第26次首脑会议上，最高理事会采纳了沙特提出的建议，同意将"半岛盾牌"部队进一步发展为"半岛盾牌联合部队"；在2008年5月海合会最高理事会第10次磋商会议上，同意将该联合部队发展为一支作战部队，以应对海湾六国共同面临的威胁与挑战，并且计划为该部队配备一个旅的快速反应部队。二是制定共同防御战略。2009年在科威特的海合会第30次首脑峰会上，六国一致通过了"海合会共同防御战略"，并号召六个成员国根据该战略加强沟通、协调，促进一体化，以保卫各国主权、稳定与利益，抵御外来侵略，共同应对挑战。

---

① 钟志成：《中东国家通史：海湾五国卷》，商务印书馆2007年版，第436页。

三是进行联合军事训练与演习。为提高各国军事实战能力和六国联合防御水平，在加强半岛盾牌联合部队实战演练水平的同时，海湾六国军队之间同样通过共同军事训练与演习来提高军事协同与战斗能力，如2009年11月在科威特举行了代号为"里迈干河·海湾2009"的联合军事演习，六国空军部署了大批战斗机、侦察机和救援机等。据科威特通讯社报道，这次演习是加强海合会成员国联合防务能力的重要内容。科威特空军司令法赫德·阿米尔在演习结束后说，这次演习传递了一个明确的信号，即海湾国家在空军建设及加强彼此之间合作方面取得了很大进步，这有助于提高六国维护地区安全的能力。[①]

其次，加强沟通与协作，在伊拉克局势、伊朗核问题等复杂地区形势面前寻求六国共同安全。面对错综复杂的海湾地区安全局势，海湾六国只有加强沟通、提升安全合作水平才能扭转被动局面、拓展安全空间。如2007年在科威特召开的海合会六国国家安全局局长会议，主要讨论了伊朗核问题、伊拉克局势等对地区安全的影响，并寻求应对策略。与会的沙特国家安全局局长指出，在当前伊拉克安全局势动荡的条件下，海合会国家应采取更加有效的措施以避免危机蔓延。2010年5月，海合会第12届首脑磋商会议强调，海合会国家的安全是"一条不容侵犯的红线"，同时强调，伊拉克局势、伊朗核问题等都使地区安全局势不容乐观，在此期间，若任何一个海合会国家遭到侵犯，都将被视作是对所有成员国的侵犯，与会各国领导人还决定接受科威特提出的建议，更新海合会于1994年建立的共同安全战略，提升安全领域协作的层次和规模。

此外，在巴林出现的国内政治危机中，部分海合会成员国也采取了支援巴林政府的相关行动。自2010年底开始，数个阿拉伯国家出现程度不同的国内政治动荡与危机，其中海合会成员国之一巴林国内也于2011年初有什叶派民众走上街头举行示威，要求民主权益与消除歧视。在巴林政府请求下，海合会成员国沙特与阿联酋分别出动军队与警察到巴林进行跨境干

---

① 《海合会成员国空军举行联合军事演习》，http://news.xinhuanet.com/world/2009-11/05/content_12387900.htm。

预，协助巴林执政当局镇压示威活动。这次旨在维护海合会成员国国内安全的跨国行动引起了巴林国内反对派的强烈反弹，同时也招致海湾邻国伊朗的不满。

本节重点回顾了海湾六国之间从海合会成立之前直至现阶段互动与合作的历史性发展进程，它为我们展现了六国在经济与安全领域长达40多年的密切往来，这不仅意味着海湾六国合作关系的不断成熟与亲善关系的进一步加深，同时从海湾六国的集体认同形成以及构建并完善共有制度规范的角度来说则具有更为深远的价值和意义。

第二节

海合会国家集体认同的变迁

在探讨海湾六国集体认同的发展变迁之前，有必要对"认同"或者说"身份"的概念及其作用进行强调和阐述。作为人文社会科学的重要概念，人们从不同的视角对"认同"加以定义。逻辑学将其看作多个元素之间彼此替换但不改变其真值的一种同一性关系，心理学将其理解为把另一个人或群体的特征归属于自己的心理机制，同时"认同"作为一个识别象征体系，用于界定"自我"特征，以显示与"他者"的不同。[①]建构主义则认为，"在任何给定的情况下，认同的本质就是确定自我所划定的边界"[②]。"认同"概念在建构主义理论中居于核心地位，从某种意义上可以讲建构主义概括为认同政治（或身份政治）理论。在建构主义看来，身份决定着利益，利益决定行为，即共有认同使行为体分享利益，进而决定着行为体之间具有积极的互动实践与共有的行为规范。

在国际政治层面，认同作为政治行为体相互识别的文化标记，能够对政治行为体产生相当深远的影响。建构主义者由此提出国家间"集体认同"的理论概念，认为人类能够超越民族国家的边界形成一种新的集体认同的政治单位，它单纯从认知和情感的角度肯定了国家间利他主义的存

---

① 张旭鹏:《文化认同理论与欧洲一体化》,《欧洲研究》2004年第4期,第67页。

② Alexander Wendt.Collective Identity Formation and The International State. *American Political Science Review*, Vol.88, No.2, 1994, p.386.

在，认为国家间集体认同的形成将导致国家能够把他者的利益界定为自我利益，从而使自我与集体利益合而为一。通过这种集体认同，作为行为体的国家将他者利益作为自我利益的一部分，从而具有了利他性。建构主义认为国家间形成集体认同是完全可能的，其利他性特征使得成员国之间的和平预期成为可能，集体认同因此成为由国家集团构成的共同体得以建立和稳定发展的基础和主要因素。

建构主义认为，国家间集体认同的产生是一个认知的过程，它不是一个静态的概念，而是处于社会建构的过程当中，通过这一社会建构过程可以有效地理解国家间的合作动态与安全模式。基于此，可以认为，分析海合会国家集体认同的形成与发展过程，应将其作为一个过程性变量，从建构认同的主要变量和认同形成的历史进程两个方面加以考察。

一、海合会集体认同建构的主要变量

在建构主义者看来，集体认同不是先天具有的，而是行为体在共有知识与观念基础上经由社会化过程建构而成的。亚历山大·温特将集体认同的形成因素归结为四种因果机制，或称为"主变量"，即相互依存、共同命运、同质性以及自我约束。①这四种主变量不仅决定着国家间集体认同的形成，也推动着集体认同的演进与发展。海湾六国之间能否以及为何会形成集体认同，这一超国家的归属形式是否能够得以长期存在与发展，我们可以尝试从这四个主要变量中寻找解释的路径。

（一）相互依存

全球化的一种重要伴生结果就是国家间的相互依存现象日益明显，并成为国际政治经济领域的一种趋势和必然。在建构主义看来，相互依存可以理解为"如果互动对一方产生的结果取决于其他各方的选择，行为体就

---

① ［美］亚历山大·温特:《国际政治的社会理论》，秦亚青译，上海人民出版社2008年版，第334页。

处于相互依存状态"①。建构主义认为，客观相互依存是集体认同的基础，国家间都有强烈的合作与交往需求，从而使社会互动不断增强，在互动交往中彼此以相同的行为互为回报，这种彼此间建立的新的身份就会得到加强，导致进一步合作，随着社会互动的延长，就会出现双方主观上内化集体身份的现象，通过这种心理转化，可以将客观相互依存再现为主观的集体身份与认同。

作为海湾地区的弱小国家，为弥补自身先天条件的不足，海湾诸君主国早在国家独立之初就产生了相互依托、联合自强的广泛共识，正如阿联酋成立在即扎耶德总统所宣称的那样，"联合是力量之所在"。以经济方面为例，由于海湾六国经济结构与贸易结构类同，多边经济互补性较差，因此六国在经济领域的相互依存并不是基于彼此之间的取长补短，而是通过联合自强与区域一体化的方式相互促进、提升整体实力，从而实现各国共同发展。早在海合会成立之前，海湾六国就以双边或多边协议或共设联合机构的形式实行经济合作，寻求共同繁荣；1981年海合会成立时，在签署海合会宪章的同时签署了《海合会国家经济一体化协议》，为经济贸易共同发展制定了合作框架，开始了地区经济一体化进程；2001年底，在前期一体化进程基础上，海湾六国进一步签署了新的经济一体化协议，内容包括贸易、海湾共同市场、经济和货币联盟、整体发展、基础设施建设等等，从而使海湾六国经济一体化之路步入新的阶段；随着海湾六国自由贸易区、关税同盟以及共同市场的相继建立，海湾六国经济一体化已初具规模。尽管合作进程中挫折不断，但随着一体化程度的不断加深，六国在强烈体验到彼此客观的相互依存的同时，彼此间的联结感与同一意识不断增强，客观依存的累积逐渐量变为主观上的彼此依托，从而推动并支撑起海湾六国之间的集体身份与认同。

---

① [美]亚历山大·温特:《国际政治的社会理论》，秦亚青译，上海人民出版社2008年版，第334页。

（二）共同命运

如果说相互依存源于双方的互动，那么共同命运则是由双方构成的集体以外的第三方建构的，指的是行为体相对于第三方所处的相同处境。在国际政治领域，典型的共同命运往往是由一个群体面临的共同外来威胁造就的。如果国家在共同命运前选择合作，合作行为的重复会强化彼此作为合作者角色的认同，集体认同中的合作关系将得以深化和内化。但建构主义同时强调，共同命运并不是集体认同的必要条件，因为在共同命运面前，国家间只有实现互信即相信合作者能够自我克制并保证彼此凝聚才是形成集体身份的重要条件。

海湾六国的共同命运感体现在不同时期的各个方面。历史上，长期遭受西方殖民国家控制与盘剥的经历，使得海湾六国地区的人民在独立国家出现之前便产生了贫弱地区依附强权、难逃外侮的共同命运感。国内安全方面，作为"二战"后较晚实现民族独立的国家，海湾六国总体上面临着在复杂的国内国外环境中如何实现新生国家政权合法性、稳定国内政局、加强新兴民族国家认同的艰巨任务，在此进程中六个君主国大多曾出现过不同程度的社会动荡局面，如阿曼的佐法尔叛乱、沙特的麦加清真寺事件、巴林的未遂政变以及科威特的系列爆炸案等。地区与国际安全层面，受战略地位、领土边界问题、石油资源、民族问题以及意识形态等多种因素的影响，海湾六国始终处于纷繁复杂的地缘与国际安全环境当中，美苏争霸中对海湾地区的觊觎、伊朗输出革命对海湾君主王权的挑战、两伊战争对周边安全的影响、海湾战争对海合会成员国领土的侵犯、美伊战争对海湾地区整体稳定的波及，使得海湾六国始终感到共同威胁面前的相同命运及其塑造的共有感受与认同。同时，在经济领域，由于六国普遍存在过度依赖石油、经济结构单一的问题，因此六国在国民经济发展过程中都面临着同样的难题，一方面是石油经济的浮动性导致国内经济形势起伏不定，另一方面是如何采取有效措施尽快优化经济结构、实现产业发展的多元化。总之，上述因素将海湾六国的命运紧紧联系在一起，并成为建构海湾六国集体认同的重要动力，正如海合会基本章程所言："（六国）深信它们的人民之间有着共同的命运与目标，愿意实现相互间在各领域的发展、一体化和密切联系。"[①]

（三）同质性

"同质性"亦称为"相似性"，是有助于形成集体认同的另外一种因素。群体成员根据群体的客观特征将自己归为相似的行为体，客观同质性的增大可以使行为体主观上认定其他行为体是自己同类的观念，在此条件下，通过国家间彼此亲善的态度或积极的行为，可以促进国家间集体认同的形成。但是如果同质性关系处理不当，如因同质性增强造成国家间分工减少，则会弱化相互依存感和共同命运感，从而产生影响集体身份塑造的反作用。因此，对于同质性的思考应更多考虑具体条件与客观语境。

海湾六国有着许多同质或相似的特征，具体表现为：地缘位置上，同处阿拉伯半岛、波斯湾西岸和南岸（有西方学者称之为 lower gulf，意为"下海湾地区"），共享重要的战略地位；民族属性上，同属阿拉伯民族，承载着共通的阿拉伯文化，操持同一种语言阿拉伯语；宗教信仰上，海湾六国均以伊斯兰教为国教，而且均为逊尼派穆斯林把持国家政权；政治体制上，六国均为君主制国家，且都以家族统治为政权组织的主要特征；经济方面，六国都是依托丰富的石油资源走上经济发展之路，并且经济结构具有很大的相似性。客观上，这些共同特征决定了六国在经济发展、政治利益和安全保障等方面的共同需求，为其加强合作、深化共识创造了条件。尽管由于同质性导致六国之间缺乏分工合作与差异互补，但同质性使其在面临来自他者的共同威胁与挑战时，特别是在海合会一体化合作早期，由此产生的相互依存与共同命运在很大程度上弥补了上述不足，如政治体制、意识形态的同质性使得六国长期面临来自伊朗和伊拉克等周边国家的潜在威胁，逊尼派当政的政权特征相似性使得部分国家在国家认同与整合方面一度面临来自国内其他势力的挑战，经济发展模式的相似性使得六国往往共同应对由经济形势动荡带来的挫折与危机。

[①] 钟志成：《中东国家通史：海湾五国卷》，商务印书馆2007年版，第418页。

尽管如此，不容忽视的是，同质性会导致可交换利益减少、合作密度降低，甚至形成竞争关系，进而对海合会内部的依存度和关系的紧密度带来消极影响。例如由于经济结构相似，海合会内部成员相互间贸易额非常小，仅占六国进口总额的18.34%和出口总额的20.1%，而沙特仅3.8%的贸易是在海合会成员国内部发生的。[1]同时，阿联酋、沙特、卡塔尔等海合会国家通过制定国家经济远景规划力图实现经济转型，通过发展实体经济、再工业化、科技创新、优先发展港口、建立科技城等方式实现经济多元化，客观上造成海合会多个国家经济发展模式的"同构性"特征日益明显，经济发展的竞争关系特征加强，"利益共同体"关系遭到弱化，对于海合会集体身份的建构与保持势必造成消极影响。

（四）自我约束

建构主义认为，自我约束对于集体认同起到了至关重要的作用。具有理性自私特征的民族国家在选择集体认同时面临的最根本障碍是，自己往往对是否会被集体中其他成员所"吞没"[2]而心存疑虑。要克服这个障碍，在主观观念上要求行为体充分尊重他人与自己的差异，在客观行为上实现自我克制和约束，从而在集体关系中产生一种信念，即"相信他者会在对自我的要求方面施行自我克制"，[3]由于自我约束更多的是探讨与安全有关的集体身份问题，因此可以从实现共同体内部成员之间和平预期的角度分析自我约束如何实现。在这里应当强调的是，应将成员国家共同遵守的行为规范作为第三方对成员国施行外力制约，以减弱国家间的防范与担忧，这将有助于国家获得集体身份和认同，但并不能直接解决信任和自我克制问题，所以共同体成员国要通过不断地服从规范，逐渐将该规制内化到主观层面，由此，外部制约因素内化为内部制约因素，国家间的关系控制主

① 孙德刚、安然：《"同质化联盟"沙特—卡塔尔交恶的结构性根源》，《西亚非洲》2018年第1期，第76页。
② ［美］亚历山大·温特：《国际政治的社会理论》，秦亚青译，上海人民出版社2008年版，第334页。
③ 同上，第347页。

要通过成员国家自我控制得以实现。

海合会国家在自我约束和彼此互信方面很大程度上是通过上述发展路径得以实现的。在制度框架层面，以海合会宪章为基本框架，六国在沟通协商的基础上，通过了一系列与安全合作相关的法律、规章与协议，作为约束和引导六国安全合作的客观制度保障；在组织机构层面，成立了海合会下属的非常设的"处理纠纷机构"，用于处理成员国间的纠纷和解决基本章程在解释与实施方面的分歧，其主要职能是作为一个咨询机构在处理成员国纠纷时为首脑会议提供法律依据；同时在海湾六国的交往进程中逐步形成符合六国传统与国情的安全合作机制，如协商机制、决策机制等等。上述客观规范的形成为海湾六国安全合作中自我约束能力的产生创造了外部制约条件。在这些规范的框架内，海湾六国通过长期的交往合作和持续的服从规范，并且在经受了国内、地区以及国际等一系列重大问题与事件的考验后，外在的规制约束逐渐从习惯性服从内化升级为主观意识中的自我克制与约束，使得六国之间基本建立了彼此信守规约、尊重彼此差异的和平预期。但同时需要指出的是，由于海合会国家在抱团取暖、维护国内稳定和应对地区威胁方面保持较高程度的相互依存与共同认知，在海合会一体化合作早期，对于集体规范的遵守曾在加强海合会成员间合作、提升组织内部集体认同方面发挥过重要作用，但随着后期国内形势、地区以及国际局势的变化，各国对于安全与利益的认知逐渐发生变化，海合会组织制度规范的缺陷日益暴露出来。特别是在成员国之间发生冲突与矛盾的时候，规范层面的缺陷导致成员国之间的问题久拖未决或难以解决。例如在卡塔尔、巴林领土争端等成员国间领土边界纠纷、沙特等国与卡塔尔断绝外交关系等问题的解决过程中，暴露出海合会在制度规范的完善和执行方面存在的问题，这些问题导致组织成员自我约束能力的降低，进而对海合会内部团结和集体身份认同产生影响，对此在后文中将展开讨论。

需要指出的是，建构主义将上述四个集体认同主变量分为两类。其中相互依存、共同命运和同质性为第一类，自我约束为第二类。形成集体身份的必要条件是第一类中至少一个变量要同自我约束变量相结合，四个变量存在程度越高，集体认同形成的可能性就越大。如前所述，海湾六国之间的合作中上述四个主要变量都在不同程度地发挥着作用，在很大程度上推动了海湾六国集体认同的形成，但同时由于政治诉求、经济结构的趋同性及制度规范有待完善等方面的问题，海合会内部在作为因果机制的上述变量的深化和稳定度方面存在变数，进而对海合会集体身份持续性和稳定性的实现产生影响。

二、海合会集体认同相关概念解读

阿查亚曾说，"度量认同的形成是学术理论家面临的最困难的挑战之一"，[①]其中关键是如何能够了解一群国家之间实现了一种"我们感觉"。因此在考察海湾六国的集体认同时，我们有必要借助另外两个维度的认同概念即"阿拉伯民族认同"和"海湾六国国家认同"作为参照，来检验六国集团的共有认同问题。在展开论述之前，首先有必要对上述相关概念进行解释：

第一，阿拉伯民族认同。首先要对泛阿拉伯民族主义进行了解。泛阿拉伯民族主义也称阿拉伯民族主义，是近代以来在阿拉伯世界最具影响力的政治思潮与社会运动之一。阿拉伯民族的独立、复兴和统一是泛阿拉伯民族主义的核心目标，强调阿拉伯民族客观存在、反对阿拉伯民族分裂和追求阿拉伯民族统一是其核心内容，该思潮在20世纪50—60年代曾达到顶峰。阿拉伯民族认同可以理解为在泛阿拉伯民族主义影响下阿拉伯各主权国家之间形成的阿拉伯民族身份意识，是一种超国家的集体认同。

第二，海湾六国集体认同。海湾六国集体认同是海湾六国之间经过长期社会化互动交往形成的一种跨越国家的集体认同，是"海湾六国地区主义"在主观意识层面的话语体现。海湾六国地区主义是一种国家间多边合作的综合现象，同时意味着一种意识形态，它是指海湾六国作为一个"次"国家地区在更大的空间内协调合作而进行的有意识的政策安排。

---

① ［加拿大］阿米塔·阿查亚：《建构安全共同体：东盟与地区秩序》，王正毅、冯怀信译，上海人民出版社2004年版，第39页。

第三，海湾六国国家认同。国内外对国家认同的研究主要有两种范式：国际层面的国家认同和国内层面的国家认同。建构主义是从国际层面对国家认同的形成和变化进行分析的，认为国家认同是一种国际社会的政治构建，是一个民族国家的合法性逐步得到认同的过程，即在不断变化的国际环境和国家力量对比的情况下确立适当的国家地位和自我身份，进而明确其利益，决定其对外政策和行为。本书所关注的海湾六国国家认同正是在国际层面上六个海湾君主国国家身份与合法性的自我认知过程。

海湾六国集体认同的建构过程是同阿拉伯民族认同、海湾六国国家认同之间此消彼长、互动发展的过程，同时后两者对于六国的集体身份的建立的确产生了重要影响。讨论六国集体认同与阿拉伯民族认同、六国国家认同之间的关系，将有助于我们厘清六国集体身份形成与发展的进程，考量六国之间彼此认同与信任的程度。

（一）海湾六国集体认同与国家认同的关系

海湾六国集体认同属于地方认同的范畴，海湾六国地方认同与国家认同的关系适用国际政治领域地方认同与国家认同关系的普遍原则，主要表现为一种"辩证"关系和"二律背反"关系。

首先，地方认同与国家认同之间是一种辩证关系。迄今为止，民族国家始终是国际政治体系的基本政治单位，没有哪种力量能够撼动主权国家自身利益的合法性。国际体系中的中小国家需要发展规模经济与提高政治地位，但国力规模制约了其内外影响力的发挥，出于自身利益需要以及避免被边缘化，在地区层次上的协调合作、优势互补成为其可行的发展战略。

一方面，国家认同决定和影响着地区认同。在地区国际关系维度，国家利益作为国家对外关系的原动力，是地区国家间互动关系的内在动因。之所以参与地区化进程，是因为在这种进程的建构中国家利益获得了满足，当国家经过比较计算，发现连横合纵带来的收益大于独自追求国家利益时，自然愿意同与它具有共同利益或相似利益的国家进行合作，所以地区化发展就是国家利益互动的体现和结果，地区认同也是地区层面上现代国家在国际化互动的基础上国家认同相互协调与叠合的结果。具体到海湾六国，其地方集体认同的形成正是在弱小国家为维护自身安全、保障稳定发展的前提下长期互动合作的结果。

　　另一方面，地区认同同样对国家认同起到影响和塑造的反作用。地区化的过程同时也是国家利益被重新界定的过程。地区化对国家的益处至少表现为三点：降低交易成本；将小国的挑战压力转移到组织和制度上；保障更为平等的收益分配。[①]既然地区化的建构过程是民族国家利益的体现，因此地区认同成为国家对外政策制定时必须加以考量的重要环节，为符合地区建构的动态变化过程，国家利益与观念也要不断进行适应和调整，从而使得国家利益和国家认同从内涵到外延都超越传统主权国家的范畴而融入了"跨国"因素。以海湾六国为例，在经济一体化进程中，海湾共同市场、关税同盟等一体化重要步骤的实践正是在集体认同的基础上六国对外经济政策相互协调与融合的成果。

　　由此可见，海湾六国集体认同的发展运行始终是以海合会各成员国国家利益和认同为基本导向与核心概念的，同时六国集体认同对各国国家利益和认同的调整和变化发挥着重要作用。

　　其次，海湾六国集体认同与国家认同是一种二律背反的关系。"国家发展、地区一体化和全球化的过程很明显是相互关联的，有时相互加强，有时相互冲突。"[②]这一论述基本道出了地区集体认同与国家认同之间相互促进有时又彼此阻碍的矛盾关系。

　　在地区国际关系层面，主权国家追求自我利益的正当性毋庸置疑，国家认同的核心地位也无可非议，但当国家认同"嵌入"复杂的地区跨国关系网络中，国家认同与地区认同不可能在各个方向和层面上都是相互协调一致的，如果地区认同与国家利益和认同协调不力，国家认同可能会掣肘地区认同的发展，甚至成为解构地区集体认同的力量。

　　同样，在民族国家的地区化进程中，地区主义作为一种制度安排，往

---

① 韦民：《民族主义与地区主义的互动——东盟研究新视角》，北京大学出版社2005年版，第16页。

② 转引自王军：《民族主义与国际关系》，浙江人民出版社2009年版，第202页。

往对国家利益进行超越，从而造成地区认同对国家认同的超越。随着地区认同在认同系统中地位的不断增强，在一定程度上要求地区化各国改变或调整固有的认同模式，从而使得民族国家认同作为最高认同对象的地位面临一定的挑战，其中最为典型的表现就是地区化进程中出现的由民族、领土边界以及现实利益等引发的国家之间的矛盾和冲突。在海合会国家一体化进程中，尽管六国间集体认同程度不断加深，但同样难以摆脱地区集体认同与国家认同在某一阶段或某种状态下的矛盾与背反关系，其中六国部分国家之间的边界与领土纠纷如卡塔尔、巴林之间的哈瓦尔群岛之争就是典型的例证。

（二）海湾六国集体认同与阿拉伯民族认同的关系

要了解海湾六国集体认同与阿拉伯民族认同的关系，离不开对阿拉伯国家同泛阿拉伯民族之间复杂而微妙的关系解读。

"从政治发展的角度看，任何国家的政治现代化进程都包含了从传统政治合法性向现代政治合法性转变的过程。"[1]政治合法性是任何国家及其统治者保障政治稳定的基本前提。作为以君主制为政权特征的海湾六国，一则作为现代意义上的主权国家，六国普遍存在发展历史短暂、国家建构不够成熟的问题，二则六国都是以家族统治和世袭权威作为主要支撑的传统政权体系，因此在其国家现代化发展进程中同样面临顺利实现政治合法性的挑战，出于更好地维护政权稳定的考虑，现行政权的统治者在着力维护自身权力的同时，更多的是从阿拉伯民族主义这一跨国意识形态中寻求合法性支持，由此出现海湾六国国家认同建构同阿拉伯民族认同之间的矛盾而尴尬的关系，海湾六国对外政策的制定表现出国家主权规范与泛阿拉伯超国家认同之间的两面性：一方面是六国坚持维护其主权完整及其合法性，另一方面要从阿拉伯—伊斯兰认同中寻求其对外政策的合法性。[2]

---

① 刘中民：《民族与宗教的互动——阿拉伯民族主义与伊斯兰教关系研究》，时事出版社2010年版，第317页。
② 同上，第73页。

如前文所述，海湾六国地区集体认同与六国国家认同存在着互为因果的依存关系，六国集体认同的实现往往是六个君主国国家利益和国家认同在地区关系层面的反映和结果。尤其在海湾战争爆发之前，六国集体认同与国家认同更多地表现为高度协调性与一致性。因此，海湾六国集体认同的发展路径同样因袭了国家认同与阿拉伯民族认同之间关系的两面性：一方面，在更为宽泛的阿拉伯民族认同语境下，六国面临的压力在于如何平衡海湾六国集体认同和利益与阿拉伯世界广泛认同和泛民族利益的关系，从而获得外界对其地区集体认同的普遍接受和认可；另一方面是如何应对来自阿拉伯民族认同对六国集体认同的挑战，因为在泛阿拉伯意识形态的政治语言中，现存的阿拉伯国家作为民族国家的地位被忽视或削弱，因此基于民族国家认同的海湾六国地方集体认同同样面临强化集体认同、克服泛民族主义干扰的挑战。

需要指出的是，尽管都属于跨越国家边界的认同，但阿拉伯民族认同是追求阿拉伯民族统一的政治思潮和社会运动，而海湾六国集体认同是用来维护民族国家利益的地方协作性政治经济行为，阿拉伯民族认同是以弱化或抵消民族国家利益和认同为特征的国家上位的超国家认同，而海湾六国集体认同是以民族国家利益与认同为核心价值取向的以国家为本的超国家认同。二者存在本质上的差别。

三、多重视角下的海合会集体认同变迁

在建构主义者眼中，"共同认同"的实现依托于"一种生产性的和自我强化的态度以及行为的社会建构"①。可见，国家集团成员的集体认同并非外在于相互作用和社会化过程，而是通过互动与社会化创造和再造出来的，这也说明了分析集体认同时进行历史性的动态解读的必要性。因此本部分内容在考察海湾六国集体认同时仍以海合会国家互动合作的历史进

---

① 转引自［加拿大］阿米塔·阿查亚：《建构安全共同体：东盟与地区秩序》，上海人民出版社2004年版，第38页。

程为线索，对六国之间集体认同的形成和发展加以考量。

（一）海合会成立前的海湾六国早期集体认同

在海合会成立前，海湾六国早期集体认同的发展便同阿拉伯民族认同交织在一起，显示出对后者既需要又排斥的矛盾关系。在海湾合作委员会成立之前的20世纪60、70年代，随着海湾六国相继获得民族国家独立，六国之间在多个领域的交往开始日益密切和频繁，六国地区层面的集体认同也逐步建立起来。与此同时，遍及整个阿拉伯世界的泛阿拉伯民族主义思潮衰退迹象开始显现，特别是在经历了第三次和第四次中东战争、南北也门内战中埃及同沙特的交手、叙利亚干涉黎巴嫩内战以及埃及同以色列媾和等一系列事件之后，泛阿拉伯民族主义的影响力开始渐行渐远。尽管如此，在阿拉伯民族认同面前，新生的海湾君主国政权及其之间初露端倪的集体认同仍显得较为脆弱和单薄。为更大可能地获得对六国集体认同合法性的广泛认可，以实现国内和地区安全与稳定，海湾六国对阿拉伯民族主义表现出极大的认可和尊重的态度，同时努力发展和维护六国之间的集体认同并取得实质性进展。

首先，在对待阿拉伯民族认同方面，海湾六国的做法和态度一方面表现为对六国自身阿拉伯属性的强调和官方场合下的正面表述，如1975年沙特哈立德王储继承王位后发表的新政府公报在表明其外交立场时表示："先王制定的外交政策的第二根支柱，在于巩固阿拉伯的地位，并在政治、经济、社会及其他方面，建立阿拉伯各国人民之间的明智而有效的合作关系。""……这一努力将依靠伊斯兰的团结和阿拉伯阵线的巩固这两大支柱来付诸实现。"[1]又如1980年，在两伊战争爆发之前，巴林的埃米尔号召阿拉伯国家加强在海湾地区的合作，"因为它是阿拉伯的海湾，而该地区的阿拉伯国家具有地区认同"[2]。另一方面体现为六国之间合作时对阿拉伯

---

[1] 王铁铮、林松业：《中东国家通史：沙特阿拉伯卷》，商务印书馆2000年版，第216页。

[2] ［美］彼得·卡赞斯坦：《国家安全的文化》，宋伟、刘铁娃译，北京大学出版社2009年版，第400页。

民族认同表现出的审慎和顾虑，如阿盟宪章中强调加强成员国之间的经济合作与紧密联系，这给海湾六国进行地区合作时覆上一层泛阿拉伯意识形态色彩，因为六国间多边合作会使其他阿拉伯国家担心一种凌驾于阿拉伯共有身份之上的地缘关系产生的国际合作行为将助长阿拉伯国家内部的离心思想，①因此在20世纪70年代的大部分时间，六国在建立合作机构或进行法律规章等方面的合作时不得不将伊拉克也吸引在其合作框架之内，以显示其地区合作的阿拉伯特性。

其次，海湾六国在名义上保持对阿拉伯民族认同尊重的同时，通过加强多方面合作来塑造并发展其地方集体认同。在海湾六国看来，它们是由共同的文化与利益联系起来的独立实体，因此，它们与其他阿拉伯国家是不同的。②事实上，海湾六国更倾向于将其他阿拉伯国家视为某种威胁，因为它们一直担心，加强同其他阿拉伯国家的往来合作有助于阿拉伯民族主义对于统一的记忆和希望，但作为新兴的石油国家，海湾六国对于其他阿拉伯国家在阿拉伯民族认同旗号下的任何示好行为所隐含的经济动机都表示怀疑。由此海湾六国之间逐渐形成这样一种理念，即"共有认同使它们成为天然的盟友，希望通过合作推动共同利益，并在自身与其他阿拉伯国家之间划出象征性的界限"③。最为典型的例证就是1979年10月16日沙特塔伊夫会议的召开。此次会议是马斯喀特会议的延续，主要讨论马斯喀特会议中阿曼的议案。与马斯喀特会议最大的不同在于，此次会议由海湾六国外长组织并出席，而将伊拉克排除在会议之外，这不仅对后期海合会的成立起到关键作用，同时对于海湾六国集体认同的形成具有标志性意义。

---

① Matteo Legrenzi. *The GCC and the International Relations of the Gulf*. London：I.B. Tauris&Co Ltd，2011，p.21.
② John A.Sandwick. *The Gulf Cooperation Council*. Boulder：Westview，1987，p.206.
③ ［美］彼得·卡赞斯坦：《国家安全的文化》，宋伟、刘铁娃译，北京大学出版社2009年版，第401页。

（二）从海合会成立到海湾战争期间的海湾六国集体认同

1981年5月25日海湾合作委员会宣布正式成立，这不仅是海湾六国团结协作、联合自强的重要里程碑，同时也表明海湾六国实现地区化合作、构建地区集体认同步入新的阶段。从海合会成立到海湾战争爆发这一时期，阿拉伯民族认同的衰微之势更加明显。尽管如此，海湾六国在官方正式场合仍有意强调其阿拉伯文化属性与阿拉伯民族色彩，并通过在阿拉伯地区事务中的态度和表现显示其对于阿拉伯兄弟国家的支持和友善，以此来表明六国对于阿拉伯集体利益和认同的认可与尊重。具体表现为：

海湾六国在海合会第一次首脑会议公报中强调："（海湾六国）陛下和殿下们研究了犹太复国主义对阿拉伯民族的侵略升级所造成的严重形势，以对阿拉伯民族负责的精神讨论了以色列顽固地侵犯兄弟黎巴嫩的主权和独立……对巴勒斯坦人进行毁灭性的战争……他们强调他们站在叙利亚一边，并完全支持它。"[1]在海湾合作委员会章程中，六个成员国强调制定海合会章程条款的目标为"为了把它们的努力用来加强和服务于阿拉伯和伊斯兰事业"[2]，尽管在章程的具体条款中没有一条涉及与阿拉伯民族或阿拉伯联盟相关的实质性内容。

在海合会成立之初，海湾六国首脑在多个正式场合申明该组织成立是出于阿拉伯民族事业的构想和深化阿拉伯国家之间的联系，如在海合会第一次首脑会议的记者招待会上，阿联酋总统扎耶德在发言中强调，海湾合作委员会的成立不是对阿拉伯国家联盟的分化与偏离，而是一种推动和支持。同样，在海合会成立之初，沙特国王哈立德宣称，这个新的地区组织将致力于全体阿拉伯国家的事业，因为海湾地区是阿拉伯世界不可分割的一部分。[3]

在安全层面，在阐述海湾六国安全威胁的根源时，海合会公开标榜当

---

[1] 海湾合作委员会第一次首脑会议公报,阿联酋《宣言报》,1981年5月27日。

[2] 尹崇敬:《中东问题一百年》,新华出版社1999年版,第656页。

[3] Ghalib Tulhab Etaibi. *The Gulf Cooperation Council: Arabia's Model of Integration*. Boston: Boston Colleage, 1984, pp.134-135.

时阿拉伯世界的共同说法，即所有阿拉伯国家特别是近东地区阿拉伯国家的危险，来自以色列所采取的政策及其行动。因此通过采取这样的立场，海合会六国的安全问题就可以同阿拉伯民族的安全联系起来了。

事实上，在标榜和利用阿拉伯民族认同的同时，海湾六国真正关注的是围绕国家利益的核心理念如何强化海湾六国地区的集体认同。如前文所述，六国集体认同与阿拉伯民族认同存在着一种既依赖又排斥的矛盾关系。一方面，强调对阿拉伯民族认同的归属和认可能够为海湾六国国内政权合法化提供支持和保护，进而为海湾六国建构集体认同避免来自海湾地区以及其他阿拉伯国家的抵制与敌视提供合理化支撑；另一方面，出于自身利益考虑，在与阿拉伯兄弟国家的实际接触中海湾六国更多地表现出一种谨慎和警惕，特别是在20世纪80年代，尽管六国当时面临的地区与国际安全环境复杂而严峻，但海湾六国宁可完全依托经验不足的海合会独立处理其地区与国际安全事务，而拒绝其他阿拉伯国家的帮助并与其保持适当距离，具体原因包括：（1）尽管《阿拉伯集体安全公约》仍然有效，但阿拉伯国家在集体安全方面少有建树；（2）埃及、以色列的媾和使得埃及同阿拉伯世界的关系一度渐行渐远；（3）同伊拉克的任何亲善举动与协定都有可能招致伊朗的敌视，从而扩大安全威胁；（4）叙利亚同伊朗关系的拉近加之叙利亚的激进言论对于相对保守的海湾君主国家而言颇具攻击性；（5）更令海湾六国担心的是，阿拉伯民族认同的过度强化有可能激发阿拉伯内部合作的更高要求，如果在阿拉伯民族认同框架下将石油资源理解为"阿拉伯的资源"，则有可能形成这样一种共识，即海湾石油国家有义务同阿拉伯大家庭的其他成员共享石油财富。出于上述考虑，海湾六国加快了合作步伐，同时六国间的集体认同意识也随之不断加强。具体表现为：

首先，应当说，海湾合作委员会的成立本身就表明海湾六国开始公开标榜自身集体认同的形成，并且在海合会诞生之初的官方文件中进行了明确阐述。如海合会第一次首脑会议公报指出，"他们（海湾六国元首）意识到他们国家之间的经济一体化和他们人民之间的社会融合的必然性"，"他们重申，本地区的安全和稳定由本地区的人民和国家负责，这个委员会只是表达这些国家的意志，保卫和维护其安全与独立的权利"①。对此，相关学者也表达了相同的看法，"（海合会成立）主要的目标是海湾合作委员会的成员国家能有更安全的环境，满足其公民对一个更具紧密性的海湾认同的渴望"②。

其次，海湾六国集体认同的发展体现在经济一体化领域。如在《海湾合作委员会经济一体化协议》中，协议第八项条款规定，"成员国应商定若干行政原则，确保任何成员国对待所有其他成员国的公民，就像对待自己的公民那样，不加任何区别或歧视"，可见在海湾六国的目标规划中，"海湾公民"的意识已开始深入人心；协议第十四款指出，"成员国应在扩大技术合作领域方面进行合作……，使得从国外购买的技术适用于满足本地区的需要和实现其进步与发展的愿望"③，该条款使用了"本地区"的概念，说明海湾六国地区化意识以及地区认同已达到一定的水平。

此外，海湾六国集体认同还体现在海合会成员资格的封闭性上。由于海合会成员国只限于海湾六国，并且对于其他阿拉伯国家能否加入该组织没有任何规定或暗示，对此阿拉伯舆论曾表示质疑，六国领导人不得不通过媒体发表声明，强调六国是在政治、经济和社会结构方面异常相似的基础上进行协调的，保持这一点是合作成功所必需的。这一声明实际上意味着至少在短期内海合会不打算向海湾或阿拉伯其他国家敞开大门。同时，与国际组织惯例不同的是，海合会没有对成员会籍、退会以及停止成员权利等问题做出规定，由此充分表明六国精诚团结、合作到底的决心。

总体来说，在海湾危机出现之前，由于阿拉伯民族主义的关系，海湾六国在发展地方集体认同的同时，一直要与阿拉伯民族集体认同保持着名义上亲和实则疏离的矛盾关系，但这并未对六国集体认同的形成和发展产生实质性影响。在海湾六国一体化的进程中，六国集体认同逐渐形成并不断获得深化与发展。在其作用下，海湾六国经济一体化与安全合作持续进行并取得一系列成果，这对于六国建立和深化彼此间的信任发挥了重要

---

① 尹崇敬：《中东问题一百年》，新华出版社1999年版，第650页。

② John A.Sandwick. *The Gulf Cooperation Council.* Boulder：Westview，1987，p.29.

③ 同①，第666页。

作用。

（三）从海湾战争到伊拉克战争期间的海湾六国集体认同

1990年8月2日，伊拉克悍然出兵侵占科威特，从而引发长达半年的海湾危机和海湾战争。海湾战争对海湾地区、阿拉伯世界乃至整个中东地区的政治生态产生了深刻和深远的影响，阿拉伯民族主义、海湾六国地区主义以及六国国家主义都不可避免地受到波及。在这一阶段，海湾六国集体认同的发展主要因循两条线索：一是阿拉伯民族主义衰落后海湾六国集体认同与阿拉伯民族认同的关系，二是国家主义兴起后海湾六国集体认同与六国国家认同之间的关系。

1. 阿拉伯民族主义衰落后的海湾六国集体认同

伊拉克对科威特的入侵，不仅让人们看到一个阿拉伯国家对另一个阿拉伯国家的吞并，同时也导致阿拉伯阵营内部的进一步分化瓦解，从而促使阿拉伯世界不得不面对这样一个事实，即阿拉伯民族主义已经终结，正如当时的埃及外长加利所言，"伊拉克入侵科威特和对兄弟阿拉伯国家领土的侵占带来了惨痛的现实，包括传统的泛阿拉伯安全概念的瓦解"[①]。

在这种情况下，海湾六国集体认同与阿拉伯民族认同之间的关系也发生了微妙转折，主要表现在两个方面：一是海湾六国作为一个国家集团公开与反伊拉克国家组成新的地区安全轴心，二是海湾六国能够在公开场合向其他阿拉伯国家宣称其"海湾"身份与六国集体认同的存在。

第一个方面集中反映在"阿拉伯八国集团"即"6＋2模式"的出现上。海湾战争之后，海湾六国同埃及、叙利亚两国迅速签署了《大马士革宣言》。宣言强调，八国将建立一种全新的阿拉伯秩序，保证八国之间推进战略与军事合作，并达成谅解；后两个国家因为它们对六国的军事承诺和部队支援而得到优厚的补偿，其中埃及欠海湾六国的外债被一笔勾销，这些债款约占埃及外债的三分之一，而叙利亚则从六国那里获得了巨额经

---

① ［美］彼得·卡赞斯坦：《国家安全的文化》，宋伟、刘铁娃译，北京大学出版社2009年版，第406页。

济援助。应当明确的是，海湾六国同埃、叙两国"6＋2模式"的出现构成了海湾地区新的安全防卫轴心，但这种合作缺少了先前的阿拉伯兄弟国家基于共有民族认同的成分，更多的则是一种各自安全战略与现实利益驱使下的权宜之计与政治交易。

第二个方面则由海湾战争中阿拉伯阵营的内部分化和富国、穷国之间矛盾的激化所引发。海湾战争中，战争立场的不同导致海湾石油富国同巴勒斯坦、也门、苏丹等贫穷国家关系恶化。实际上，这一现象出现的根源是财富资源占有不均导致阿拉伯国家贫富差距的扩大。贫穷阿拉伯国家对海湾君主国家坐享石油财富强烈不满，甚至许多人认为，石油是阿拉伯人的共有财富，应当用于阿拉伯民族共同事业并由阿拉伯人共同分享。随着经济状况日益恶化，贫国还得出了海湾富国统治者已沦为西方帮凶及其利益保护者的结论。面对来自其他阿拉伯国家的批评与质疑，海湾六个石油富国的集体认同感与"海湾"身份意识得到了进一步提升与强化。1994年在开罗举办的"阿拉伯联合研究中心"学术会议上，一位阿联酋政治学家向所有与会的阿拉伯知识界同仁表示："我认为一些阿拉伯人对'海湾'有一种强烈的感觉并对那里的人们有一种误解。遗憾的是，这种误解在阿拉伯民众当中尤其是知识分子当中普遍存在……这种误解的根源就在于他们认为那里除石油以外一无所有。"[1]可见，伴随着其他阿拉伯国家的疏远和误解，海湾六国已开始公开阐明其地区意识和地区认同。

2. 国家主义兴起后的海湾六国集体认同

海湾战争的另一个直接而深远的影响就是在导致阿拉伯民族主义衰落的同时，激发了阿拉伯各国国家主义认同的进一步凸显。阿拉伯国家曾一致表示，每个国家都应确定自己的安全威胁，"国家利益为本"的观念正式替代了先前的阿拉伯民族利益为先，被赋予至高无上的地位。对于海湾六国来说，其国家利益原则与国家主义认同的彰显通过《大马士革宣言》得到了突出展现。实际上，由于多种阻力，《大马士革宣言》并未发挥其

---

① Emanuel Adler，Michael N.Barnett. *Security Communities*. Cambridge：Cambridge University Press，1998，p.187.

真正效力而空为一种政治活动，但其坚持的"主权作为阿拉伯内部政治基础"的原则具有重要现实意义。通过该宣言，海湾六国表明了国家主权与安全密不可分的原则。宣言强调"尊重每一个阿拉伯国家在自然资源和经济财富方面的主权原则"，从而承认了国家边界的合法性、各国处理自身安全问题的权利以及对资源的独享权，面对曾一度挑战国家利益原则的阿拉伯民族主义的衰微，海湾六国更愿意将国家主权规范与国家认同原则作为地区秩序的基础。

关于海湾六国集体认同与国家认同之间的辩证、矛盾的关系，前文已经进行了介绍。当地方集体认同与国家认同相一致时，二者会互为动力，彼此促进；如果地方集体认同与国家认同缺乏契合，产生差异，那么作为国际政治体系第一要务的国家认同和利益将会对集体认同产生解构性的破坏作用。正如建构主义倡导者亚历山大·温特所言："更高一级的群体威胁原来群体自身需求的实现，原来的群体就会反对更高一级的群体的形成。"①对于海湾六国而言，一方面，在六国一体化进程中，建构地区集体认同、培育六国"海湾"身份意识是一体化的必然趋势与要求，另一方面，海湾战争造成的特殊地缘政治气候，使得六国国家主义和认同在阿拉伯民族主义衰退后获得前所未有的凸显与张扬，在此背景下，海湾六国集体认同与国家认同之间出现错位与矛盾在所难免，如海合会普遍存在的成员国在军事、政治和经济政策协调整合方面节奏拖沓、少有建树的局面的出现集中反映出六国国家主权有限让渡的缺失导致的集体认同与国家认同之间的矛盾，以至于当时的沙特王储阿卜杜拉在2001年的海合会马斯喀特峰会上向其他伙伴国家呼吁不要再躲藏在"一个被夸大的主权概念"里面了。②

---

① ［美］亚历山大·温特：《国际政治的社会理论》，秦亚青译，上海人民出版社2008年版，第452页。
② 钟志成：《中东国家通史：海湾五国卷》，商务印书馆2007年版，第452页。

（四）从伊拉克战争到中东剧变的海湾六国地区认同

2003年伊拉克战争的爆发，使得中东格局出现新一轮变动，地区大国影响力下降，阿拉伯阵营内部对立进一步公开化。在对伊拉克战争态度上，海合会国家立场基本一致，或隔岸观火，或坚决倒萨。而此时的阿盟由于阿拉伯世界的内部分歧，无论面对美对伊动武还是布什政府的"大中东计划"，均未能发挥出有效作用。正如一位阿拉伯学者在伊战前所言："阿拉伯世界的矛盾比以往任何时候都深，不断逼近的美国打击伊拉克行动暴露了阿拉伯世界各不相同的动机、恐惧和利益。"[①]而在2010年底发生的中东政治变局中，由于埃及等传统地区大国无力对阿盟工作继续发挥主导作用，而域外大国对影响中东地区的意愿和能力有所减弱，沙特、卡塔尔等国主导下的海合会顺势扩展权势，借助和引领阿盟在利比亚、叙利亚等地区问题上发挥出更大作用。[②]有专家指出，在这轮阿拉伯剧变中，阿拉伯世界的权力核心已经被阿盟目前的主角海合会国家所掌控，海湾君主国家成为这次政治危机中战与和的决定性力量，同时阿拉伯的政治重心将由北非地区转移到海湾地区。[③]需要指出的是，在中东政治危机冲击下，随着阿拉伯地区地缘政治版图进一步碎片化，阿拉伯民族认同进一步遭到侵蚀，这与海合会国家在中东变局中的"外交干预"行为有着密切关系。自危机爆发以来，海合会国家配合西方势力高调干涉阿拉伯国家内政，干预中东政治转型，破坏了中东原有的政治生态。"当前海湾国家联手西方干涉阿拉伯邻国的外交行为，与近一个世纪来几代阿拉伯政治家和有识之士谋求联合自强的大方向背道而驰，却与西方大国一贯奉行的'以阿制

[①] 叶青:《从伊拉克战争看美国中东战略之变化及战后中东格局》,《阿拉伯世界》2003年第3期,第4页。

[②] 高祖贵:《中东大变局与海湾合作委员会的崛起》,《外交评论》2012年第2期,第56页。

[③] 陈晓晨:《专访中东问题专家马晓霖——阿拉伯剧变仍处裂变期》,http://finance.sina.com.cn/j/20111229/151811094267.shtml。

阿'、阻挠阿拉伯世界联合趋势的霸权主义路线不谋而合"①，这对于阿拉伯世界自我整合进程以及阿拉伯民族认同都产生了消极影响。在这种情况下，阿拉伯民族认同已经完全从昔日海湾六国认同的掣肘沦为六国政治外交行为的工具。当然，六国以及其他阿拉伯国家民间普遍存在的阿拉伯民族认同和情感仍然不容忽视。

在海合会地区认同方面，2003 年不仅是影响地区格局的伊拉克战争爆发的一年，同时也是海合会加速一体化合作与深化地区认同至为重要的一年，因为在该年度海湾国家关税同盟正式启动，以此为标志，海湾六国经济一体化进程步入新的阶段，开始作为一个经济整体向货币联盟和共同市场迈进，这对于海湾六国增进和强化地区认同具有重要作用。地区经济一体化可以理解为一定地理范围内的国家和社会，在经济相互依存或彼此期望的基础上，通过有意识的政策与制度设计，加深相互间经济领域的融合与趋同，并在该领域确立起相应的共同规则与制度，在此过程中地区一体化国家的集体认同不断获得提升。具体到海湾六国，随着海湾关税同盟、共同市场的相继建立以及货币联盟取得一定进展，六国之间的"海湾"身份意识得到进一步加强，特别是海湾货币联盟对于六国集体认同与统一身份具有深远意义。因为一旦六国实现货币统一，就意味着经济一体化进入高级阶段即经济联盟或完全一体化阶段，将意味着可以把六国视为一个经济实体，并在国际经济领域发挥重要作用。尽管由于六国内部尚有分歧和争议，货币联盟挫折不断，但制定与实施该目标本身就表明海湾六国之间集体身份认同实现了进一步提升。此外，2008 年 1 月正式启动海湾共同市场，2009 年 12 月沙特、科威特、卡塔尔和巴林四国联合签署货币联盟协议。当 2011 年的中东政治危机蔓延到海湾地区后，海合会成员国抱团应对，相互提供政治和经济支持，并且在巴林政治危机中由沙特主导的海合会安全部队"半岛盾牌"帮助巴林政府平定乱局。经济领域的合作同样不断深化，在 2015 年 12 月海合会第 36 届峰会上，为配合饱受低油价掣肘的

---

① 林海虹、田文林：《海湾国家搞"外交干预"的原因及影响评析》，《现代国际关系》2012 年第 6 期，第 23 页。

成员国寻找新财源，海合会成员国已就引入直接税等经济一体化等关键问题达成一致。

同时值得注意的是，在与国家认同关系层面，经历了90年代以领土边界矛盾激化为典型表现的国家主义的反弹与兴起，海湾六国国家主义认同逐渐回归平稳与理性，但随着一体化水平的提升和进程的加快，客观上要求成员国国家认同与利益也要进行进一步的调整和让渡，由此导致地区认同与国家认同之间的适应性矛盾仍然十分突出。如经济合作方面，海合会六国多从各自利益出发而缺乏一定的利他行为，造成经济一体化在执行层面障碍重重，以至于阿联酋总统哈利法在2005年海合会首脑会议上呼吁，目前海合会经济一体化现状与成员国国民的愿望尚有很多差距，应培养"海湾"公民以推动经济一体化进程。[1]在政治领域，由于各国不愿放弃本国在防务方面的主权，在合作进程上顾虑重重，经费分担上争论不休，从而阻碍了六国防务一体化进程（单独与西方国家合作）。随着中东政治危机的演进，海合会顺势崛起的同时组织内部也出现严重分歧，海湾六国地区认同面临新的挑战甚至危机，其中以沙特和卡塔尔之间的矛盾最为典型。由于两国都试图填补地区大国力量收缩后的地区权力真空，如对阿拉伯国家外交主导权之争、对伊朗态度之争、对相关国家在野势力的立场之争等，虽然在具体事务上两国多有合作，但双方一直明争暗斗，并导致2014年3月沙特、阿联酋与巴林联合要求撤回三国驻多哈大使的外交风波，2017年6月更是发生了包括沙特、阿联酋、巴林在内的七个国家相继同卡塔尔断绝外交关系的危机。这些事件再次表明海合会一体化合作中国家个体利益与地区利益之间复杂而微妙的矛盾关系。

可以预见，只要一体化进程继续深化，必然要求海湾六国集体身份意识与地区认同感的加强，客观上将对六国国家利益和个体认同形成更多挑战。如何妥善处理地区集体认同与国家认同的关系，推进成员国家互信与合作的发展，是海合会仍将面对的重要课题。

---

① 钟志成:《中东国家通史:海湾五国卷》,商务印书馆2007年版,第437页。

本章小结 ━━━━━━━━━━━━━━━━━━━━━━━━■

建构主义始终强调国家间"社会性互动"的重要性，即国际关系并非必然的敌对、竞争或友好关系，这完全是通过互动往来发展而成的。因此，国家间如何互动是十分重要的，这也是海湾六国长期合作交往的意义所在，即通过六国之间数十年的互动实践，一方面在六国之间培养了"海合会国家"意识这一共有认同感，即海湾六国对其共同命运、共同利益和集体意识的普遍认同；另一方面，通过彼此间合作交往，它们对于国家之间和平与安全有了基本一致的认识和理解，并逐渐内化成其共同的制度规范与价值理念。认同提供深层动力，规范决定发展方向，在二者共同作用下，通过彼此社会化的互动交往，为海合会成员国之间形成基于相互信任的共同体关系模式创造了条件。

第二章

规范视角下的海合会集体身份实证考察

制度规范的确立，对于国家行为体具有两方面作用：一是规定性作用，即规定和指导行为；二是构成性影响，即界定和构成认同。随着规范制度规定性作用的发挥，国家行为体通过对规章和规范的遵守克服国家集体行动的困难，同时，随着制度规范所蕴含的价值理念不断内化，各国对规则的遵守由外力驱使变为主观自愿，这种制度规范内化的直接结果就是国家间身份同一感的增强，国家对利益的理解得以重新界定，良性积极的集体认同得以形成。

第一节

海合会集体制度规范的演进

探讨海合会国家合作进程中的行为准则主要包括"制度"和"规范"两个方面。"制度"方面主要涉及海湾六国合作组织"海合会"及其宪章,"规范"则主要探讨成员国之间俗成性的社会行为标准。

一、海湾合作委员会及其宪章

在建构主义者看来,多边合作国际组织可以被视为一种制度性建构,它可以为共同体集体身份的形成提供一种有益的框架。具体到海湾六国,海湾合作委员会可以被视为海湾六国集体身份形成的制度建构。

关于国际组织及其制度的功能,阿德勒认为,"通过确定、安排和传播规范,界定形成可接受的和合法的国家行为,国际组织可能设计国家行为,然而,更突出的是,国际组织可以激励国家和社会把自己设想为一个地区的一部分。这说明国际组织能够成为利益和认同构成的基础"[1]。作为处于发展阶段中的区域政治经济合作组织,海合会及其章程制度不一定能获得积极正面的制度评价,但作为一种组织框架至少可以为海湾六国君主国家提供更为广阔的互动平台。在这一平台上,成员国之间通过一系列

---

[1] Emanuel Adler.Seizing the Middle Ground:Constructivism in Relations Theory. *European Journal of International Relations*,Vol.3,No.3,1997,p.345.

国家行为来完成经济一体化、集体安全合作等目标规划。这些行为很大程度上表现为有规则的和有组织的，是被设计和引导的，这是海合会作为制度建构的规定性影响所在；同时，作为一种新的互动场所，海合会还具有能够为六国培育"肯定性场所意识"的功能，即通过在特定环境中国家之间的交往与互动，感受到场所所蕴含的共有文化与一致特征，进而与该场所产生共鸣，逐步体验到深刻的归属意识与安全感受，推动了海合会六国集体认同的构成。

要了解海合会组织制度的内容及特征，作为该组织规制的基础与核心，对《海湾合作委员会宪章》进行分析考量应当是最为可靠和直观的方法之一。

海合会宪章除前言外，共由22项条款组成。从条款内容来看可分为5部分，分别为"基本信息"（条款1—3），"宗旨"（条款4），"成员"（条款5），"组织主要机构构成"（条款6—16），"特权与豁免权"（条款17）以及"宪章的执行、修改和权威性"（条款18—22）。

第一，在前言部分，海合会宪章首先强调了将六个成员国之间的特殊关系、相似性以及共同命运作为其凝聚力和一致目标的基础，并将六国的协调、合作与一体化设定为共同目标，同时强调通过在各个重要领域的合作"达到它们这些国家的统一"的长远规划与最终目标。可见在海合会成立之初，成员国之间在其相似性与共同命运等方面已达成共识，并且就国家间的共同长远利益已达成一致。从这个意义上来说，海湾六国在成立初期已具备较为稳定的集体身份认同的基本条件。

第二，决策机制的民主平等原则。关于国际组织制度中的核心内容——决策问题，海合会宪章做出了明确规定，"最高理事会的每个成员国拥有一票"，"最高理事会关于实质性问题的决议需由参加表决的成员国一致做出"（条款9），"部长理事会的每个成员拥有一票"，"部长理事会关于实质性问题的决议需由参加表决的成员国一致通过"（条款13），"总秘书处有一个由成员国平均摊付的预算"（条款18）。

由上可以看出，海合会国家在决策机制上集中表现为"一国一票制"和"全体一致"两大原则，表明海合会在建设过程中力图保证成员国之间主权平等与民主的愿望和要求，同时体现出海合会试图在组织框架内找到一种能在相当程度上解决主权挑战的方法，因为"国家作为国际政治系统的单元，不是根据它们所担当的功能不同而加以正式划分的。无政府状态要求系统单元之间的关系是平等关系……"①其他国际组织通行的原则与方法一般是根据成员国对所属国际组织的贡献程度或者根据成员国人数比例确定其表决票数的多少，而海合会表决机制的"全体通过"与"一国一票"原则与此不同，也体现出海湾六国具有自身"海湾"特色的对于民主与平等内涵的理解。对于该问题可以从两方面加以理解：（1）投票国都可以作为决策者平等地享有决策权，任何一个否决行为都将对表决结果产生决定性影响，从而确保了六个成员国无论面积、资源与人口差异，各国都有否决权；同时，所有决策人都可以通过自己的投票行为而获益，或者至少没有成员国因此而利益受损。（2）上述机制与原则在实际操作中难免有其缺陷与弊端：从某种程度上来说，"一票否决权"是一种少数抵制多数的权利，海合会的全体一致原则，实际上可以理解为一种受限制的多数表决权；成员国为了寻求共同的满意结果，必须耗费大量时间和人力，由此造成的损失和高成本或许远远超出它们从中的获益，以至于导致成员国绕开海合会决策层面而通过体制以外的方式进行沟通决策现象的产生。

第三，海合会权力结构。海合会运用了国际组织通用的等级层次的权力结构模式，并且在此方面显得更为典型和突出。在该组织权限结构层级中，最高决策权属于由六国元首组成的最高理事会，主席由各国元首按国名字母顺序轮流担任，任期一年，该机构对海合会各项政策具有最终决定权；部长理事会在最高理事会指导下，对具体问题制订行动计划，并围绕特定事项拥有一定的决策权，该机构由成员国外交大臣（部长）或代表他们的其他大臣组成，主席由各国外交大臣（部长）或其代表按国名字母顺序轮流担任，任期一年；秘书处设在沙特首都利雅得，负责海合会日常事务，是海合会大部分政策与计划的执行者与操作者，该机构由秘书长和分

---

① ［美］肯尼思·沃尔兹：《国际政治理论》，中国人民公安大学出版社1992年版，第110页。

别负责政治、经济、军事、安全、文化等领域事务的 5 名副秘书长组成，秘书长由各国推荐人选，并按国名的阿拉伯语字母顺序轮流担任，由最高理事会予以任命，任期三年并可连任一届。

总体而言，海合会这种权力层级模型在结构方面有其优越性。由于层级分明，权利义务明晰，沟通较为顺畅，加之体系底部结构相对庞大，随着级别的提高，机构权限进一步集中，因而兼有层次感与整体性的特点，有利于统一领导和控制，有利于政策方针的决策实施，对于实现海合会健康稳定运行具有重要意义。由此可见，作为国家间相互妥协的产物，海合会在决策权力方面不可能具有超越成员国之上的独立主权，而是仍属于国家间或政府间的性质，该组织的主权从根本上仍掌握在成员国手中。但如果将海合会同欧盟进行比较会发现，尽管欧盟同样不具有超国家的国际体系基本成员的资格，其权力同样来自成员国的授权，但在很多方面欧盟可以实现成员国主权的二次行使，即成员国第一次行使国家权力，同意将某些职能和职权转移到国际组织共同体行使，然后国际组织再来行使成员国所赋予的权力。从海合会宪章中我们不难发现，海合会并未实现成员国主权或者说决策权的形式上的让渡，即没有一个真正的机构被赋予二次行使主权的权力，尽管这种主权行使被称为"虚假的主权行为"，但它具备成员国单独主权所不具备的作用与效力。海合会秘书处尽管形式上具有一定的独立性，但从宪章第 15 款可以看出，宪章赋予该机构的职责更多是"准备""筹备""起草"等事务性规定或履行"最高理事会或部长理事会交付的其他任务"等内容。显然，秘书处被期望的功能更多是作为例行公事的常设机构，而不是提升海合会合作能力的发动机。这对于提高海合会这个国家间组织的执行力和权威性势必难以产生积极影响。

第四，多元合作规定中安全合作内容的缺失。"安全"与"发展"始终是海湾六国多元合作实践的核心内容，但海合会宪章条款中仅规定了经济与社会发展方面多个领域的合作，在安全领域无论是国内安全还是外部安全却没有任何涉及，这与海湾六国历来重视国内与国际层面安全合作的传统形成鲜明反差。众所周知，20 世纪 70 年代末和 80 年代初，海湾地区局势动荡不安，安全形势十分严峻，其中最为直接的威胁来自两伊之间的战争。除外部安全挑战外，六国国内安全隐忧同样不容忽视，甚至有学者认为，六国安全合作的真正动力不是来自外部威胁，而是来自内部的不稳定。正如阿曼苏丹卡布斯所说，"我坚信，海湾地区面临的主要威胁是从内部破坏稳定的企图——通过便捷输出恐怖主义。我们应该对这些破坏行为保持警惕，特别是因为国内的不稳定将为外国干涉打开方便之门。我认为这才是主要的危险"，[①]因此说政治利益与安全忧患是海合会成立的主要动机。那么海合会宪章中关于安全合作内容的缺失当然不是技术层面的失误，而是一种态度上的刻意淡化与回避，这与六国当时所处的复杂的生存环境有着密切的关系。强调六国之间多边安全合作，一方面有可能招致战争状态下的邻国伊朗与伊拉克的敌视甚至攻击，另一方面六国之间安全合作制度与框架的确立难免会招致美苏超级大国的渗透与干涉，在当时的历史条件下，上述结果的出现只会进一步降低海湾六国的内部与外部安全系数，进而陷入更大的安全困境。宪章规制中安全合作制度化的缺失导致的直接结果就是，尽管在海合会长期的社会化互动实践中安全合作的步伐一直没有停止，但安全合作实践始终游离在海合会宏观规章框架之外，一则造成六国安全合作合法性的不足，同时使得海湾六国的军事与安全领域的合作一度无章可依，缺乏宏观的方向规定与引导。

如果说海合会及其宪章作为"制度建构"为海湾六国提供了合作平台与行为设计，那么六国之间的"共同规范"则在更广泛的范围内创造了国家之间相似的行为方式，这将更加有助于保证六国之间共有行为习惯和原则共识的产生，推动彼此间身份认同的形成。

---

① 转引自[美]彼得·卡赞斯坦：《国家安全的文化》，宋伟、刘铁娃译，北京大学出版社2009年版，第404页。

二、规范一：以元首协调与对话频繁为特征的决策合作规范

在国际政治领域，"积极沟通"作为处理国家间关系的通行做法日益被越来越多国家所采纳，因为这是一种能够弱化矛盾并能产生后续实施力的有效规制。海湾六国在彼此的交往互动中同样采取了这一国际惯例，同时结合六国自身的传统与国情，形成了具有"海湾"特征的国家间的沟通规范，主要表现在两个方面，即元首协调作用的发挥与频繁召开会议实现及时磋商。

（一）元首协调

在处理地区或内部诸如经济发展、集体安全等重大事项时，海湾六国除了在海合会宪章规定的机制框架内通过最高理事会或部长理事会进行协商并达成一致以外，为保证海湾地区或六国之间重要事务与议题的顺利解决，根据传统与惯例，六国往往还以元首之间的互访、举行非正式会晤等机制以外的形式进行元首层面的协调与沟通，从而有助于重大问题特别是敏感、棘手问题的有效解决。例如为推动六国之间尽早达成一致协议、成立地区国际组织，1978年12月，科威特王储兼首相谢赫·萨阿德·萨巴赫出访沙特、巴林、卡塔尔、阿联酋和阿曼等五个海湾伙伴国家，访问期间，科威特同各被造访国家均明确表达了加强地区合作的主张与愿望，此次五国之行使海湾六国的联合之路迈出了坚实的一步。又如在卡塔尔与巴林之间长达30多年的领土纷争中，以沙特为主的海湾国家以调解人的身份多次通过元首协调的方式化解两国间出现的危机，特别是在1986年两国出现军事对峙的紧张局势下，沙特第二副首相兼国防大臣立即受命分别出访巴林和卡塔尔进行调解，并以中间人身份邀请两国政要到利雅得协商，同时在此次事件中，阿曼外交大臣分别向两国元首进行了口头劝说，最终使双方的紧张局势得以缓和，避免了武装冲突的发生。又如在沙特与卡塔尔之间于2014年发生的撤回大使危机以及后来的2017年断交危机当中，科威特与阿曼继续其在海合会当中一贯扮演的居中调解人的角色，其中科威

特通过元首协调的方式试图化解沙特与卡塔尔之间的争端，同时阿曼则发挥配合的角色，努力阻止事态进一步升级。

应当说，元首协调的沟通方式的形成与海合会特殊的组织制度以及新生独立主权国家的特定国情有着密切关系。

首先，元首协商的合作规范是对海合会制度缺陷的有效补充。如前文所述，根据海合会宪章规定，海湾六国在重要事务的决策机制上实行"一国一票"和"全体一致"的原则，尽管该制度的初衷是为了体现各国利益与权利的平等，但同时也伴生出明显的消极后果，"强调每一个成员国的个别意志，从而致使任一成员国有权以自身特殊利益和特殊立场为由，不惜违抗大多数国家的意志，以否决票阻挠组织决议的通过，严重影响国际组织的效率及职能的行使，影响国际合作的开展"①。事实表明，在军事安全、对外关系、经济一体化等诸多重大实质性问题上，在个别国家与主流意见相左的情况下，"全体一致"决策原则的实施，致使海合会内部议案有议无决或议而不决的现象屡见不鲜，对该组织的工作开展与发展产生严重影响。元首协调方式的出现，在很大程度上是为了避免上述制度性缺陷的消极影响，以一种习惯性规范的方式在制度框架以外推动海合会六个成员国之间重大事项的顺利解决，推动海湾六国多元合作向前发展。同时需要指出的是，元首协调行为规范的出现，客观上也反映出海合会自身在公信力与权威性方面有待加强。

其次，元首协调方式的出现体现出存留于海湾君主国家传统与意识当中的部落文化的遗风。作为20世纪后期相继独立的新生主权国家，海湾六国普遍存在建国历史较短、国家结构设置粗犷的问题，加之社会历史文化的传承性，早期部落文化的影响至今仍对海湾六国的国家政治生活有着潜在而持久的影响，具体到国家权力结构的层面，主要表现为"君主王权"和"家族统治"。一方面，君权仍旧是海湾六国国家社会最重要的权力因素。脱胎于部落文化的海湾君主政体，在迈向现代主权国家的政治发展进程中，部落归属了政府，部落组织变为管理组织，部落长老成为政治领袖

---

① 饶戈平：《国际组织法》，北京大学出版社1996年版，第205页。

或地方权贵，由此一个固定的管理体系被牢固地树立起来。①随着海湾地区传统的神权、族权和夫权的逐渐衰落，君主威权成为海湾六国国家权力结构的最高代表和最主要依托。另一方面，在君主王权的背后存在着一个庞大的家族体系。尽管实现了民族国家独立，但根深蒂固的部落观念依然保留，家族依然是社会结构中心，延伸到国家政权层面则表现为家族统治依然保存和延续。海湾君主国家家族统治的明显特征之一就是尽管家族内部存在权力斗争，但是总体来说，当面临危难的时候，王权家族的亲王们总是更趋于团结而不是加剧分歧。其根本原因在于，他们能够认识到内部协调一致不仅是传统的优点，而且是家族赖以存在的关键。②外交是内政的延续，君主的权威加之家族统治在危机面前对于协调统一的重视延伸到海湾六国之间重大事项的处理方面，则体现为元首协调这一规范作用的普遍行使与发挥。

不可否认，元首协调的沟通规范显示出海湾六国仍未摆脱传统保守文化的束缚，特别是在社会转型与政治现代化的大背景下，难免有不入时宜之嫌，但从另外一个角度来看，这一行为规范的形成对于海湾六国加强合作，推动一体化进程，进而塑造和深化六国之间的集体认同在一定程度上发挥了积极功效。

（二）对话频繁

加强高层之间对话、促进国家间及时沟通是海湾六国内部交往方面的另一个重要规范，具体表现为六国高级别会议频繁与及时的召开。

早在海合会成立之前，这种对话沟通方式便得到了充分展现。如在1981年的海合会成立前夕，海湾六国召开数次会议或会晤，通过及时有效沟通为海合会的最终成立进行了积极筹划与充分准备。1981年1月，在沙特塔伊夫召开伊斯兰首脑会议期间，海湾六国磋商了成立联合组织的相关话题。2月4日，在科威特召开六国外长会议，会后六国在联合声明中宣

---

① 蒲瑶：《中东冲突的部落文化解读》，《西亚非洲》2009年第6期，第24—29页。
② 刘竞：《海湾国家的家族统治》，《西亚非洲》1992年第6期，第60页。

布，基于相似的国家制度、共同的伊斯兰信仰，以及相近的社会、经济和人口结构，六国一致同意组建合作委员会。此次会议之后，由六国专家组成的专门委员会于2月24日在利雅得和3月4日在马斯喀特连续进行两次会晤，会晤的目的就是为筹建中的联合组织拟定宪章草案和有关章程，以提交给下一阶段的六国外长会议进行讨论。3月9日，六国外长会议在马斯喀特举行，会议通过了海合会基本组织结构以及宪章草案，并通过了合作委员会章程、最高理事会章程以及部长理事会章程，同时会议还提出4点建议，即每年5月和11月召开最高理事会会议、1981年5月26—27日在阿布扎比召开最高理事会第一次会议、1981年5月20日在阿布扎比召开专家委员会会议以完成争端处理委员会章程的制定、原则上同意在科威特产生海合会首任秘书长。随后，5月23日六国外长在阿布扎比召开会议，通过了争端处理委员会章程，推选阿卜杜拉·毕沙拉（Abdallah Bishara）为海合会秘书长，并确定了即将召开的海合会峰会具体议程。[1]海合会成立之后，根据该组织宪章，最高理事会一年召开一次会议，部长理事会每3个月定期举行一次例会，同时可根据成员国要求召开特别会议，此外秘书处下属的7个专门委员会根据具体需要也会经常召开相关会议。由于六国之间的合作是多领域、多层面的多元交往，加之海湾地区以及六国自身事务千头万绪，因此及时沟通、频繁会晤成为必要，除宪章框架内规定的定期高层会议以外，在特定情况下，不定期或临时会议的召开已成为六国之间加强对话与沟通、解决共同问题的重要行为方式与规范。如两伊战争期间，为讨论日益紧张的地区安全问题，海合会六国除了举行例会以外，最高理事会也时常举行特别会议，例如1981年9月、1982年3月、1983年2月、1983年10月和1984年6月连续举行了多次会议。[2]会议的及时召开与高层之间的频繁沟通，客观上对地区事务以及海合会内部问题的有效解决起到了推动作用。

---

① Emile A.Nakhleh. *The Gulf Cooperation Council: Policies, Problems and Prospects.* New York: Praeger, 1986, p.2.

② 陈万里、汝涛:《海湾合作委员会决策机制研究》,《阿拉伯世界研究》2008年第4期,第7页。

当然，频繁沟通的目的是通过充分的对话磋商寻求成员国共同的满意选择，但也造成时间与人力成本的大量耗费。从积极的角度来看，对话及时、沟通频繁的六国之间的交往规范使各国有机会就共同关心的议题进行广泛深入的探讨，从而增进了六国高层的交流与接触，促进彼此了解的加深，有助于增进六国的集体认同和互信。

三、规范二：以多边联合防务为主的安全合作规范

海湾六国的合作与一体化进程可以理解为六国区域内的地区化进程，而地区主义可以定义为某个地区内对多边主义的实践。"多边"术语的定义意味着合作，因此从这个角度来看，海湾六国的合作关系即是一种多边主义形式的合作互动关系。具体到安全层面，无论大国还是小国，多边主义都是一个相对有效率的制度安排，能最大限度地维持国际体系的稳定。①因为多边主义能够提供一种各国平等交往与受益的条件，可以避免或降低霸权国家或少数强国所主导的机制的影响，因而成为稳定国际秩序、实现安全目标的重要工具。

具体到海湾地区，由于海湾六国同伊朗、伊拉克之间并未形成真正意义上的地区化合作关系，因此对于海湾六国而言，多边主义的价值主要体现为六国通过彼此间多边联合防务实现对外防御和国家安全，这也是海湾六国在安全领域合作规范的主要表现。这一合作行为规范的形成一方面由于上述多边主义合作所具有的积极作用，另一方面也是由六国共同面对的地区与国际安全形势所决定的，尤其是来自伊朗和伊拉克不同时期不同程度的地缘安全威胁，如早期萨达姆政权妄图称霸阿拉伯世界、伊朗政权的输出革命以及两伊战争的爆发，这都对海湾君主政权带来强烈冲击并引起海湾六国的警惕与恐慌，加之海湾君主国家个体军事实力同两伊军力的巨大反差，客观上也要求六国必须通过多边联合防御的集体力量合力打造安

---

① 韦民：《民族主义与地区主义的互动：东盟研究新视角》，北京大学出版社2005年版，第16页。

全生存空间。

事实上，早在海合会成立前的20世纪六七十年代，海湾六国就已开始双边或多边安全合作的尝试。1961年和1963年，当科威特面临来自伊拉克的威胁时，沙特曾为其提供武力防卫；在阿曼镇压佐法尔叛乱时，沙特和阿联酋曾提供支援助其平息叛乱；20世纪70年代初期，海湾六国同伊朗和伊拉克曾共同探讨签署一项安全协定的议题，旨在面对外部威胁时采取集体防御措施，同时试图将海湾地区建成和平区域。[①]由于海湾君主国对两伊的威胁心存疑虑加上两伊战争的爆发，"海湾八国"共同安全构想不了了之。海合会成立后，由于安全问题本身就是该组织得以成立的最大推动力，因此事关安全尤其是六国多边安全合作的议题自然成为海合会六国最为关注的重大实质性问题之一，并由此展开长达30余年的多边安全防御合作，其中最具标志性的成果就是海湾六国共同铸就联合部队——"半岛盾牌"。1984年，海合会第5次首脑峰会决定成立海合会联合军事指挥部，随后六国防长一致决定成立一支名为"半岛盾牌"的联合部队，该部队由沙特一个步兵旅和一个各成员国出兵组成的混编旅组成，部队一部分驻扎在沙特境内，其余分散在各成员国，必要时紧急集中。海湾战争期间，"半岛盾牌"联合部队作为辅助力量参加了对伊拉克的军事行动，为打败伊拉克军队做出了一定努力和贡献。1992年，海合会高级安全委员会成立，通过该机构，六国就军事安全一体化达成一致意见，实现了防空预警系统一体化，"半岛盾牌"部队开始与成员国军队开展经常性的联合军事演习。1994年，当伊拉克军队兵临沙特边境时，"半岛盾牌"部队前往当地与伊军对峙，同年海合会决定提升"半岛盾牌"规模与作战能力。2000年，海合会首脑峰会签署联合防御协定，决定在沙特境内建立"半岛盾牌"永久性军营，并确立海合会防务委员会每年例会机制。2002年，海合会第21次防长会议宣告成立"海合会联合防御委员会"，负责应对海湾地区任何紧急情况。联合防御委员会的成立标志着海合会六国多边防御合作步入新阶段。

---

① 李意：《海湾安全局势与中国的战略选择》，世界知识出版社2010年版，第213页。

随着海合会的成立，海湾六国间合力逐渐增强，并作为地区主要战略力量与两伊之间形成海湾三角关系格局，但即便如此，海湾三角关系之间的实力对比并不完全均衡，而是呈现一种"非等边三角形"①的关系，尽管三者之间保持一种此消彼长的动态制衡关系，但总体而言，即使海湾六国斥巨资充实自身军事装备，但由于多种因素的限制，六国在联合自强的情况下仍缺乏应有的综合实力，无法掣肘三角关系中的另外两方或两方中任何一方，以至于海湾六国元首对自身的防务合作能力提出质疑，如阿曼苏丹卡布斯在1983年10月的首次联合军演后指出："坦率地说，我们并未取得所需要的足以抗衡另一方势力的军事实力……我们尚未拥有一支可以保卫海湾安全的部队。"②在数年后的海湾战争期间，这一状况并未得到基本改观，尽管"半岛盾牌"部队参与了对伊拉克的作战行动，但整个部队并不是以"半岛盾牌"的集体面目出现的，而是以化整为零的方式分散到美英等参战国或沙特特遣部队参战，同时总体上并未对解放科威特发挥实质性作用，从而暴露出海合会集体防卫力量在面对强敌时软弱、有限的军事回应能力。2001年的马斯喀特峰会上，时任沙特王储阿卜杜拉曾尖锐地指出，"我们尚未建立一支可以威慑敌人和支援朋友的联合军事力量……"③以至于有学者用"象征性"④来形容六国多边军事安全合作的地位和性质。对于"象征性"这一表述可以将其理解为一种褒贬兼有的中性评价，一方面意味着海湾六国集体军事安全实力的不尽如人意，另一方面则可以解读为六国作为一个整体进行的集体军事行为客观上发挥着对于地区另外两大战略势力的警示与威慑作用，在举行的数次多边联合军事演习中，六国利用新闻媒体的力量对军事合作行动不遗余力地加以宣传，其目的就是通过在地区与国际层面充分展示其作为整体战略力量的形象，稳固其在地区安

---

① 王京烈：《解读中东：理论构建与实证研究》，世界图书出版公司2011年版，第325页。

② Abd al-Hadi Khalaf. The Elusive Quest for Gulf Security. *MERIP Middle East Report*, No.148（Sep-Oct, 1987），p.22.

③ 钟志成：《中东国家通史：海湾五国卷》，商务印书馆2007年版，第452页。

④ Matteo Legrenzi. *The GCC and the International Relations of the Gulf*. London：I.B. Tauris&Co Ltd, 2011, p.78.

全格局中的地位与影响。

客观来说，无论海湾六国多边主义的联合防务合作的成绩如何，防务安全合作规范本身对于密切六国之间的交流与接触，内化规范所蕴含的集体观念与意识，深化彼此间的集体认同都将起到有效的推动作用。但同时不能否认，六国安全合作规范中存在着不容忽视的缺陷与问题：（1）如果说海合会宪章中缺乏对于安全合作与一体化的制度规定，那么在实际操作规范中安全合作的一个重大不足则在于六国对于彼此之间矛盾关系处理与危机冲突解决方面制度与规范的薄弱与缺失。"建立海湾合作委员会的主要目的是对付外来威胁，因此，海湾合作委员会忽略了成员国之间内部关系的调整。这种反差表明，在一体化进程中，文化和政治的同质性并不一定比异质性优越，关键是要建立行为规范和冲突管理机制。"①（2）美伊战争结束以来，随着伊拉克国力的减弱以及伊朗政权务实性的增强，海湾地区三足鼎立的格局越来越有利于海合会国家。尽管伊朗核问题仍不时成为笼罩海湾地区安全环境的阴云，但较先前的地区安全形势而言，海湾六国的军事安全合作动力有所减弱，这对于六国安全合作的未来走向难免产生消极影响。（3）"在一个有效的集体安全体系中，安全问题不再是单个国家所考虑的、由军备和其他国力要素支配的问题。"②一方面海合会内部军事安全合作存在着指挥能力与协同能力不足与集体安全实际效力缺失等问题，另一方面是六个成员国将主要精力投放在对外军火采购方面，这无疑暴露出六国之间在安全合作领域彼此间信心的不足和信任的缺乏，这对于以相互信任为重要依托的海合会集体身份的打造势必也会产生不利影响。

四、规范三：以"差异化"为特征的外交合作规范

国际关系所涉及的外交互动会涉及各种不同的行为体，并包括各种不同类型的相互关系，如主权国家之间的关系、主权国家同非国家行为体的

---

① 俞亚克：《东盟与海湾合作委员会区域一体化的比较研究》，《世界历史》2010年第5期，第19页。

② ［美］汉斯·摩根索：《国家间政治》，海南出版社2008年版，第314页。

关系，以及非主权国家之间的关系等，其中居主导地位的还是各主权国家政府的行为。①对于海湾六国而言，六国以海合会为合作平台在国际关系舞台与其他国家或国际组织所实施的外交政策或外交行为，就属于海合会这一非主权国家行为体在国际政治领域同其他行为体之间对外交往的范畴，但本部分内容关注的重点不是海湾六国同其他国家或非国家行为体之间的外交关系，而是该国家集团内部在对外交往过程当中六国之间的合作模式与规范。

尽管国际互动包括诸多非国家行为体的活动，但居首要和主导地位的还是国家层面的行为，而国家对外政策与行为的出发点则是国家利益，因此探讨海湾六国在对外关系方面的彼此间合作规范，首要的核心问题仍是在对外集体交往过程中海合会国际组织的权利同六个海湾主权国家利益之间的关系问题。首先，"国际组织是以管理单个主权国家所不能及的公共问题为己任，它的存在本身反映主权妥协的事实……在许多特定的问题领域的声明、决策和立法上会对国家主权的行使构成外在的规范限制"②。因此，以往那种绝对而又排他的国家主权已逐渐消失，并开始不同程度地让渡到国际组织当中。其次，主权国家仍是最主要的国际关系行为体，国际组织产生的前提就是国家，国际组织的活动必然受到国家主权制约，不可能超越主权国家之上，即便国家的作用与影响因超国家趋势而有所减弱，但"国家也找不到一种理想的形式来代替它"③。因此，国家主权至上始终是国际关系领域的核心原则。当集体认同与利益同国家认同和利益相一致，二者便可以互相支撑、彼此促进，但如果国家集团的共同权利和行为与个别国家的个体利益出现矛盾与错位，如何实现二者之间关系的优化与调适则是更值得考虑的现实问题。

针对这一问题，根据自身情况和地缘及时代背景，海合会成员国逐步形成具有自身特色的对外交往方面的六国间合作规范，主要表现为以"差

---

① 李少军：《国际政治学概论》，上海人民出版社2006年版，第261页。
② 转引自于永达：《国际组织学》，清华大学出版社2006年版，第71页。
③ ［英］保罗·肯尼迪：《未雨绸缪——为21世纪作准备》，新华出版社1994年版，第127页。

异化"为特征的务实合作原则。这种"差异化"特征可以理解为，由于海合会宪章并未对海湾六国外交事务的集体标准与原则做出明确规定，而且没有成立负责外交事务的专门机构，因此这种对外集体交往的"非制度化"派生出六国对国际交往目标与战略的不清晰界定，成员国可以根据自身或集体需要自行解释其对外政策和目标，一方面客观上要求六国集体行为的协调一致，另一方面是各国利益诉求的差异和对外交事务的理解程度不一，因而总体上一种努力达成共识的"求同"趋势中隐含着六国各自对外交往多样性的"存异"。主要表现为三种形式：

（一）海湾六国集体对外交往存在一定的一致性

如在巴以问题方面，六国采取了基本相同的立场，表现出对于巴勒斯坦问题的一贯支持。早在海合会成立之初，六国在海合会第一次首脑会议公报中明确表示出对于公正解决巴勒斯坦问题的支持和保证巴勒斯坦人民合法权利的愿望；1991年，海合会秘书长代表海湾六国亲自出席巴以问题马德里峰会；在对巴勒斯坦援助方面，海合会六国于2009年2月制定出"加沙重建计划"，并捐款16.5亿美元作为资金支持。对巴以问题表示关注与支持，一方面是来自阿拉伯民族主义与阿拉伯民族认同的需要，同时是为了扩大海合会六国在地区与民族事务中的地位和影响，在此方面六国各自的出发点与集体政策是相一致的。又如，在2011年以来的中东变局中，海湾六国总体上对突尼斯、埃及、利比亚、叙利亚等共和制国家的政治变革采取了支持的态度，其重要意图在于通过此次政治危机颠覆阿拉伯共和制政权，确立海湾君主制国家在阿拉伯世界的领导权与话语权，因此海湾六国对此立场普遍予以赞同和支持。

（二）在保持差异的情况下达成妥协

在某些情况下，由于各国国家利益和立场的不同，六国在对外政策与行为上存在差异。出于当时历史背景或大局需要，六国在差异存在的前提下采取一定的折中立场，实现"求同"与"存异"之间的相对平衡。冷战时期，美苏超级大国一直试图伺机插手海湾地区安全事务实现其在该地区的战略部署，当时沙特、科威特、阿曼等海湾君主国家均与美国保持了不同层次的军事往来，其中阿曼由于其敏感的战略位置和特殊的安全需求在同英国保持牢固军事联系的同时努力寻求同美国建立饱受争议的更为紧密的战略关系，而与此同时科威特与苏联则建立并发展了长期外交往来，在各国外交立场存在差异的情况下，海湾六国作为国家集团总体上采取了理性和审慎的对外政策和姿态，即坚持中立原则，不同任何超级大国结盟，实现地区独立和抵御外来干涉。事实上海合会成立时六国一致推举首任秘书长由科威特人担任就是出于这一中立立场的考虑，因为在六国普遍向西方国家靠拢的情况下，科威特作为六国中唯一同苏联保持外交关系的国家，推选科威特籍人士担任首任海合会秘书长间接表达了六国试图以中立不结盟的姿态在两个超级大国之间保持距离与平衡。

（三）分歧导致六国集体外交难成合力

在对某些地区或国际事务的看法和理解上，立场、视角的不同或者各国国家利益缺少重合，使得海湾六国在对外交往方面有时难以达成一致，从而对六国对外集体政策与实践方面产生消极作用。如海湾危机爆发之前，六国一致认为地区外部威胁主要来自伊朗，并采取了基本一致的对伊朗政策，但经历了海湾危机的冲击之后，六国对于地区威胁的认知理解产生明显分歧，如科威特认为伊拉克是地区主要威胁，主张同伊朗发展外交关系，而阿联酋因为同伊朗的海湾三岛之争而将其视为主要威胁，阿曼和卡塔尔则认为地区外交事务中不能忽略与伊拉克的交往，沙特则主张伊朗、伊拉克两国都应被纳入地区外交与安全合作的框架当中，上述认知与判断上的分歧，至少在一定时期内使海湾六国与两伊相关的外交合作方面难有建树。又如海湾关税同盟的建立使得海湾六国得以作为一个经济整体参与世界经济实体间的谈判，从而提高其国际竞争力与在世界舞台上的影响力，因此客观上要求六国在对外经济交往中须保持一致立场和行为，维护其对外整体形象与凝聚力。但由于美国各个击破策略的实施，巴林于2004年9月单独与美国签订了自由贸易协定，而阿联酋与卡塔尔也表现出类似意向，从而招致沙特强烈不满，由此表明六个主权国家专注个体利益所导致的离心力同样对海湾六国对外经济交往的一体化造成威胁。

　　由上可见，海湾六国之间外交事务方面以"差异化"为特征的合作规范实际上是海合会制度建构中外交方面"非制度化"背景下出现的一种务实选择，其原则是"求同存异"，其核心仍是在可能兼顾海湾六国集体权利与认同的情况下维护六个主权国家的个体利益与认同，这一合作规范在某些情况下能够促进六国对外交往方面的合作并进而提升其集体认同与相互信任，具有适合本地区自身特征的合理性，但当各国出于个体利益诉求在"存异"时不能做到"求同"，则往往对六国之间的集体内聚力与共有认同产生不利影响。

规范视角下海合会集体身份建构实证考察
（一）：卡塔尔、巴林领土争端

　　建构主义强调，在以集体认同与集体意识作为观念前提的基础上，以国家的行为在国际体系内的"管理规范与国际制度"为指导，使得在国家间互信和"对和平变革的可靠预期"的基础上构建真正的"和平体系"成为可能。国家集团内部能否实现以彼此克制与互信为前提的持久和平的关系成为集体身份认同形成的重要标志，但这种国家间和平关系的可预测性并不意味着共享集体身份的国家之间没有分歧与矛盾。因为考量集体身份认同并不以是否存在冲突和矛盾为标准，其真正标志是共同体成员国家的社会和政府是否具有和平处理冲突与争端的能力。因此，考量集体身份建构与发展情况最为直观的方式就是通过分析解读成员国之间的安全挑战来实现对于该共同体集体身份认同的实证考察。对于海合会成员国而言，六国之间最具代表性的安全挑战主要表现为部分成员国之间长期存在的领土与边界争端，其中最为典型的是卡塔尔与巴林两国之间长达65年的领土纠纷。本节将以此问题为个案，对海合会成员国集体身份认同情况进行具体的实证分析与考察。

一、海合会国家之间的领土边界问题

　　考察海合会成员国集体身份问题，首先应把握六国之间分歧与争端的状况以及当事国处理争端的方式与和平解决冲突的能力。因为缺乏和平处理争端与矛盾的热情与能力将意味着成员国之间自我克制和彼此信任的缺失，进而影响到六国集体认同的稳定与发展，并由此使得海合会国家集体面临被解构的风险。事实上，我们在研究海合会六个成员国的时候往往将视线更多地投放到六国经济一体化以及安全防御等领域，对于海湾六国内部阵线的牢固性问题则缺少进一步关注。其实整个阿拉伯地区的领土与边界纠纷以海湾地区最为集中，而海湾地区的领土边界问题中海合会六个成员国之间的纠纷占据相当大的比例，具体包括：（1）阿曼与沙特：布赖米绿洲之争；（2）阿曼与阿联酋：布赖米绿洲之争；（3）沙特与阿联酋：豪尔奥台德地区之争；（4）沙特与卡塔尔：豪尔奥台德地区之争；（5）沙特与科威特：中立区、卡鲁岛、乌姆马迪拉姆岛之争；（6）阿联酋与卡塔尔：舒拉阿瓦、乌达德、哈卢勒、拉沙特等地区之争；（7）卡塔尔与巴林：哈瓦尔岛、法什特迪贝勒、基塔特迪拉达群岛以及领海之争。

其中，沙特与卡塔尔之间曾在豪尔奥台德地区归属问题上于1992年和1993年发生武装冲突，卡塔尔与巴林之间在哈瓦尔群岛等岛屿的归属问题上曾在1991年发生军事摩擦。

在上述领土与边界纠纷中，六个海湾君主国家均牵涉其中而没有一个能够独善其身。这并不是历史的偶然，而是有其复杂而深刻的原因背景：

第一，众所周知，海湾诸君主国大多脱胎于具有部落文化特征的传统统治模式与生活方式，现代的国家与国土意识十分淡薄，在其历史演进过程中逐渐形成自己的领地或势力范围，尽管海湾诸国后来的领土划分由此而来，但由于之前的领地范围有时是相互叠加或交错的，加之不同历史时期有些地区先后被不同的家族或酋长国所统治，从而容易引发关于部分地区归属权的争议。

第二，部落文化的特征之一就是流动的随意性，对于新生的海湾独立主权国家，其大多数民众对于国家、主权、领土边界等意识极其陌生，并且漠视任何试图限制其行踪与活动范围的规章约定。当出现势力范围的争执时，相关部落或酋长国往往尽可能将其利益要求扩大到最大限度而不做任何妥协或让渡，这也会使争端双方出现难以调和的矛盾与冲突，加大问题解决的难度。

第三，海湾地区一直是西方殖民者利益角逐的对象，从而使得海湾六国边界领土问题带有明显的殖民主义色彩。为获得海湾地区的土地租让权以便在该地区捞取巨额石油利润，英美等西方殖民国家在早期海湾国家边界的划定以及领土归属的纷争方面不断进行干预，使得该地区领土边界纠纷愈加复杂化。

第四，海湾六国之间部分领土的争夺同时意味着自然资源的争夺。随着一些争议地区油气资源的发现，相关各方对于该地区的争夺更加激烈，因为夺取了领土就意味着对未来的油气资源与国家财富的占有。这也是导致海湾六国部分国家领土边界纠纷持续数年的重要原因。

第五，与西方现代民族国家的"正常发育"不同，海湾六国普遍存在建国时间不长、结构制度不完善等先天不足，从而使得各国在独立后长期面临文化整合与政权合法化等难题。[1]因此，一些国家往往借助于领土边界问题的升温来转移民众的视线，达到塑造民众国家认同感、增强国家凝聚力的目的。

总之，海湾六国之间复杂交错的领土边界问题的存在，对于海合会国家集团凝聚力与集体认同的发展势必会产生消极的作用，进而使得海湾君主国国家集团的稳定性面临考验。在上述领土边界纷争中，最为典型的当数卡塔尔与巴林之间的领土纠纷。较之海湾六国其他领土争端，卡塔尔、巴林之争[2]的典型性表现在：首先，从1936年发端到2001年最终解决，卡巴之争前后历经65年，是海湾六国领土边界争端中持续时间最长的领土纷争；其次，卡巴之争经历了西方殖民保护时期、独立民族国家出现时期以及海合会成立后的不同发展阶段，处理该问题的过程也反映出海湾六国集体认同从无到有、从初成到发展的演进过程；此外，关于该领土争端的解决方式，从殖民国家的干涉到卡塔尔、巴林双边独立协商，从海合会组织解决到沙特的第三方协调，从剑拔弩张的危机边缘到海牙国际法庭（ICJ）的和平裁决，该问题几乎涉及了处理海湾地区领土纠纷的所有解决方式，

---

[1] 谢立忱、黄民兴：《中东国家边界领土纠纷的民族主义诠释》，《西亚非洲》2009年第2期，第54页。

[2] 以下简称"卡巴之争"。

而且在海湾六国间的矛盾纷争中，卡巴之争是唯一突破海合会组织框架将问题提交至国际法庭进行裁决的阿拉伯国家间争端；同时，卡巴之争的解决对于海湾六国"和平解决国家间争端"制度规范的形成发挥了重要的作用。

从建构主义的角度来说，卡塔尔、巴林领土争端对于本书的研究价值在于，作为海湾六国集体阵营内部分歧与矛盾的典型个案，通过对卡巴之争解决过程与最终结果的分析与评价，有助于我们对海湾六国国家间互信的程度、和平关系的水平以及六国集体身份的建构处于何种层次等问题进行客观合理的判定。

二、卡塔尔、巴林领土争端：缘起、过程与结果

卡塔尔与巴林的领土纷争随着1936年双方矛盾升级并公开化，开始了漫长而曲折的争端处理过程，直至2001年经由海牙国际法庭裁决才最终得以正式解决，前后持续达65年之久。从某种程度来说，卡巴之争的演进过程也是海湾地区地缘环境、海湾六国国家关系以及海合会集体利益与认同观念变迁的写照，因此应当对该问题的产生与发展过程进行必要的了解和梳理。

（一）争端缘起

实际上，早在1936年之前，卡塔尔、巴林两国曾就位于卡塔尔西北部的齐巴莱市的归属问题产生争议。从历史上看，巴林的哈利法家族统治巴林时曾进行过领土扩张，并将包括齐巴莱市在内的整个卡塔尔半岛纳入其控制范围，直至20世纪初。为避免双方矛盾激化，英国殖民当局曾多次就齐巴莱的主权问题对两国进行斡旋劝说，并于1913年出台一份协议，但因"一战"爆发而未能正式签署，使得卡塔尔、巴林于1938年就该市主权发生争执。

但两国领土纷争的焦点更多集中在两国之间的哈瓦尔群岛上。该群岛由17个小岛与礁石组成，曾一度无人问津，但岛上油气资源的发现，引发

了两国关于该群岛主权归属的争议。1936年，巴林石油公司（BAPCO）和石油特许经营有限公司（英国—波斯石油公司的子公司）与巴林元首就位于卡塔尔、巴林两国之间的海域石油开采权问题进行磋商，由此引发卡塔尔方面强烈不满，两国领土之争就此拉开帷幕。

（二）发展过程

从矛盾公开化到最终彻底解决，卡塔尔、巴林领土之争的解决过程大抵经历了三个主要阶段，即两国独立前的英国殖民时期、建国后至海湾合作委员会成立以及海合会成立后至今，其中第三阶段是获得实质进展的最为关键的阶段。

1. 第一阶段：卡塔尔、巴林实现民族国家独立之前

（1）1936年，在卡塔尔同西方国家石油公司协商租让石油开采权事宜期间，巴林方面在哈瓦尔群岛及另外两个附近岛屿插上巴林国旗以示对这些岛屿拥有主权，这一行为遭到卡塔尔方面强烈抗议；1939年英国殖民当局擅自宣布巴林对哈瓦尔群岛等区域拥有主权，此后上述地区一直由巴林实际控制，但卡塔尔始终认为哈瓦尔群岛是其不可分割的领土，并坚持要求收回对该地区的主权。

（2）进入20世纪40年代，经过协商后，卡塔尔方面表示对于巴林哈利法家族同齐巴莱市的历史渊源表示接受和尊重。1947年，鉴于两国因哈瓦尔群岛问题再度出现危机，在英国监督下，双方通过协商制订了一个临时解决方案，即巴林放弃对该岛的资源拥有权，卡塔尔放弃对该岛的主权要求，局势虽然得到缓和但问题并未彻底得到解决。

（3）20世纪50年代初期，英国认为巴林方面拥有对哈瓦尔群岛以及法什特迪贝勒、基塔特迪拉达的主权，条件是巴方放弃对齐巴莱的主权要求，并于1957年终止在齐巴莱问题上对巴林的支持。自此之后，齐巴莱地区被卡塔尔视为其国土的一部分一直置于卡塔尔的实际控制之中。

（4）1964年，巴林单方面正式宣布其对哈瓦尔群岛拥有主权以及其划定的新的领海边界，该举动立即遭到卡塔尔方面的排斥与反对。1965年巴林方面进一步强调法什特迪贝勒、基塔特迪拉达归其所有，同样遭到卡塔

尔的抨击与抵制。1967年，卡塔尔向巴林提出，解决哈瓦尔问题要以解决齐巴莱市的归属问题为条件，但巴林对此予以拒绝。此后一直到1971年英国殖民者撤离海湾地区并且卡塔尔、巴林两国相继建立独立主权国家，两国之间的领土问题仍未获得任何实质性进展。

实际上，在卡塔尔、巴林建构独立民族国家之前，两国之间的领土纷争更多地反映出带有鲜明部落文化遗风的酋长国家在缺乏主权概念与国家认同的情况下对属地与势力范围的争夺，在双方缺乏彼此间认同与组织制度框架的情况下，将自身利益与诉求最大化的价值标准与行为方式使得两国难以真正实现彼此间利益的妥协与让步。而对于英国来说，尽管英国方面以第三方姿态从中调和，但以攫取海湾地区物质财富为主要目的的英国殖民当局由于同两国复杂的利益纠葛不可能做到真正的客观公允，因此其带有明显功利因素的协调行为注定无果而终。

2. 第二阶段：卡塔尔、巴林民族国家成立至海湾合作委员会诞生

从1971年卡塔尔、巴林相继取得民族国家独立到1981年海合会成立，在近10年的过程中双方领土争端的解决呈现出一些新的特征。首先是争议双方的行为主体的形态发生了变化，均从早期酋长国的传统形式转变为现代意义上的新生主权独立国家，但两国均保持了君主威权和家族统治的政治特征以及带有明显部族文化色彩的社会遗风；其次是问题的解决方式发生了一定变化，尽管争端的处理仍旧依托于第三方的协调，但调解方已从西方殖民势力转变为具有一定地区影响力的海湾国家沙特阿拉伯。沙特作为调解人由于同卡塔尔、巴林存在历史与现实的关系纠葛，问题的顺利解决同样面临障碍，但从摆脱西方大国干扰实现"地区问题地区解决"的角度来看是有其积极意义的。

这一阶段，两国的争议仍然是围绕领土问题以及资源问题谋求本国利益的最大化，其间发生过两次导致双方关系一度紧张的政治风波表明两国间对于双方领土纷争的立场与态度并未发生实质性变化。第一次是1978年在争议岛屿水域卡塔尔当局扣留了巴林的渔民，作为报复，巴林方面在争议地区附近举行了军事演习；第二次摩擦发生在1980年3月，出于经济利益的考虑，巴林重申哈瓦尔群岛是其不可分割的一部分，并将勘探开采该

群岛石油的特权给了美国一家公司，卡塔尔政府对此行为极为不满，并宣称该群岛是卡塔尔的组成部分。

显然，卡塔尔、巴林因领土问题导致的关系紧张状态对于海湾六国筹建合作组织目标的实现无疑会带来影响与变数，这也是沙特成为双方调解人的主要动因。1976年，在沙特的努力下，出台了被称为《争端解决原则框架》这一处理两国领土问题的基本原则。该原则强调，在两国协商解决问题的努力失败的情况下，"国际法"将成为纠纷解决的最佳方式；同时该框架原则指出，"两国之间所有与岛屿、领海等主权相关的问题都应作为不可分割的整体一并加以解决"①。尽管由于卡塔尔、巴林之间的分歧使得双方在5年之后才最终接受上述框架原则，但该原则的制定对于争端的解决具有重要意义。首先运用"国际法律规范"解决争端这一思路的提出具有开拓性作用，它拓宽了矛盾处理的路径，并在两国纠纷的最终解决方面发挥了实际效用；其次，"整体解决两国领土问题"原则同样具有关键性作用，因为这将避免两国中任何一方将领土争议中的某一问题独立化、复杂化，从而有助于问题的全面解决，如卡塔尔曾拒绝承认位于卡塔尔半岛的齐巴莱地区存在争议而使得该地区的归属成为个体问题，该原则的出台则有效规避两国争端的复杂化和多头绪化。

由上可见，在海合会成立前夕的20世纪70年代，尽管卡塔尔、巴林在领土纷争上仍摩擦不断，但同时应当看到，在两国纠纷的解决过程中，基于"联合自强"共同目标的海湾六国早期集体认同的因素开始显现，其中沙特作为争议双方的调解人便是六国初期集体意识的重要象征，由此，两国领土争端从原则基调上开始向着平等协商的和平方式发展。

3. 第三阶段：从海合会成立到国际法院最终裁决

海湾合作委员会的成立为卡塔尔、巴林领土争端的解决提供了新的组织框架与运作平台。随着海湾六国社会化互动与合作的常规化，六国之间的集体意识与认同不断深化加强，在集体认同与共有行为规范的作用下，

---

① Barbara Kwiatkowska.The Qatar v.Bahrain Maritime Delimitation and Territorial Questions Case. *Ocean Development & International Law*, Vol.33, No.3–4（2002）, p.227.

尽管两国在争议解决过程中仍难免摩擦甚至冲突，但问题的化解始终沿着可以预见的和平解决的目标曲折前行。根据地缘政治条件的变化以及争端处理方式的转变，这一时期可进一步划分为两个阶段：

（1）从海合会成立到海湾战争爆发（1981—1991年）

在该阶段，两国之间围绕领土问题的关系发展主要表现为两种方式：既有矛盾激化导致的偶发冲突又有第三方不断斡旋之下的沟通协商，并且关于在调和无果的情况下将领土争议提交国际法庭（ICJ），通过国际法进行裁决这一争端解决方式，双方最终一致表示认可。

矛盾与冲突：1982年初，在海合会成立不久卡巴两国之间便产生一起纠纷，起因是巴林以有争议的哈瓦尔群岛命名一艘战舰并举行下水典礼，还在双方争议地区海岸线进行了实弹演习，巴林的这一举动引起了卡塔尔方面的不满，双方由此展开舆论攻击；1986年4月，巴林在有争议的法什特迪贝勒地区建造了"海岸防卫站"，此举引起卡塔尔强烈不满并出兵占领了该岛，目的是阻止巴林在该争议地区的挑衅行为以维持两国间在该地区的现状，结果造成两国军事对峙的局面，并且发展到一触即发的危险边缘。

第三方调解下的争端解决：尽管1982年初卡巴之间的矛盾激化仅仅表现为舆论层面的争执，并未达到1986年双方剑拔弩张的程度，但对于刚刚成立的海合会来说，此次风波的发生无疑会对这个新生的地区组织产生严重不良影响，因此海合会于1982年3月初召开部长级紧急会议，并发表声明强调：会议委托沙特政府为消除两国分歧进行努力；分歧双方必须签订联合协议中止对抗以及任何挑衅行为；双方尽快将紧张局势恢复正常。之后经过沙特的调停，两国紧张局势得以平息。[①]对于1986年双方的两军对峙的边界危机，海合会同样采取了紧急行动，阿曼外交大臣分别向两国元首进行了口头劝说，沙特方面也立即做出反应，以中间人身份在两国之间进行斡旋调解，并提出一系列建议以推动事态尽快平息，在沙特政府的努力下，双方紧张局势得以缓和，在撤出各自军队的同时通过谈判达成部分

---

① 杨建荣：《巴林与卡塔尔的领土之争》，《阿拉伯世界》1993年第2期，第24页。

协议。在此基础上，当年10月的海合会国防大臣会议上沙特敦促卡塔尔与巴林就两国边界问题举行会晤，使得边界危机取得重大进展，但并未彻底解决。

除上述斡旋努力外，在海合会框架内，沙特作为协调方在两国争议的解决方面还取得了其他显著成效，例如：①1983年3月，根据沙特方面提出的框架原则，卡巴两国同意在双方协商或第三方调解失败的情况下将领土纠纷提交至海牙国际法院，但双方仍倾向于尽可能通过调解方式解决问题；②由于意识到两国间由领土纠纷导致的关系紧张程度已难以通过沟通协商的方式加以解决，因此在1987年12月，双方均表示按照沙特1983年的原则框架将争端提交至国际法院，并且卡塔尔、巴林与沙特三方通过举行一系列会晤着手准备相关事宜；③由于双方就界定争议范围与具体事项未能达成明确协议，因此1988年12月两国重新选择回到谈判桌前通过沙特的第三方调解来解决问题，但并未取得成功；④1990年12月，沙特再次通过三方会谈在两国之间展开斡旋与协调，卡巴两国再次表示在调解失败情况下通过国际法院进行裁决。

在该阶段，两国争端的解决最具标志性意义的成果就是双方一致接受通过国际法院对领土问题做出最终裁决的处理方式，尽管并未真正付诸实施，但从主观层面已经为该问题的最终和平解决做好铺垫。这一方面得益于海合会作为组织平台与制度框架所发挥的协调与沟通作用，另一方面，随着海湾六国一体化水平的提升，卡塔尔、巴林两国之间的六国集体认同与"海湾"身份意识也随之不断增强，这对于进一步以和平方式解决两国争端无疑起到了重要作用。

（2）从海湾危机到争端解决（1991—2001年）

在这一时期，对于卡巴之争发展进程的梳理仍可以通过两条线索进行，一是围绕领土问题两国双边关系的发展变化，二是和平处理两国领土纷争的尝试与努力。

围绕领土纷争两国关系的发展变化：①1991年7月，针对卡塔尔单方面将领土之争的议案提交到国际法院的行为，巴林方面表示了强烈反对，并在当月正式宣称其对哈瓦尔群岛等争议地区拥有主权，导致两国关系再度恶化。卡塔尔将战舰开至争议海域，巴林军舰两次对卡塔尔船只开火，出于报复，卡塔尔扣留了几名巴林渔民，并要求巴林方面停止有损两国关系的行为，并希望通过国际法院解决双方矛盾。②1996年，卡塔尔媒体采访两名反政府的巴林什叶派教徒，引发巴林政府强烈不满。③1998年，卡塔尔反对巴林修建一条通向哈瓦尔群岛的防波堤，并称此举为"挑衅行为"。①④1999年3月，巴林政权更迭，双方关系出现转机，同年12月卡塔尔埃米尔出访巴林，2000年1月巴林埃米尔对卡塔尔进行了回访，同时两国一致决定成立一个专门委员会以解决双方的领土问题。

和平解决领土问题的尝试与努力：如果说20世纪80年代两国和平解决争端的努力主要表现为主观上寻求与接受"国际法"裁决这一纠纷处理方式的过程，那么在该阶段，双方力求和平化解争议的行为则主要表现为通过国际法院裁决彻底解决争端的探索与尝试的过程。具体实践行为详见下表：

表2-1 卡巴之争外交调解行为年表

序号	时间	具体行为实践
1	1991年6月	卡塔尔单方面将领土争议的议案提交至国际法院
2	1992年4月	巴林呼吁向国际法院提交联合申请,卡塔尔表示反对
3	1992年6月	巴林呼吁向国际法院提交联合申请,卡塔尔表示反对
4	1992年10月	巴林呼吁向国际法院提交联合申请,卡塔尔表示反对
5	1994年3月	卡塔尔同意向国际法院提交联合申请
6	1994年10月	在伦敦举行会晤协商向国际法院提交联合申请事宜
7	1995年2月	巴林要求海合会进行调解,并敦促卡塔尔参与
8	1995年10月	卡塔尔呼吁向国际法院申请裁决,巴林予以反对
9	1996年1月	巴林方面同意通过国际法院进行裁决
10	1996年6月	巴林呼吁第三方调解并要求卡塔尔撤回向国际法院的申请
11	1996年7月	巴林要求沙特进行第三方协调
12	1996年8月	巴林要求沙特进行第三方协调
13	1996年9月	巴林向国际法院提交备忘录
14	1996年11月	巴林敦促卡塔尔接受沙特方面的调解

---

① 钟志成:《中东国家通史:海湾五国卷》,商务印书馆2007年版,第304页。

序号	时间	具体行为实践
15	1997年2月	海合会进行调解
16	1999年2月	卡塔尔要求阿联酋充当争端调解人
17	1999年5月	卡塔尔、巴林两国均向国际法院提交申请
18	2001年3月	国际法院做出最终裁决,两国争端得以解决

资料来源：Krista E. Wiegand， Bahrain， Qatar， and the Hawar Islands：Resolution of a Gulf Territorial Dispute， Middle East Journal， Vol 66，No.1， p96。

（三）卡塔尔、巴林领土争端的最终结果

2001年3月16日，海牙国际法院最终裁定将哈瓦尔群岛等地区划归巴林所有，卡塔尔对齐巴莱等地区拥有主权，双方均对裁定结果表示接受，持续半个多世纪的卡巴之争以和平方式画上圆满句号，影响两国关系以及地区稳定的因素得以消除，这不仅有助于推进两国关系的良性发展，同时对于增进海合会六个成员国之间关系和深化六国之间的集体认同势必将起到积极作用。

三、卡塔尔、巴林领土争端评析：特征、意义与启示

作为验证海合会国家集体身份认同建构的典型个案，在了解了卡塔尔、巴林领土纷争的过程后，我们有必要对这一困扰卡巴两国以及海合会多年的领土纠纷进行具体的分析与解读，这将有助于我们更为客观和全面地认识该集体身份。

（一）卡巴领土之争的特征

1. 海湾六国之间历时最长、解决难度最大的领土纷争

尽管我们认为卡巴纷争从1936年两国领土问题公开化至2001年争端正式解决共经历65年的漫长过程，事实上，如果追根溯源，两国的领土归属争议可以回溯到20世纪初甚至更早，同时该领土问题经历了英国殖民、民族国家独立以及海合会成立等多个发展时期，并且涉及英国政府协调、

沙特方面斡旋、海合会调解、双边协商以及国际法院裁决等多种问题解决模式，因此说，在海湾六国之间的领土纠纷中，卡塔尔、巴林之间的领土问题是耗时最长、解决难度最大的国家间纠纷。

2. 始终以和平方式作为问题解决的唯一方式

从1936年两国领土纷争正式公开化，双方除就争议地区的归属问题争执不休外，对于问题如何解决自始至终一致保持着一种默契，即处理问题的模式不是要在武力与和平之间选择，而是通过何种和平方式推动问题的最终解决。从早期英国殖民政府的调和，到两国建立独立民族国家后沙特作为第三方调解人进行斡旋，再到以海合会为沟通平台，沙特等成员国作为协调方进行斡旋，直至问题提交至海牙国际法院进行裁决，双方始终保持着和平解决问题的愿望与预期，向着争议的最终化解目标进行尝试与实践。根据建构主义的原则，评判国家间实现集体身体认同构建的关键标准就是国家集团成员之间对国家间关系的和平变化是否具有可靠预期。从这个角度来看，卡巴之争对于考察海合会国家集体身份的建构情况具有至关重要的意义。

既然两国在纷争解决上始终保持着克制与和平预期，那么对于双方之间发生的数次程度不同的摩擦与冲突该作何理解呢？纵观两国的纠纷从开端到结束的过程不难发现，双方摩擦甚至冲突事件的发生均不是在视彼此为潜在威胁并进行"有组织的战争准备或大规模的暴力"[1]，而是在双方矛盾悬而未决的情况下表明主权国家立场态度或发泄对于分歧争端不满的外交手段或姿态，或者是两国在特殊的地缘环境与时代背景下在处理矛盾的态度与方式上的过激反应，这与"安全困境"下的武力选择有着本质区别。以1991年两国之间的军事摩擦为例，由于巴林方面对于领土归属问题的强硬姿态，导致双方产生小规模冲突，两国关系一度紧张。事实上，这一事件的发生一方面是由于巴林方面对于卡塔尔单方面将领土问题议案提交至国际法院十分不满，更为深层的诱因是，冲突的时间刚好发生在海湾

---

① 转引自郑先武：《"安全共同体"理论探微》，《现代国际关系》2004年第2期，第55页。

战争结束即科威特从伊拉克军事占领中解放不久，如前文所述，海湾战争的一个直接影响就是极大地强化和激发了阿拉伯各国特别是海湾六国的"国家利益为本"观念与"国土意识"，国家主权与领土边界概念明显增强，不仅阿拉伯民族主义与集体认同面临瓦解，在国家主义与国家认同面前，海湾六国之间的地区集体认同也同样受到削弱，卡巴两国1991年的矛盾升级正是在这一特殊历史条件下发生的。正如建构主义者巴尼特所言，"通常来说，即使是具有相同认同和威胁定义的行为体，在关于如何实践认同的规范方面也可能爆发斗争"。①

3. 阿拉伯国家中唯一通过国际法院进行裁决的领土纠纷

在阿拉伯世界，卡塔尔、巴林是唯一通过国际法院裁决解决并成功化解领土纷争的两个阿拉伯国家，这在海湾地区以及阿拉伯世界处理领土边界纠纷方面开创了具有积极意义的先例。因为传统上，阿拉伯国家在纠纷处理方面往往回避求助于国际机构运用世界通行的国际法准则来解决问题，而是更倾向于借助没有利益牵涉的第三方尤其是其他阿拉伯国家或地区组织进行调解沟通来化解矛盾。

有研究显示，在20世纪下半叶，在以伊斯兰法为立法依据或法律制度受伊斯兰法影响的国家中，78%的国家在解决纠纷时会求助于具有伊斯兰背景的第三方进行协调斡旋，而充当调解人角色的往往是国家总统、国王，或者来自埃及、叙利亚、科威特、沙特、伊朗等国家的公使，或者是阿拉伯联盟、伊斯兰会议组织以及海合会等地区性国际组织。而巴林、卡塔尔作为两个阿拉伯国家，能够突破阿拉伯的传统模式，运用国际法准则，经由国际法院裁决来处理双方之间的领土问题，这在阿拉伯地区迄今为止是绝无仅有的。这同时也进一步表明，在双方关于领土归属问题的立场上难以调和并且在阿拉伯传统的第三方调解失败的情况下，正是由于海湾六国间日益深化的集体观念与认同的作用，促使两国以克制与理性的态度和开拓性的意识，突破阿拉伯传统模式，借助世俗国际法准则来获得问

---

① [美]彼得·卡赞斯坦:《国家安全的文化》，宋伟、刘铁娃译，北京大学出版社2009年版，第423页。

题的最终解决。当然，这一模式的选择并非一帆风顺，而是经过两国长期的沟通、磨合甚至摩擦和冲突后才最终达成一致。

（二）卡巴之争得以解决的意义

卡塔尔、巴林领土之争的最终解决，无论对于卡巴两国关系的良性发展还是海合会国家集体身份认同的建构与提升都有着积极的作用和意义。

1. 有助于海湾六国"和平解决彼此间争端"行为规范的构建与完善

对于海合会而言，成员国之间禁止使用武力解决国家间争端应作为共同体集体身份建构的基本规范与根本性原则。尽管卡塔尔、巴林之间就领土纷争导致的矛盾与摩擦并不意味着双方试图通过武力解决纷争，但"对抗"局面的出现势必会对海合会的稳定与凝聚产生不良影响。此外，尽管作为地区国际组织，海合会的运作原则应遵循国际政治领域通行的"威斯特伐利亚"体系中"通过和平手段解决分歧与争端"的原则规范，但由于海湾合作委员会组织制度与规范原则更多地倾向于经济合作与安全防御领域合作的规范制度的构建，因此六国在和平解决彼此间争端的行为规范的建设方面有待进一步提升和完善。卡塔尔、巴林领土争端的解决过程对于上述规范有着积极的推进与完善作用。如1982年在卡巴两国矛盾激化的情况下，受海合会委托，沙特在两国间积极斡旋，并制定出矛盾解决的基本原则，具体包括：双方保证增强法律意识，不改变现状，不再引起任何争端；在分歧争议状态下，不使用宣传工具攻击对方，直到矛盾最终解决；为了彻底解决问题，不拒绝任何协商方式。1986年，当两国间出现军事对峙局面时，以沙特为首的海合会成员国努力进行调停，并提出四点建议：冲突双方立即恢复到1982年4月26日之前的状态；双方保证友好协商解决冲突，任何一方不得使用武力；成立军事监督委员会进行督促；从法律与历史的角度考虑两国的边界分歧。①上述原则与规范的确立不仅有助于两国争端的和平解决，同时对于整个海合会阵营内部和平处理彼此间分歧与争端的良性规范的形成将起到积极的完善与塑造作用。

---

① 杨建荣：《巴林与卡塔尔的领土之争》，《阿拉伯世界》1993年第2期，第25页。

2. 海合会组织成员国国家主权有限让渡的成功典范

国际政治领域中国际关系原则实际上是以国家主权的概念为核心建立起来的，国家之间关系的现实就是以主权国家的存在为前提，无论从理论层面还是现实角度，主权问题始终都是一个核心问题。"一体化的每个进展，特别是质的跃进，都意味着国家职能与职权进一步向一体化组织的转移或让渡……而这种国家职能与职权的让渡必然意味着国家主权的让渡或者说转移。"①对于海合会六个成员国来说、一体化进程同时意味着集体身份的建构过程，六个君主国国家职权与利益能否让渡与让渡程度直接影响到海合会国家集体认同的建构程度和稳定性。应当说，卡塔尔、巴林领土之争的最终解决，从地区国际组织成员国主权利益合理让渡的角度来说是具有典范作用的。在两国争端未获化解之前，双方争执与对抗局面的出现以及问题解决模式的纠缠不清，在很大程度上正是海合会组织内部成员之间在组织框架当中以及存在集体认同的情况下集体利益与国家职权与利益让渡之间矛盾的具体写照。当双方选择遵照国际法进行裁决，本身就意味着争议双方向着主权国家职权与利益合理让渡迈出了重要一步。正如卡塔尔埃米尔哈马德在国际法院做出最后裁决后的电视讲话中所称：虽然接受这一裁决有些痛苦，但卡塔尔的牺牲不会一无所获。②并且对于海合会国家间领土边界问题的和平解决起到重要典范作用：2001年3月，在海牙国际法院宣布裁定结果后的第5天，卡塔尔同沙特两国外交大臣便在多哈签署了两国边界协定，划定了两国的陆地与海上边界线，从而结束了双方持续了45年的边界纠纷。

3. 有利于海湾六国集体认同的构建和一体化进程的推进

首先，两国领土争议的解决为海湾六国联合自强的一体化进程顺利发展扫清了一个主要障碍。作为海合会成员国，卡塔尔与巴林理应按照海合会宪章宗旨和规划目标同其他四国在地区安全、经济发展等多个领域开展合作，但由于双方领土纠纷的存在，造成两国在很多情况下未能积极参与

---

① 戴炳然：《欧洲一体化中的国家主权问题》，《太平洋学报》2004年第4期，第28页。
② 钟志成：《中东国家通史：海湾五国卷》，商务印书馆2007年版，第306页。

事关海合会发展的重要事项，从而造成海合会一体化发展与提升进程中面临障碍与缺失。如巴林曾因为卡巴纠纷问题数次拒绝参加海合会内部峰会以及伊斯兰会议组织（OIC）的数次会议，包括1996年的海合会多哈峰会，以回应卡塔尔方面拒绝收回其单方面向国际法院递交的纠纷议案，2000年同样关于国际法院裁决的事宜巴林方面拒绝出席在多哈举行的伊斯兰会议组织会议。上述这些做法使诸多事关海湾六国安全与发展的重要事项的决定与实施被延迟或受到阻碍。两国领土问题的彻底解决无疑将使得上述障碍迎刃而解，六国之间的沟通与磋商渠道由此更加畅通。

其次，争端的解决为卡巴两国的多元合作提供契机，进而惠及海湾六国一体化发展。两国纷争的解决，在消除两国以及海合会阵营合作道路上的障碍的同时，也为卡巴两国深化多领域合作提供良机，进而对整个海合会阵营起到重要推动作用。"当历经多年的争端通过中立的第三方得以解决，卡塔尔与巴林两国立即寻求各种可行的途径修复双方关系和增进彼此合作。"①在领土问题获得最终裁决后不久，卡巴两国便签署了多项双方互赢的合作项目，包括巴林计划从卡塔尔北部地区进口大量天然气等大型合作项目，而且自2001年开始，卡巴之间的经贸合作关系不断加强，甚至在2009年初两国宣布建造被称为"友谊之桥"的连接巴林、卡塔尔与沙特的水上通道的庞大计划。同时两国经贸合作的升温也促使海湾六国之间多个经济合作计划与项目的开启，促进了海湾六国经济与社会发展一体化，进而有助于六国集体认同的进一步提升。

（三）卡巴之争的启示

虽然卡塔尔、巴林领土纷争最终获得彻底解决助推了两国关系良性发展，并将这种后续效应外溢到海湾六国之间的一体化合作进程，但从建构主义角度来看，该问题的解决过程中仍然暴露出海合会六国集体身份建构方面的缺陷与不足，对于该共同体未来的深化合作与共同发展具有重要借鉴与启示意义。

---

① John Allcock, ed al. *Border and Territorial Disputes*. Essex, UK: Longman, 1992, p.213.

1. 启示一：海合会的组织制度与机制有待完善

针对海合会在处理卡塔尔、巴林领土纷争以及成员国之间其他类似纠纷中的表现，不少学者对于该组织的权威与效力提出质疑。事实上，作为地区性国际组织，海合会在成员国危机与分歧处理方面的表现尚有可圈可点之处。在现代国际政治中，由于国际危机的突发性与危险性，危机管理变得日益重要，对于危机与分歧控制与化解的水平也成为考察国际组织管理能力的重要标准。国际危机管理的一般原则主要包括：（1）控制危机的范围。危机本身往往具有扩大冲突范围并导致危机升级的可能，因此控制危机主要包括降低冲突范围外因素介入程度和将危机限于当事国之间。（2）减弱对抗强度。对于处于对抗状态的当事国，为获取主导与优势地位，增加对抗强度容易成为危机的一种趋向进而导致危机升级，因此减弱对抗强度十分必要。（3）快速做出反应。[1]通过国际组织的快速反应与介入，能够尽量避免危机的发展与蔓延，这对于矛盾的化解同样重要。从这个角度来看，海合会在卡塔尔、巴林纷争过程中，总体上遵循了上述危机管理原则，避免了事态的发展，对于两国争端的解决同样发挥了重要作用。尽管海合会的作用只是使双方在危机状态下实现理性与克制并握手言和，并未根本解决双方领土纠纷，但其在危机状况下的反应与控制的积极作用不可否定。

同时必须看到，在卡巴问题处理过程中，相关决议执行效果的缺失以及海合会对纠纷的彻底解决未能发挥关键作用，表明该组织在其制度与机制方面需要进一步优化与完善。

首先是跟踪督办与强制执行机制的匮乏。海合会内部存在的一个明显问题就是部分政策与决议虽然获得通过，但实际执行缓慢或滞后；同时在决策制定之后，海合会缺乏相关的机构来负责该决议政策的督办与强制执行，其约束力几乎完全依赖成员国的自律或六国王室之间的传统交情来维持，[2]这显然不利于海合会的实际效力的发挥以及成员国内部问题的有效

---

① 于永达：《国际组织学》，清华大学出版社2006年版，第107页。

② 汝涛：《海湾委员会集体安全机制研究》，上海外国语大学2009届硕士毕业论文，第45页。

解决。如在1986年4月的边界摩擦冲突中，海合会委托沙特出面调解并提出建议，其中包括"双方保证友好协商解决冲突，任何一方都不得使用武力"，同时两国也达成一致意见，表示卡巴争执的任何一方都不得改变争议岛屿的现状。[1]但是在1991年的两国冲突事件中，卡塔尔方面将装有火箭的战舰开到争议岛屿的5.5海里处表示对巴林的抗议，巴林方面则用快艇向执行正常巡逻任务的卡塔尔快艇开火，尽管矛盾的发生有其特殊的原因与背景，但从协议的遵守与执行角度来看，这些行为都可被视为对"任何一方都不得使用武力"和"任何一方都不得改变争议岛屿现状"的违反与无视。

其次是海合会下属的纠纷处理机构难有作为。海合会宪章规定，海合会下设"处理纠纷机构"。在该机构的定位、职能与权限方面，第一，该机构不是常设机构，而是由首脑会议根据纠纷性质决定纠纷处理机构成员；第二，机构的职能是审议首脑会议交议的事件，包括成员国之间的纠纷和有关基本章程解释与实施方面的分歧，并且只有首脑会议拥有交议权，当事国家无权直接提请处理；第三，尽管处理纠纷机构形式上类似一个国际法院，但实际上该机构并无决定权与判决权，而只是提出符合海合会宪章、国际法和伊斯兰法的建议或意见，其作用是在成员国产生纷争时作为咨询机构使首脑会议的决定具有一定的法律依据。综上可见，处理纠纷机构仅仅是纠纷处理时的咨询机构，由此可见，海合会实际上缺乏一个相对独立且与当事国没有利益纠葛的真正的第三方职能机构来发挥纠纷处理与解决的作用，而往往借助于某个成员国作为中间方进行调解，而海合会成员国之间复杂微妙的关系，势必造成问题调解作用的发挥大打折扣。同时，处理纠纷机构从组成到职能发挥，首脑会议对该机构始终有着重要影响，而由于海合会首脑决策机制的"全体一致原则"，使得该机构在具体实践过程中的成绩乏善可陈。

根据建构主义理论，国际制度和组织作为过程，直接或间接推动了国家间的信任和认同，其中包括国际组织通过建立行为规范、监督机制和赏

---

[1] 杨建荣：《巴林与卡塔尔的领土之争》，《阿拉伯世界》1993年第2期，第25页。

罚措施来增强成员间的信任，促进国家之间的和平倾向。①因此，海合会六国有必要进一步修正与完善组织制度与机制，进而强化六国之间的和平倾向，推动集体身份认同健康发展。

2. 启示二：海合会框架内，沙特地区大国的角色定位值得思考

建构主义认为，在集体身份的形成过程中，那些实力强大、经济发达和政治有效的国家总是在扮演着力量核心的角色，凭借其权威吸引力，引领着其他国家纷纷加入由核心国家主导的共同体当中。②同时，中心的存在可以保证共同体成员之间具有足够的向心力。

在海湾六国中，沙特阿拉伯具有无可替代的核心国家地位，它是六国当中领土最大、人口最多的国家，拥有伊斯兰教两大圣地，同时也是世界上最大的石油生产国，所以无论从硬实力还是软实力来说，其在海合会中的大国优势是毋庸置疑的。但是在海合会国家集体身份认同的形成与构建中，沙特的影响力尽管不容小觑，但距离实现建构主义所定义的共同体核心国家和权威吸引力的标准仍有较大差距。这在卡塔尔、巴林领土争端中有所体现：作为第三方调解人，沙特曾在卡塔尔、巴林的领土纠纷中积极进行斡旋协调，在危机的处理和对抗的控制方面发挥了重要作用，但是在事关两国纠纷实质性解决方面所发挥的作用是有限的或者说是失败的。按照建构主义理论，可以归结为两方面原因：

首先，要成为核心国家，除拥有超群的实力以外，还要具有一定程度的合法性。要实现权威国家的合法性，沙特的条件是不足的。例如在卡巴之争的解决过程中，两国后期争论的焦点主要集中在纠纷的处理方式上，即卡塔尔方面倾向于将纠纷提请国际法院进行裁决，而巴林则更主张以沙特为主的海合会内部第三方调解。这种局面的出现有其深刻的原因背景：一方面，卡塔尔同沙特之间也存在着领土纠纷，并且因此两国间的关系紧张局面时有发生，如1992年9月卡沙两国曾在多哈东南部的一个边境哨所

① 袁正清：《从安全困境到安全共同体：建构主义的解析》，《欧洲研究》2003年第4期，第47页。
② 孔凡伟：《战后欧洲安全合作的建构主义分析》，《外交评论》2007年第3期，第84页。

发生冲突，经埃及调解双方矛盾有所缓和但并未彻底了结，随后几年两国的领土纷争没有实质性改善，直到1997年才有所松动，2001年3月随着卡巴之争的彻底解决，卡塔尔、沙特最终签署边界协定，结束了持续35年的边界纷争。除领土纠纷外，卡沙不和的另一个重要原因是作风独立、特色鲜明的卡塔尔哈马德政府不满沙特的傲慢做派，因此上台执政以来双方摩擦不断。另一方面，相对于卡沙之间的长期不和，巴林同沙特却一直保持着良好关系。出于地理位置和人口构成上的原因，巴林经济上对沙特依赖很深，同时在安全事务上也和沙特保持密切往来，并与沙特签订了双边防务协定，巴林方面还将这一共同防务协定视为其防务政策的支柱。①作为第三方的沙特同两个当事国之间有利益瓜葛，使得两国对于采取何种纠纷解决模式难以达成共识，巴林倾向于第三方协调，而卡塔尔出于对沙特公正性的担忧则选择国际仲裁，这不仅影响了卡巴纷争的顺利解决，同时从另一个侧面也不利于沙特成为公认核心国家的合法性的打造。

其次，共同体内强大的中心国家的存在可以作为其他国家的典范与榜样，为共同体其他国家提供社会化学习的机会。这种社会化学习过程也意味着共同体意识和共同身份的培育，但安全共同体理论的倡导者多伊奇也指出了一种看似矛盾的可能，即为防止某个成员国比其他成员国强大得多，维持一种区域内的平衡也是必要的，因为在力量失衡情况下，强大的成员国可能会忽视或无视其他小国的信息与需要，从而阻碍甚至破坏一体化以及共同体的打造。②这种对于强国过度崛起而导致共同体力量失衡的担心在海合会小国当中普遍存在。应当说，卡塔尔在卡巴纷争的解决中对沙特方面心存疑虑在一定程度上也反映出作为小国对大国强势的警惕与担忧，海合会各成员小国对该阵营内部力量失衡的担忧主要集中在提防沙特这个海合会超级成员会控制这个合作组织，操纵其他弱势成员国放弃其独立的政策与战略，从而在各自国家利益方面丧失主动权与话语权。正如美国学者威尔森和格拉哈在其著作《沙特阿拉伯：正在来临的风暴》中指出

① 钟志成：《中东国家通史：海湾五国卷》，商务印书馆2007年版，第262页。
② 陈玉刚：《国家与超国家——欧洲一体化理论比较研究》，上海人民出版社2001年版，第145页。

沙特在后冷战时期对外政策和目标是：维护国家安全与稳定，称雄阿拉伯半岛，充当阿拉伯和伊斯兰世界的领导。①如果海合会其他成员认可美国学者这一论点，那么这些国家对沙特崛起的担忧与谨慎便不足为奇了，显然这不仅不会形成共同体内其他成员对于沙特作为权威核心的向心力，相反会对海合会国家共同身份的建构产生削弱作用。因此如何实现沙特作为海合会组织内部大国的合法性与准确定位，并保持该组织内部力量的均衡，对于海合会六国间关系的稳定和六国集体身份的打造与维护十分重要，值得各方予以重视。

3. 启示三：作为地区国家集团，海合会成员国国家认同与六国集体认同的调适关系不容忽视

前文已经谈到，海合会国家一体化的过程也是成员国集体认同与各国国家认同相互调适、此消彼长的发展过程。由于海湾六国地区层面的集体认同形成进程影响了六国民族国家的认同，六个成员国对于集体认同的形成难免会形成程度不一的"适应性压力"。这里不妨借用西方学者提出的"相容性"概念②加以说明。原则上，适应性压力的程度决定了成员国国家认同为适应集体认同而不得不进行调节与改变的范围。国家集团集体认同与民族国家认同的相容性越低，适应性压力越大；反之，相容性越高，适应性压力则越小。

具体到卡塔尔与巴林的领土纷争，自纠纷开始到最终解决，两国始终遵循和平处理争端的主导原则，寻求双方一致认可的问题解决方式，这可以理解为两国在海湾六国集体认同形成并不断深化的前提下国家认同努力适应集体认同的表现。但同时，由于双方在争议地区归属问题上互不相让且通过双边协商或第三方调解达成谅解的余地不大，若出于大局考虑而达成一致则意味着任何一方都要做出重大妥协与让步，这就表明在领土归属问题上，两个主权国家自身利益与认同对海合会集体认同的适应性存在较

---

① 王铁铮、林松业：《中东国家通史：沙特阿拉伯卷》，商务印书馆 2000 年版，第 273 页。

② 李明明：《超越与同一：欧盟的集体认同研究》，上海人民出版社 2009 年版，第 211 页。

大压力，两者相容性较低，若当事国出于国家利益与认同的考虑不愿放弃部分利益来提高对集体认同的相容性，则容易超越集体认同的合理限度在两国之间造成对抗和危机，如1986年、1991年卡巴之间较为严重的摩擦纷争，便是两国出于维护国家利益和坚持各自立场，在特殊的背景条件下的过激反应，尽管最终危机趋于缓和并得到化解，但对于两国争议的解决以及海合会内聚力的保持无疑会产生消极影响。

因此说，通过卡巴之争应当认识到，维护集体认同与国家认同的协调与平衡，在尊重与认可主权国家利益的前提下充分了解国家认同与集体认同相容度的重要性，对于海合会六国集体身份的缔造具有必要性。

规范视角下海合会集体身份建构实证考察（二）：卡塔尔断交风波

2017年6月5日，沙特、阿联酋、巴林和埃及宣布与卡塔尔断绝外交关系，随后也门（亚丁政府）、利比亚（东部政府）、马尔代夫、科摩罗以及毛里塔尼亚等国也纷纷宣布与卡塔尔断绝外交关系，同时，约旦、乍得、吉布提、塞内加尔和加蓬等国降低了对卡塔尔的外交等级。随后断交风波持续发酵且并未最终得到解决，该事件成为中东地区近年来最为严重的外交危机。在上述国家中，沙特、阿联酋、巴林、卡塔尔同为海合会六国中的四个成员国。从集体身份建构的角度来说，此次断交事件成为海合会内部关系发展与维护方面的一次标志性事件，不仅对海合会成员国之间关系、组织内部协调与管理形成巨大冲击和挑战，对于该组织内部关系稳定性以及未来走势势必将产生深远影响。

一、沙特与卡塔尔关系回顾

断交事件起因于一起黑客攻击事件。2017年5月23日，卡塔尔国家新闻局网站被黑客攻击，黑客在网页上公布了据说是卡塔尔埃米尔塔米姆在一所军事院校毕业生典礼上的讲话，讲话中谈及卡塔尔对伊朗、以色列、哈马斯以及真主党的支持，尤其对伊朗进行了高度评价，认为"对抗伊朗是不明智的，伊朗是维护地区稳定的一个大国"①。此外讲话还提到多哈与特朗普政府关系紧张、卡塔尔正受到不公正待遇，同时还呼吁埃及、阿联酋和巴林修正对卡塔尔立场。尽管卡塔尔政府与半岛电视台很快公开声明做出澄清并否定讲话的真实性，但沙特等国表示拒绝相信卡塔尔官方的解释。之后不久，阿联酋驻美国大使的个人电邮被黑客攻击，大量机密邮件被曝光，半岛电视台对这些邮件的机密内容进行了披露。卡塔尔方面的做法彻底激怒了沙特、阿联酋、巴林和埃及等国。6月5日，上述四国以卡塔尔支持恐怖主义、干涉他国内政、破坏地区稳定以及与伊朗保持良好关系为由宣布与卡塔尔断绝外交关系，随后也门等国家相继跟进，宣布与卡塔尔断交。断交国通过禁运和封锁等形式对卡塔尔实施经济、交通和人员制裁，同时沙特与埃及等国通过一系列措施，操纵阿拉伯联盟将卡塔尔开除出局。

事件的发生以及事态的发展令国际社会感到意外，但此次危机的发生并非孤立的偶发个案，而是2014年沙特等国与卡塔尔外交危机在数年潜伏后的又一次爆发，从更长时段加以追溯的话，沙特与卡塔尔两国之间关系所表现出的不稳定性，说明此次外交危机的出现并非空穴来风。

自海合会1981年成立以来，卡塔尔同海合会其他国家一样，在地区与国际事务中基本上追随沙特的步伐，沙特曾是对卡塔尔最有影响力的国家，两国关系一直保持良好和友善的状态。这种局面在1992年发生转变，当年两国的领土问题导致的一场边界冲突造成两名士兵丧生，之后两国外交关系开始出现下滑，双方起伏不定的双边关系模式自此开始。1995年6月，卡塔尔王储兼国防部长哈马德发动不流血政变，取代其父亲登上王位，时任沙特国王法赫德作为海湾阿拉伯君主制国家的代表，拒绝接受哈马德这种破坏传统世袭规则的行为，沙特与卡塔尔两国之间的关系由此出现重要拐点。此后哈马德政府一改从前对沙特的追随政策，开始奉行独立自主的小国家大外交战略。2000年，时任沙特王储阿卜杜拉拒绝参加在多哈举行的阿盟首脑峰会，以此抗议驻多哈的以色列贸易办事处。2001年，

① 王锁劳：《卡塔尔断交风波下的中东乱局》，《党建》2017年第8期，第62页。

卡塔尔率先提出价值数十亿美元的向科威特供应天然气的工程计划，但遭到沙特方面的否决，2003年沙特方面又同意了这项工程，然而2006年该项目再次遭到沙特否决，受卡塔尔与沙特关系的影响，工程的实施可谓一波三折。2002年，沙特方面召回了驻卡塔尔大使，原因是沙特持不同政见者在卡塔尔半岛电视台发表了备受争议的言论。2007年9月，为消除双方宿怨，卡塔尔首相哈马德·本·贾西姆·本·贾比尔·阿勒萨尼出访利雅得，双方关系迅速好转；同年12月，沙特国王阿卜杜拉出席了在多哈举行的海合会峰会。2008年3月，沙特王储苏尔坦对多哈进行了为期三天的访问；同年7月，在沙特吉达举办的峰会上，沙特与卡塔尔正式划分了两国边界，并设立了两国联合委员会，负责加强双边政治、财政、商贸、投资、安全、文化以及媒体等方面的联系。①之后两国关系尽管转好，但并未一帆风顺。2008年，沙特一家官方媒体称，卡塔尔方面试图介入黎巴嫩政治危机，沙特外交部长明确表示反对。2009年，一家科威特报纸援引卡塔尔官方消息，称叙利亚方面主动向沙特方面示好，以此反对卡塔尔介入黎巴嫩政府组阁危机的行为。②

2013年6月，塔米姆登上卡塔尔埃米尔王位，年轻的新国君基本沿袭了其父亲哈马德的内政与外交方针。中东变局发生后，沙特和卡塔尔采取了不同的应对策略，为海合会内部以沙特和卡塔尔为主角的两次重大危机埋下伏笔。2014年3月5日，沙特、阿联酋和巴林分别从多哈召回了三国驻卡塔尔的大使。三国宣称，这是为了抗议卡塔尔"干涉三国内政"而做出的决定，三国对卡塔尔支持穆斯林兄弟会一事相当不满，而穆兄会被沙特和阿联酋定性为"恐怖组织"，卡塔尔被指违反了2013年海合会的安全协议，未能承诺不干涉海合会成员国的内部事务。多哈方面则回应表示"十分遗憾"，但绝不会再召回上述三国的驻卡大使。但由于当时正值"伊斯兰国"恐怖活动猖獗，包括沙特在内的中东国家感受到了强烈的外部威胁，因此认为应搁置海合会内部争议、维护组织内部稳定，以一致应对外

---

① ［阿联酋］苏尔坦·苏乌第·阿尔·卡西米：《沙特阿拉伯和卡塔尔如何再次成为朋友》，《海外文摘》2011年8月25日。
② 同上。

部危机、维护地区安全。于是，2014年11月，沙特、阿联酋和巴林同意其大使返回多哈，同时与卡塔尔达成了一份补充协议，内容上进一步明确了不得支持穆兄会以及也门的反政府武装等规定。虽然此次危机一度陷入僵局，并持续了八个月，但各国政府除了在外交上打"口水战"，实质上并没有采取其他制裁措施与反制裁措施，各国的经贸和人员往来仍然保持正常，没有对海合会达成的统一市场、海关联盟等机制造成冲击。[①]

"召回大使风波"的解决，使得卡塔尔政府认为，此次危机并未损害其自身外交政策，卡塔尔已具备足够的政治智慧，能做到在与海合会成员国家保持正常关系的同时，也可以与其他国家或组织保持友好往来，从而实现与冲突各方保持良好关系的同时保持自身的独立性。然而时过境迁，当海合会内部出现第二次重大危机时，卡塔尔平衡与独立兼得的外交智慧不仅未能奏效，反而将其拖入一场始料未及的断交风波当中。

二、卡塔尔与沙特对外政策差异性解读

"解决海湾地区的冲突，首先需要理解地区每个国家的安全关切。地区国家的一些政策看似野心勃勃或怀有恶意，其实可能只是对其他国家在全球或当地层面主动行为的一种回应。"[②]理解卡塔尔与沙特之间的矛盾和冲突，不妨从政权的自我安全保障的视角解读双方行为方式的不同及其背后的对外政策与理念的差异。

1995年哈马德执政后，对外政策方面独立自主与彰显主权的特征日益明显，例如与以色列建立非正式关系，成立半岛电视台，在历次重大国际与地区事件中表现抢眼甚至对除卡塔尔以外的阿拉伯政权评头论足，试图掌握在阿拉伯世界的媒体话语权，支持哈马斯组织并鼓励穆兄会在中东地区的发展，先后参加了黎巴嫩危机、苏丹达尔富尔问题、加沙战争等地区

---

① 王琼：《海湾国家合作委员会将何去何从——探析卡塔尔断交风波对其影响》，《当代世界》2017年第10期，第63页。

② ［英］蒂姆·尼布洛克：《政权不安全感与海湾地区冲突的根源论析》，《阿拉伯世界研究》2019年第1期，第15页。

事务的外交斡旋活动，积极承办高级别国际会议并以此开展多边外交，如世贸组织"多哈回合"多边贸易谈判等。此外，通过允许美国在乌代德空军基地驻军与美国建立盟友关系，但同时又与美国和沙特在中东地区的敌手伊朗保持密切联系。

中东变局发生以来，卡塔尔对外政策表现出明显的激进与冒险主义特征，并对中东地区局势发展产生重要影响。例如中东变局过程中，半岛电视台一直对突尼斯、埃及、利比亚以及叙利亚等国局势发展推波助澜，鼓动民众参与对抗现政权的抗议活动；同时不断伸出"金融之手"影响相关国家政局，例如在2012年下半年，卡塔尔合计援助埃及50亿美元，并援助加沙的哈马斯4亿美元，卡塔尔被认为是中东变局中出钱最多的国家；在利比亚问题上，卡塔尔积极推动在该国设立禁飞区，甚至直接派战机参与北约对利比亚的空袭行动；在叙利亚问题上，建议阿盟出兵对叙利亚局势进行军事干预，并积极参与阿盟对叙利亚进行制裁和中止叙利亚的阿盟成员国资格。

作为海湾地区大国，沙特传统上并不是中东政治博弈的热衷参与者，更不是地区事务的领头羊，然而近年来，特别是中东危机爆发以来，由于埃及、叙利亚、伊拉克等老牌地区大国的衰落，其传统地区宿敌伊朗的乘势崛起，美国中东地区政策的收缩，加之国内形势的变化，沙特一改其一向沉稳低调的作风，由保守内向转为激进外向，不仅涉足地区热点问题，甚至亲自插手地区争端：例如出兵支援巴林政府平息什叶派民众的反政府示威活动；帮助也门化解政治危机并扶植哈迪政府与胡塞武装对抗甚至组成"十国联盟"出兵也门，以期控制也门局势；对于埃及政局十分关注，2013年7月在穆尔西政府遭到以赛西为首的军方力量逼宫的情况下，沙特方面罕见地对埃及军方伸出援助之手，在呼吁其他阿拉伯国家支持埃及军方的同时，迅速联手阿联酋向埃及过渡政府提供120亿美元的一揽子救援计划；在叙利亚问题上，沙特带领海合会其他成员国一直对叙利亚局势推波助澜，大力对叙利亚反对派武装进行资金和武器装备的支援，以达到颠覆巴沙尔政权的目的；甚至在2013年10月，因为对美国未对叙利亚政府实施军事打击以及与伊朗方面保持接触等做法表示不满，拒绝接受其得之不易的联合国非常任理事国席位，从而引发"安理会风波"。①

　　无论是卡塔尔外交的扩张与冒进，还是沙特对外政策的后发制人，两国外交政策的改变是其在地区与国际形势和时局发生重大变化时所做的调整，从保障各自国家安全的角度来说，有其深层的内在原因。在此背景下，沙特等国与卡塔尔断交危机的出现，应当说是双方在安全理念、外交方略等方面的明显差异性导致矛盾与冲突升级的必然结果。

　　"政治不安全感才是形成和影响海湾冲突最重要的因素，即统治者认为他们的政权基础不稳，容易受到内部篡权、外部攻击、分裂活动和国内起义等因素的影响。"②中东危机发生后，随着埃及、利比亚、突尼斯等国家表现为制度变革的重大政权转型，海湾阿拉伯国家顺势崛起，成为中东地区不容小觑的力量，尽管这些国家实现了君主制度的稳定和延续，但其国家运作方式也发生了重大转型。之前，海合会君主制国家的政权合法性主要依托历史传统、宗教权威、优厚的社会福利、领导层权威崇拜等因素，通过这些因素的平衡与协调实现政权的维系和运行。然而随着地区与国际形势的重大变化，免受外部袭击和内部动乱等安全考量成为海合会国家运作方式自主调整的重要推动力，"政治安全"成为其政权合法性话语的主流，对安全与稳定的需求使卡塔尔同沙特的国家理念与政策差异化日益明显，在矛盾与威胁面前的不同立场和反应使双方分歧与纷争长期难以化解。

　　对卡塔尔而言，在其特立独行的外交政策方面，丝毫不掩饰其对于主权独立性的高度重视。卡塔尔外交部长哈立德·本·穆罕默德·阿提亚曾公开表示："卡塔尔选择不待在历史的支线上……我们要在世界事务中担当重要角色，与各国保持交流，调停冲突，致力于解决暴力冲突，并且照

---

① 王猛：《卡塔尔VS沙特，谁才是阿拉伯新时代的领头羊？》，《世界知识》2013年第23期，第42页。
② ［英］蒂姆·尼布洛克：《政权不安全感与海湾地区冲突的根源论析》，《阿拉伯世界研究》2019年第1期，第5页。

顾难民。"①塔米姆继位之后，卡塔尔在地区事务中的一系列表现尽管招致中东地区不少国家的不安甚至敌视以及国际社会的争议，但也使得卡塔尔的地区地位和国际影响力有所提升。"卡塔尔不断扩大的地区和国际影响力使该国国内涌现出一种自豪感，认为卡塔尔已经拥有了改变地区的实力。可以说，民族支持、地区认可和不断增强的国际角色是卡塔尔独立和安全的主要支柱。"②可见，卡塔尔的小国大外交的对外战略尽管颇受争议甚至在海合会内部被视作"异类"，但其实其核心要素仍离不开实现对于国家安全的确保和油气产业发展的维护。一方面，自1995年哈马德执政以来，卡塔尔一改过去依赖沙特的局面，努力打造民主、自由的独立形象，其重要目的之一就是希望与西方建立更为紧密的外交关系，进而实现在资源开发利用上的相对自主权和经济安全保障。2003年美国在卡塔尔建立军事基地后，卡塔尔油气产业安全得到进一步保障，于是借机进一步开拓公共外交，为产业发展和经济安全创造条件。而当地区安全局势出现动荡时，为降低国家政治与经济安全风险，卡塔尔主动参与地区事务甚至谋求地区主导权，其重要战略考量之一就是希望加强与西方的战略关系来维护自身的安全。③但是与西方结盟，其真正目的是确保国家安全，而不是在制度与观念层面向西方靠拢，特别是随着美国的中东战略出现调整，在地区动荡加剧的情况下，卡塔尔不断强调其阿拉伯身份与伊斯兰认同，积极参与地区冲突调解，同时与伊朗、黎巴嫩、巴勒斯坦，特别是真主党、哈马斯以及穆兄会等伊斯兰力量建立联系，其行为具有典型的实用主义特点，最终目的就是在各方势力的冲突矛盾与复杂关系面前，通过主动型的平衡外交，实现安全保障，确保自身利益。

同样，对于沙特来说，从先前的被动战略到现在的主动进击，基于国内政权稳定与免受外部干扰的国家安全是其政治转型的主要推动力。沙特

① 王琼:《海湾国家合作委员会将何去何从——探析卡塔尔断交风波对其影响》,《当代世界》2017年第10期,第64页。
② [英]蒂姆·尼布洛克:《政权不安全感与海湾地区冲突的根源论析》,《阿拉伯世界研究》2019年第1期,第10页。
③ 刘中民:《卡塔尔:小国玩转大世界》,《世界知识》2012年第9期,第44页。

曾经赖以依托的政权合法性支柱正在发生变化，王室权力核心内部主张利用现代化和社会转型来实现巩固权力、打造政权合法性新基础的力量占据上风，"这种政治体制支柱中唯一保存下来的只有中央权威，掌握在沙特王储手中的中央权威较之前更加强大"①。由此，沙特国内层面的安全政策变得更加具有主动性和进攻性。同样这种国内政治层面的转型对沙特的外交政策产生了重大影响，特别是在地区安全环境发生深刻变化、国家外部安全不断遭受挑战的情况下。例如随着伊朗近年来在中东地区呈崛起之势，对沙特传统大国地位形成威胁，同时伊朗与伊拉克、叙利亚以及黎巴嫩四国形成了什叶派政权新月地带使沙特感受到明显的地缘安全压力。此外在沙特南部邻国也门，什叶派胡塞武装崛起，不断攻城略地，占据也门大部分领土，给沙特周边安全造成威胁，一方面是作为沙特经济命脉的石油出口的通道安全威胁，另一方面是沙特干预也门冲突给自己造成的边界安全威胁。除此之外，随着美国实力相对式微，为减少消耗，要求包括沙特在内的盟国承担起更多地区责任，同时对沙特的安全承诺一再缩水，这也成为沙特对外政策转型、提升国家安全系数的重要催化剂。

　　如前所述，从卡塔尔与巴林之间的领土纷争解决过程中可以看出，沙特在海合会内部区域大国地位的建构方面并非一帆风顺、不可撼动，但沙特的领导地位与海合会其他五国至少形式上的追随行为成为海合会保持团结与稳定的一种前提保障。在中东剧变发生之前，保守低调的沙特主要依靠美国来实现自身安全，对于卡塔尔等国的出格行为一般采取劝服而不是对抗的方式处理，但随着中东变局导致的海湾以及中东地缘安全格局的重大变化，为继续维持地区大国地位、实现安全保障，在海合会内部，沙特需要强化其在该组织的权威与领导地位，需要其他成员国家的普遍支持，至少没有其他成员国损害沙特的安全战略，而卡塔尔与沙特以及海合会其他国家背道而驰的对外政策对沙特在海合会内部的领导地位形成挑战，同时也意味着沙特应对安全威胁的能力被大大削弱了。与此同时，卡塔尔在

---

① ［英］蒂姆·尼布洛克：《政权不安全感与海湾地区冲突的根源论析》，《阿拉伯世界研究》2019 年第 1 期，第 11 页。

地区事务中的一系列冒进行为，例如与沙特视为安全威胁的穆兄会长期保持良好关系，在沙特政府眼中不再是不予计较的过分行为，而是对其形成安全挑战的敌对行为。在此背景下，从2014年沙特等国从卡塔尔召回大使风波，到2017年沙特等国与卡塔尔断交危机，海合会内部愈演愈烈的区域治理危机的出现便不足为奇了。

三、断交危机背景下的海合会未来走向

在沙特带头宣布与卡塔尔断交并采取一系列制裁措施后，2017年6月23日，沙特等国向卡塔尔方面发出最后通牒，提出"十三点复交条件"，包括断绝与伊朗一切联系、驱逐哈马斯与穆兄会成员以及限制半岛电视台报道自由等，但遭到卡塔尔政府断然拒绝。7月18日，沙特等四国将十三项复交要求修改为六项，并表现出友善态度。7月21日，塔米姆首次表示解决危机应通过对话方式。9月初，塔米姆与沙特王储穆罕默德电话联系，双方均对协商形式解决危机表示欢迎，之后却因卡塔尔通讯社的报道惹怒沙特而导致联系中断。后来在科威特的斡旋下，塔米姆赴科威特出席了海合会首脑峰会，但由于沙特、阿联酋和巴林首脑缺席，各方直接对话的计划落空。另据报道，卡塔尔首相兼内政大臣阿卜杜拉·本·纳赛尔·本·哈利法·阿勒萨尼于2019年5月前往沙特出席海合会特别峰会、阿拉伯国家联盟特别峰会以及伊斯兰合作组织外长会议，是自断交以来出访沙特的卡塔尔最高级别官员；另外，在卡塔尔多哈已成功举办了第24届"阿拉伯海湾杯"足球赛，据路透社报道，尽管沙特对卡塔尔实行封锁，沙特足球队仍乘坐航班直接飞往卡塔尔首都多哈参赛；此外，卡塔尔副首相兼外交大臣穆罕默德·本·阿卜杜勒拉赫曼·阿勒萨尼在2019年12月6日表示，卡塔尔与沙特方面就双边关系的对话取得"一些进展"，"我们希望对话能带来进展，让我们看到危机结束"①。

---

① 郑昊宁：《卡塔尔与沙特对话取得"进展"，近期现关系缓和迹象》，http://www.xin-huanet.com/world/2019-12/09/c_1210387067.htm。

一方面，就沙特而言，尽管在其主导下将卡塔尔开除出阿盟，但在海合会层面并没有将其除名，从某种程度来说是想给未来的调停与对话留有余地，因为沙特掀起断交风波的真正目的并不是摧毁卡塔尔或与其彻底分道扬镳，而是试图通过一定手段对其进行警示和惩戒，使其重新回到沙特方面可以把控的相对安全的轨道上来，同时在沙特实施"2030愿景"背景下，两国和解将为自身战略带去投资合作机会。另一方面，卡塔尔也没有主动提出退出海合会，尽管断交与封锁无形中加强了卡塔尔内部的团结与整合，同时卡塔尔适时调整外交政策，通过与伊朗复交、与土耳其接近、与欧洲开展"天然气外交"以及加大对美国的外交资源投入而使得自己变被动为主动，内政与外交呈现"新常态"，[①]但同样对与沙特等国关系恢复正常化抱有兴趣。

但有分析认为，双方仍有不少分歧有待化解，例如沙特等国2017年向卡塔尔提出的解决断交危机的条件，包括卡塔尔降低与伊朗的外交关系等级、关闭境内一座土耳其军事基地以及约束半岛电视台报道自由等，但对这些要求卡塔尔方面并未表示妥协。除沙特以外，阿联酋、巴林和埃及等断交国家内部对卡塔尔政策能否达成一致难以预测。与沙特不同，阿联酋似乎不愿与卡塔尔达成进一步谅解，不仅是因为卡塔尔的独立外交政策不利于阿联酋国家安全，同时由于两国经济发展模式的相似性，在诸多领域存在激烈竞争。

而海合会另外两个成员国科威特与阿曼则一直在断交事件中保持中立态度，实际上，两国在海合会组织当中长期扮演中间人角色，并与沙特和卡塔尔均保持友好关系。此次危机当中两国曾多次尝试居中调和，但面临不少困难，能否继续发挥调解人作用来成功推动危机的化解看来需要寻找更多有效渠道。

对于海合会来说，相较于2014年的召回大使风波，此次断交危机直接破坏了海合会多年以来构建的合作基础，甚至使原本团结的海合会面临碎

---

① 曾祥红、陈明霞：《承认理论视角下的卡塔尔外交危机研究》，《兰州大学学报》（社会科学版）2019年第2期，第186页。

片化风险，但作为一个紧密化程度较高的次区域组织，作为核心国家的沙特以及其他成员国不会允许几十年共同构建的海合会因为一次断交风波而分崩离析、毁于一旦。无论未来卡塔尔如何定位，沙特应当有能力把除卡塔尔之外的其他成员国聚集在海合会组织内部，"如果卡塔尔最终退出海合会，其将以沙特为核心建立更加单极化的组织，向政治、经济、军事、社会全方位的联盟发展"①。

如前文所述，从卡塔尔、巴林领土争端的解决过程可以看出，海合会始终缺乏有效的争端解决机制。卡巴领土之争解决十几年后的今天，当海合会内部出现危机，争端各方的解决方式仍停留在国与国之间直接对话或口水之争上，抑或其他成员国担任中间人角色，海合会未能作为一个对话平台进而作为争端决议执行机构发挥更大作用，同时组织内部缺乏相对稳定有效的争端解决的制度与规范来发挥协调利益、化解危机的功能，这些涉及海合会区域治理良性发展的重要机制性问题如果没有得到重视并获得解决，即便此次海合会能够渡过难关，未来海合会组织集体身份的维护与稳定及其内部治理与组织建设仍将面临挑战。

---

① 王琼：《海湾国家合作委员会将何去何从——探析卡塔尔断交风波对其影响》，《当代世界》2017年第10期，第65页。

本章小结

在国家集团共有认同的初始阶段，外在的物质需要和现实利益因素成为国家间沟通合作的主要动机，但这种物质层面的联系的确为国家间的互信提供了可能。早在海合会成立之前，海湾六国便已开展双边或多边形式的经济合作；在海合会成立后，以该组织为合作平台，以经济一体化为共同目标，六国之间的经济互动合作进一步加强与深化，并带动了科技信息的发展以及国家间人口的广泛流动；同时，海合会成立的主要动机之一就是在复杂动荡的地区安全环境中，通过六国之间的联合与合作，消解或降低来自超级大国以及地区邻国的威胁，如美苏对海湾的渗透、两伊战争等等。从这个意义上来说，海合会六国之间已经跨越了这一以物质利益为标准和动机的阶段，步入了更高的层次阶段。

随着国家间经济交往与观念交流日益广泛和深入，国家之间越来越处在一个社会化互动的网络当中。在互动合作进程中，国家集团内部逐步培养出彼此信任与集体认同，国家和平关系的可预测性与共同体归属感的条件日渐形成。[1]在前文关于卡塔尔、巴林领土之争以及沙特、卡塔尔断交危机的案例分析基础上，按照建构主义关于集体身份认同的相关理论，对于海合会成员国之间集体身份建构的情况，可以从以下三个方面加以考量。

一、核心国家的权力结构

国家集团内强大国家可以凭借其权威迫使其他国家参与集体行动，在制度与规范引导下推动共同体互动与合作行为的发展。客观来说，在海湾六国关系进程中，沙特作为强大国家以海合会为平台在某些方面的确发挥着领头羊的作用，但如上一节所说，出于多种原因，海合会成员国当中仍

---

① 袁正清：《国际政治理论的社会学转向：建构主义研究》，上海人民出版社2005年版，第235页。

弥散着对大国沙特的质疑与顾虑，沙特仍未完全实现成为核心权威国家的合法性，这一问题说明海合会基于共有认同的共同体的建设是有所欠缺的。

二、国际组织与制度

国际组织与制度作为一种过程，在多个方面推动了国家集团共有身份的建构与发展，包括：通过建立规章制度、行为规范、监督机制与奖惩措施等来增强规制成员行为，并内化为一种习惯与观念，从而增强成员间信任；以共有组织为平台，增强成员共同命运感，推动文化同质性发展，并因而培育新的地区国家间文化；通过成员国间的多元社会化互动，形成相似的认知结构，增进共同理解，产生集体认同。海合会作为海湾六国的共有合作组织，成为六国联合自强的框架与平台，六个成员国以宪章为基础的制度规约，通过长期多种形式的社会化互动合作如对话、协调、会议、互访甚至争论，在增进彼此了解和认知的同时，培育出六国特有的集体认同，同时影响并改变着各国原有对国家认同和利益的理解。但由于传统部落文化特质对六个君主国不同程度的影响，以及海合会自身组织制度和规范如监督机制、执行机制等的不足与缺陷，加之特殊条件下国家利益和认同的激发和膨胀导致对海合会制度规范产生冲击和解构作用，使得海合会作为六国的共有组织制度在取得一定成绩的同时仍有诸多不尽如人意之处。

三、社会化学习

社会化学习是成员国重新界定身份和利益的重要过程，主要包括成员国之间的交流学习、制度化学习和向核心国家学习三个方面，对海合会国家共同身份的产生发挥了重要作用。（1）交流学习：海湾六国早在海合会成立之前就开始了政治、经济、教育、文化等多领域往来，在海合会成立后更进一步拓宽和加深了这一交流进程，通过彼此交流和学习，改变了原有观念和思想，国家个体和集体认同发生变化。（2）制度化学习：通过六国之间的长期合作互动，形成一种彼此共同遵守的制度和行为模式；在持续的交往过程中，六个成员国加入制度框架之中并不断地被社会化。现实经验表明，海湾六国在制度规范的遵守和执行方面的表现存在不足，这一学习过程仍需加强。（3）向核心国家学习：核心国家具有超出其他国家的实力，发挥着典范作用。对该国家的学习和仿效，有助于成员国的行为统一与观念一致，推动集体认同的形成与发展。对于海合会六个成员国来说，沙特作为海合会强国具备了引领海合会集体身份建构的基础和条件，但出于多种原因，沙特尚未完成其成为权威国家合法性的建构，这一目标能否实现以及何时实现有待进一步观察。

对于更高层级的集体身份认同，国家之间达到了和平变化的可靠预期。在各国交往过程中，即便存在着分歧与矛盾，不能确定对方的意图、动机和信息，但仍然相信对方会按规范预期行事，同时国家间的信任可以通过对他国的认知和信念而不是通过具体的国际组织来实现。[①]根据海湾六国目前的组织形态以及国家间关系状况，其集体身份的建构与成熟阶段的层级标准尚有差距。

---

① 袁正清:《从安全困境到安全共同体:建构主义的解析》,《欧洲研究》2003年第4期,第46页。

第三章

海合会对外关系：
"海湾"身份的他者建构

共享集体身份需要有自己的社会边界，这一边界不仅在于空间的划分，更是一种观念与认同的区分。这一社会边界的形成一方面依靠成员国内聚力的形成，同时离不开源自"他者"的建构。在复杂纷繁的国际关系领域，必须通过与"他者"的比较与互动才能区分自己的社会归属与群体类别，因此与其他国家在外交层面的互动同样是集体身份建构的重要支点。

　　本章主要从海合会集体身份形成的外在层面即对海合会成员国对外关系的考察来探讨海合会集体身份的建构问题，研究重点集中在海合会六国同三个"他者"国家——海湾强邻伊朗和伊拉克以及西方大国代表美国之间关系的发展演变。与上述"他者"在外交层面的交往互动，强化了海合会国家集体关系的排他性，六国间集体自我身份与认同得以不断建构，区别于他者的同一性与特质进一步加强，从而推动集体身份认同的形成。同时由于海合会各国外交政策以及对于外部安全认知的差异，有时会导致组织内部对外政策一致性方面出现分歧，甚至在一定情况下分歧演变成矛盾，从而对海合会集体身份的保持与稳定产生消极影响。

海合会国家与伊朗关系考察

作为共享海湾地缘资源的邻国和海湾地区的强国,伊朗受到了海合会六国的高度关注,同伊朗的关系模式始终是海合会六国安全与外交战略的重点。由于海湾地区与国际安全环境的变化,以及伊朗国内情势与外交立场的转变,加之海合会国家对形势与利益认知解读的变迁,海合会国家同伊朗之间的关系大致经历了"敌对排斥"和"包容示好"两种关系模式。通过对两种矛盾关系模式的讨论,我们可以对海合会国家同伊朗的关系发展进行系统的梳理,并从建构主义的角度分析两者在观念结构层面的差异以及双方关系的实质。

一、海合会国家与伊朗关系发展演变

(一)海合会国家与伊朗在敌对状态下的排斥关系

海合会国家同海湾强国伊朗之间的关系特别是在 20 世纪 90 年代初之前总体上处于彼此疏远、排斥甚至敌视的状态。我们可以从以下几个方面加以分析。

1. 历史之争

事实上,早在近代以来,伊朗便开始同西方列强纠结在一起参与对海湾地区统治权的争夺,从 16 世纪末期到 1783 年伊朗最后一支军队被赶出巴林群岛，这场争夺海湾霸权的斗争反反复复持续了170多年。

16世纪后半叶，当时的奥斯曼土耳其帝国与海上强国葡萄牙正围绕海湾控制权展开激烈争夺，而荷兰、英国、法国、伊朗等列强也正伺机在海湾登场，意图参与在该地区利益与强权的争夺。此时，伊朗萨法维王朝逐渐强大，开始迈出对外扩张、夺取海湾霸权的步伐，其主要目的就是通过控制海湾占据西方工业国家的市场，实现同西方国家建立稳固的经贸联系。17世纪初，伊朗军队在英国方面支持下夺取巴林群岛，巴林遂被宣布为伊朗的一部分。之后，伊朗在英国唆使下开始对霍尔木兹进行争夺，并于1623年成功夺取。随着西班牙、葡萄牙殖民统治在海湾的终结，伊朗最终确立了在该地区的统治权，但更多是受到英国殖民当局的牵制。同时由于荷兰、法国等老牌殖民势力的介入，波斯在西方列强的海湾争夺战中扮演了旁观者的角色，尽管权力受到削弱，但形式上伊朗仍维持着对于海湾的统治权。

在列强逐鹿海湾的同时，海湾地区阿拉伯部族也开始为摆脱异族控制而斗争。18世纪初，阿曼开始为摆脱伊朗的统治而积聚力量，并通过武装进攻夺取巴林、霍尔木兹等地区。进入18世纪40年代，伊朗新王朝阿夫沙尔王朝力量大增，开始发动夺回海湾控制权的战争并对被占领的阿拉伯地区采取高压、暴力镇压。随着阿拉伯部族的反抗以及伊朗政权的内外交困，伊朗被赶出其所有阿拉伯控制区。

18世纪中叶，在伊朗库尔德部落进攻下伊朗扩张势力卷土重来，该部落首领卡里姆希望通过与西方媾和实现其称霸海湾的野心，并夺取部分海湾阿拉伯地区。最终随着卡里姆去世和伊朗境内战乱，伊朗长达170多年的海湾霸权争夺战宣告结束。

2. 意识形态之争

在20世纪80年代，海合会国家同伊朗的关系主要表现为基于意识形态差异而导致的纷争与敌对，具体体现为伊朗霍梅尼政权的输出伊斯兰革命和海湾君主国家的抵制与防范。

1978年，什叶派阿亚图拉·霍梅尼领导了推翻伊朗巴列维王权的伊斯兰革命，并成为执掌伊朗伊斯兰共和国最高权力的"精神领袖"。根据伊朗的实际情况,霍梅尼提出了一系列独到的伊斯兰政治思想,其中有两点直指伊朗以及海湾周边国家的王权统治,从而引起海湾六个君主国家的恐慌。

第一,君主制是违反伊斯兰教的。霍梅尼指出,真正的伊斯兰国家,其主权是属于真主的,国家的领导者只需按真主旨意执行即可;而在君主制下,一切权力都在君主手中,这是专制与腐败的根源。他说:"伊斯兰从根本上反对整个君主制的概念……君主制度是最可耻和最万恶的反动制度。"①因此,君主制违反伊斯兰的教导,必须推翻现存的君主制政权。

第二,输出伊斯兰革命。霍梅尼认为,现存的国际体系是不合理的,应该用伊斯兰世界体系来代替它;伊斯兰是不分国家的,是支持世界上一切被压迫人民的;伊朗是世界上第一个建立真正的伊斯兰政府的国家,因此要担负起向世界输出其伊斯兰革命、领导全球伊斯兰化的神圣使命。②

基于上述两方面主张,霍梅尼将斗争矛头直指伊斯兰世界的君主王权,从根本上动摇了国王政权的合法性,不仅为最终推翻伊朗王权做好了思想上的准备,还威胁到了海湾地区六国在内的其他实行君主制的伊斯兰国家政权。同时,霍梅尼政权试图通过输出伊斯兰革命,将其新的国家政治结构理念普及到伊朗以外国家,成为全球性的政治结构理论。这一政治主张由于伊朗作为现实的榜样作用而在伊斯兰世界产生强大影响力,并对王权统治下的政治反对派和底层穆斯林民众产生特殊的吸引力。不仅如此,霍梅尼政权还直言不讳地正面抨击海湾君主制国家,把沙特王室恪守的伊斯兰教称作"渎神"的宗教,认为"沙特阿拉伯的统治政权披着穆斯林的外衣,但实际上他们却代表着一种奢侈、轻浮和厚颜无耻的生活方式……"③并质疑沙特王国拥有保护圣地的资格。甚至,霍梅尼还斥责沙特王室用真主赐予的石油资源满足异教徒美国的需求,煽动沙特国内的穆

---

① 转引自金宜久:《伊斯兰教与世界政治》,社会科学文献出版社1996年版,第213页。

② 金宜久:《伊斯兰教与世界政治》,社会科学文献出版社1996年版,第214页。

③ 埃斯波西托:《伊斯兰威胁——神话还是现实?》,社会科学文献出版社1999年版,第24页。

斯林揭竿而起推翻沙特王权。①

霍梅尼政权的上述言论与举动不可避免地引起了海湾六个君主制国家的对立和恐慌。海合会六国通过一系列措施来抵御来自伊朗方面的威胁，维护其王权统治。其中海湾合作委员会成立的主要动机之一就是六个实力相对弱小的海湾国家通过联合自强实现自保和发展。此外，海合会六国对伊朗的敌视与警惕还表现在两伊战争中对参战双方的不同态度上：尽管对于伊拉克，海合会国家同样存有疑虑和戒心，但面对来自伊朗的持续安全威胁，海合会国家在两伊持续8年之久的战争中，总体上采取了名义上中立实际上对伊朗进行遏制与对抗的立场。此外，六国之间不断加强军事安全领域合作，以双边或多边军事演习等行为作为对紧张的地区安全形势和来自伊朗潜在威胁的回应，借此实现对伊朗等战略对手产生心理遏制作用，加强自我安全保障。

3. 领土之争

伊朗同海合会国家部分成员之间曾不同程度地存在领土方面的纷争，但随着一些领土问题的相继解决，伊朗同海合会国家之间的领土边界纠纷主要集中在与阿联酋的海湾三岛之争。

海湾三岛是指位于海湾东部、紧邻霍尔木兹海峡的阿布穆萨岛及大通布岛和小通布岛，因其位于海湾的出海通道上，因此地理位置十分重要。占有三岛则意味着控制了海湾通往印度洋的咽喉要道，加之这一地区石油资源以及其他自然资源丰富，三岛的战略地位更显重要。

海合会国家同伊朗的海湾三岛之争是历史遗留问题，可以追溯到18世纪末和19世纪初期，阿布穆萨岛曾受沙迦酋长国控制，大、小通布岛则处于哈伊马角酋长国的统辖之下。但历史上伊朗也曾宣称对三个岛屿拥有主权，因此近代以来伊朗同阿拉伯人之间就曾关于三岛的主权归属问题时常发生冲突与争执。1971年，英国殖民者撤离海湾并宣布海湾各酋长国独立，同年12月阿拉伯联合酋长国宣布成立，但在阿联酋成立前的11月30

---

① 王铁铮、林松业：《中东国家通史：沙特阿拉伯卷》，商务印书馆2000年版，第248页。

日，伊朗出兵占领了海湾三岛，此举遭到各酋长国以及海湾其他阿拉伯国家的抵制与反对。后来在英国的调解下，伊朗同沙迦酋长国达成"阿布穆萨岛安排的谅解备忘录"，双方决定共同管理岛上的阿拉伯和伊朗居民的生产与生活；伊朗与沙迦各占该岛的北部与南部；协议对大、小通布岛则未作决定，伊朗继续保持占领。①在之后的20余年当中，这种现状基本得到保持，阿联酋同伊朗还共同开发了阿布穆萨岛上的穆巴拉克油田。两伊战争爆发后，伊拉克曾要求伊朗方面将三岛归还阿拉伯人，但遭到伊朗断然拒绝。海湾战争后，海湾两强之一伊拉克的实力遭到严重削弱，此时伊朗却加紧加强自身装备。1992年3月，伊朗没有说明原因就出兵占领了阿布穆萨岛的阿联酋管辖区，对此阿拉伯媒体还将伊朗占领三岛的动机同历史上伊朗建立帝国的愿望做对比。海合会各成员国对此表示极大关注，并对伊朗提出要求与谴责，但伊朗方面态度坚决，宣称该岛无可辩驳地属于伊朗，自此伊朗实际上占领了阿布穆萨岛全岛。

4. 教派之争

在海合会国家同伊朗的交往过程中，教派问题引发的矛盾与冲突对双方的关系发展产生了重要影响，主要表现为什叶派穆斯林占国家人口绝大多数的伊朗利用教派因素对部分海湾国家的内部稳定与安全施加影响。

历史上，阿拉伯人在公元7世纪征服伊朗萨桑王朝后，伊斯兰教开始在伊朗传播。作为被征服者，伊朗人更倾向于接受与阿拉伯逊尼派统治者相对立的伊斯兰教什叶派，这其中有情感与心理因素，也是出于避免被阿拉伯社会主流文化同化的考虑。在什叶派伊斯兰教被定为伊朗国教后，什叶派力量在伊朗获得壮大，什叶派伊斯兰教逐渐成为伊朗政治与文化的重要组成部分。之后，随着国力逐渐强大，伊朗开始了同逊尼派的奥斯曼土耳其帝国在宗教外衣掩护下争夺阿拉伯人土地和海湾霸权的斗争，并且两国冲突从未间断，直至奥斯曼帝国灭亡。持续的战争加深了逊尼派与什叶派的矛盾，并恶化了伊朗人同奥斯曼帝国统治下的阿拉伯人之间的关系。

---

① 张良福:《波斯湾还会有一场风波？——关于阿布穆萨岛的争端》,《世界知识》1992年第20期,第14页。

在伊朗和海湾阿拉伯现代民族国家诞生后,什叶派在伊朗仍占据人口绝大多数并掌管国家政权,海湾阿拉伯国家中则大多是逊尼派执掌国家权力,历史上的争斗在伊朗同海合会国家现代国家关系发展中留下了深深的烙印。[1]其中最为典型的案例是分别发生在沙特和巴林的反政府事件。

沙特是以逊尼派穆斯林为主体的国家,什叶派穆斯林是国内宗教少数派,占居民总数的8%—10%,其中73%居住在盛产石油的东方省[2],占该省人口的1/3,[3]并且什叶派穆斯林人口在沙特石油工业中占有相当比重,但长期以来什叶派穆斯林对国家石油经济的作用与其在国家中的社会经济地位极不相称,处于沙特社会的边缘地带,因而对沙特政府心存愤懑。特别是随着沙特加大现代化建设力度后,地区差异更加明显,什叶派所在的东方省的经济发展与生活水平与其他地区的差距进一步拉大,什叶派穆斯林对当局的不满日益强烈并开始进行反政府活动。当伊朗伊斯兰革命取得胜利,20世纪70年代末期,"阿拉伯半岛伊斯兰革命组织"成为东方省什叶派穆斯林反抗沙特政权的宗教反对派组织,该组织崇尚霍梅尼思想理论,与伊朗现代伊斯兰主义联系密切。1979年11月28日,东方省什叶派穆斯林不顾沙特官方禁令,庆祝什叶派重要宗教节日"阿舒拉日",由于当局干涉,双方爆发冲突并演变为反政府示威。在示威过程中,什叶派穆斯林高举霍梅尼的画像和标语,抨击沙特统治家族与"美帝国主义",在沙特政府暴力镇压下,事件最终平息。

与沙特人口构成不同,什叶派穆斯林始终占了巴林国家人口的大多数,20世纪90年代什叶派穆斯林人数占巴林总人口的70%,从族源来看,巴林什叶派穆斯林中分为占总人口50%的本土阿拉伯人和占总人口20%的伊朗裔巴林人。[4]尽管占巴林总人口的绝大多数,但什叶派穆斯林在国家

---

① 范鸿达:《20世纪阿拉伯人和伊朗人的思想冲突》,《世界民族》2006年第6期,第20页。

② 又译"哈萨省"。

③ 王铁铮、林松业:《中东国家通史:沙特阿拉伯卷》,商务印书馆2000年版,第240页。

④ 李福泉:《巴林什叶派穆斯林问题简介》,《国际资料信息》2009年第9期,第15页。

政治经济生活中始终处于边缘地位。具体表现为：政治地位低下，无力影响国家决策；多数什叶派穆斯林生活贫困，构成巴林贫民群体的主体；在诸多领域遭受歧视与限制，无法享有同逊尼派穆斯林同等的待遇。[1]为争取公正与平等的权益，巴林什叶派穆斯林曾进行过长期的不懈抗争，特别是1978年伊朗伊斯兰革命的成功赋予巴林什叶派穆斯林极大的信心与自我认同感。在之后数年中，伊朗对巴林什叶派政治运动产生重大影响，受伊朗革命成功鼓舞的巴林什叶派穆斯林相继发动数次示威行动并发展为暴动，巴林为此于1979年将作为霍梅尼在巴林代表的一位宗教学者驱逐出境，同年11月流亡伊朗的巴林什叶派穆斯林组建了巴林历史上第一个什叶派政治组织"巴林伊斯兰解放阵线"（IFLB），此后该组织在巴林发动数次反政府活动，但均以失败告终。在随后的两伊战争中，在巴林政府支持伊拉克的同时，伊朗政府出资支持巴林什叶派反政府力量以扰乱巴林国内秩序。因此，巴林方面一直指责伊朗的"输出革命"政策是造成其国内安全威胁与政局动荡的主要原因。

（二）海合会国家与伊朗包容状态下的对话与接触

早在巴列维国王统治时期，由于伊朗同海合会国家都属于君主专政政治制度，并且总体上都奉行向西方倾斜的外交政策，因此六国同伊朗之间存在较多契合点，双方关系基本可以实现和平共处，具体表现在双方领土边界争议的处理方面，如1968年伊朗与沙特正式签订海界划分协议，并彼此承认对方对其海域内的自然资源拥有主权，1969年伊朗与卡塔尔就大陆架划分问题达成一致意见并签署协议，1970年伊朗宣布放弃对巴林岛的主权要求，1974年伊朗同阿联酋签署海界协议。[2]尽管如此，海湾三岛争端没有取得实质性进展，伊朗也从未放弃对海湾地区主导权的争夺。

海合会国家同伊朗的关系总体上实现缓和与保持友好状态的另一个阶段开始于霍梅尼之后的伊朗宗教领袖哈梅内伊时期，具体包括"哈梅内

---

[1] 李福泉：《巴林什叶派穆斯林问题简介》，《国际资料信息》2009年第9期，第16页。

[2] 李达熊：《海湾合作委员会的运作机制与一体化进程》，西北大学2011届硕士毕业论文，第32页。

伊—拉夫桑贾尼"与"哈梅内伊—哈塔米"两个时期。从之前的敌对关系到后来的修补裂痕并逐步建立友善关系，这一局面的出现有着具体的时代背景，是双方出于战略格局、力量对比以及国家利益的现实考虑做出的理性选择。对于海合会国家而言，缓和与地区强国伊朗的紧张与对立关系能够减轻海合会成员国的安全压力，这种尝试具有重要的战略价值与长远意义，特别是随着伊拉克入侵科威特的海湾危机的爆发，阿拉伯民族主义影响下的海合会国家同伊拉克之间的民族集体认同进一步碎片化，国家利益与领土主权意识更加凸显，促使海合会国家为维护各国安全利益而选择与伊朗修好。对于伊朗来说，历经8年两伊战争，国内百废待兴，重建任务十分艰巨；同时通过与地区邻国团结一致应对美国推行的霸权主义，可以减缓来自西方大国的外交压力；此外，借助同海合会国家在内的阿拉伯国家修好可以帮助伊朗尽快重返国际舞台，重新取得国际话语权，因此推行务实主义对外政策、缓和同周边阿拉伯邻国关系不失为一种有效的理性选择。

一方面伊朗主动同海合会各个成员国改善关系。沙特是伊朗地区外交的重点。1991年，伊朗与沙特恢复了外交关系；1997年，双方关系进一步发展，政治、经济与文化关系明显改善，除签订一些经济协议外，沙特王储还出席了在德黑兰召开的伊斯兰会议组织首脑会议；1998年双方元首实现互访，标志两国关系出现历史性进展，并一致认为，两国发展友好关系对实现地区稳定具有积极意义和深远影响；1999年，时任伊朗总统拉夫桑贾尼再次率团出访沙特，将两国关系进一步推向良性发展轨道。由此表明，沙特已由20世纪80年代伊朗伊斯兰革命的最直接输出对象转变为战略性合作对象。[①]伊朗同海合会大国沙特的合作同时也带动了同海湾其他五国关系的改善与发展。同科威特关系方面，在1990年海湾危机中，伊朗坚持中立立场，同时对科威特表示同情并给予帮助，与科威特流亡政府保持友好关系并接纳了4万名科威特难民。海湾战争结束后，科威特方面投桃报李，主张海湾安全体系中不应排除伊朗，并声明美英国家都不能利用

---

① 刘月琴：《冷战后海湾地区国际关系》，社会科学文献出版社2002年版，第303页。

科领土反对第三国,同时双边经贸往来保持良好。在同卡塔尔、巴林、阿曼关系方面,伊朗方面也做出积极姿态:1991年,伊朗外长同国防部长、商业大臣等官员先后出访阿曼、卡塔尔等国;1993年,阿曼军方首脑访问德黑兰并发表共同声明,表示两国共同保证霍尔木兹海峡的安全;1995年4月,伊朗外长出访卡塔尔、科威特;1999年,时任伊朗总统哈塔米与卡塔尔埃米尔哈马德实现元首互访,哈马德由此成为伊斯兰革命后首位踏上伊朗国土的海合会国家元首;2002年,巴林与伊朗两国元首举行会谈,一致表示只有彼此合作才能实现海湾地区安全。[1]在阿联酋与伊朗关系方面,由于迪拜具有作为伊朗进口商品的重要来源地之一的重要地位,伊朗同阿联酋一直保持着良好的商业关系,但是由于海湾三岛问题两国立场差异悬殊,因此领土问题始终是困扰双方关系改善的主要障碍,同时也导致阿联酋在对待伊朗的态度与政策方面同海合会其他五国存在严重分歧。

需要指出的是,海合会国家同伊朗之间实现对外战略转型、缓和彼此关系的另一个助推因素是美国参与构建的"土以军事同盟"。[2]1996年,在美国的撮合下,以色列与土耳其结成新军事同盟,从而对地区安全格局造成潜在危险和压力。尽管该军事同盟只是作为美国在海湾地区的战略盟友,但美国在对以色列和阿拉伯国家立场上一贯的双重原则,使得该同盟与美国的军事合作也引发海合会国家的广泛不安,在此地缘安全背景下,促使海合会国家与伊朗做出地区国家加强联合、防范安全挑战的应对措施。

(三)对立与对话并存的矛盾关系

随着美伊战火的消散以及伊拉克萨达姆政权垮台,海湾地区权力结构与战略格局发生了重大调整与变化,海合会国家同伊朗之间的关系模式也呈现新的特征,具体表现为三个方面,即既有关系的保持和延续、伊朗核问题阴影下海合会国家同伊朗的关系以及六国同伊朗矛盾对立的彰显。

---

[1] 李达熊:《海湾合作委员会的运作机制与一体化进程》,西北大学2011届硕士毕业论文,第33—34页。
[2] 刘月琴:《冷战后海湾地区国际关系》,社会科学文献出版社2002年版,第306页。

1. 既有关系的保持和延续

伊拉克战争结束后，随着美国霸权力量在海湾地区的嵌入与渗透，该地区传统的海合会国家、伊朗、伊拉克的三角制衡关系演变为伊朗、伊拉克、美国、海合会国家四方角逐的新格局。在新的安全结构中，处于美国与伊朗之间遏制与反遏制对立关系夹层中的海合会成员国处境尴尬且微妙，在综合权衡利弊后，海合会国家一方面继续维持对美国的利用与依赖关系，在需要美国军事安全支持和通过美国牵制伊朗潜在野心的同时，并没有盲从于美国一系列妖魔化伊朗的政策，而是在20世纪90年代同伊朗关系改善与和解的基础上在某些方面继续保持同伊朗的友善关系，为自己争取更大限度的安全保障与更多的话语空间。因为在海合会六国看来，尽管同伊朗仍存在难以化解的纠葛与矛盾，但历史经验表明，作为海湾近邻，同伊朗保持良好关系符合海合会国家利益，同时由于伊朗把控着霍尔木兹海峡这一海湾关键的石油通道，一旦伊朗在对抗状态下封锁海峡，最先遭受损失的将是海湾六个君主国，因此在合理限度内保持同伊朗的接触并维持既有良性互动，对于海合会国家而言不失为理性的战略选择。如2005年9月，伊朗总统内贾德出席在沙特举行的伊斯兰会议组织峰会，两国高层往来继续保持。2007年5月，伊朗总统内贾德出访阿联酋，这是阿联酋自1971年成立以来伊朗国家元首对该国的首次访问。访问期间伊朗总统表示："我们有能力通过合作，将海湾变成一个和平与友好的海湾。"阿联酋总统哈利法则回应，阿联酋与伊朗有传统而深厚的关系，双方有共同的利益。①

2. 伊朗核问题背景下海合会国家与伊朗的关系

伊拉克战争后，伊朗核问题的凸显为该国在海湾战略棋局中的地位增添了新的筹码，也使得海合会国家同伊朗之间的微妙关系平添了新的变数，这种关系格局的变化主要来自海合会国家在伊朗核危机面前的复杂立场与矛盾态度。

---

① 余国庆：《核阴影下的伊朗与海湾阿拉伯国家关系》，《西亚非洲》2008年第10期，第25页。

　　一方面，海合会六国对伊朗大力发展核设施心存疑虑。事实上，遭受伊朗核问题冲击最大也最为直接的当数海湾地区的阿拉伯国家。如果伊朗将其核能军事化，海湾以及中东地区的安全格局势必发生重大改变。如果美国同以色列为阻止伊朗发展核武而采取军事行动，那么海湾地区阿拉伯国家将最先也最为直接地受到殃及。2007年伊朗方面谴责海湾国家帮助美国对伊朗实施先发制人进攻时，威胁将通过对相关国家战略设施予以打击来进行报复，这一强硬措辞也加深了海合会国家的顾虑。面对伊朗在核问题方面的强势姿态，也出于自身安全考虑，海合会国家总体上采取了两步走的应对战略。首先，与国际社会共同努力，通过遏制核扩散来和平解决伊朗核危机。例如2004年，海湾研究中心曾提出在海湾建立无核区的方案并就此方案的可行性进行探讨，该方案中的无核区包括伊朗、伊拉克、海合会国家以及也门9个国家，该中心就此还举行过一系列会议以推广这一构想，2005年12月海合会秘书长第一次以官方形式正式提出该倡议，次年1月，沙特方面也敦促伊朗方面参与海湾无核区倡议。[①]其次，在国际社会遏制伊朗发展核计划失败的情况下，海合会国家将寻求核能发展之路，以满足自身安全保障需求。2006年9月，海合会秘书长阿提亚倡导阿拉伯国家共同发展核计划，同年12月，海合会决定其成员将着手研究核能的和平利用，并制订联合开发核能的计划。[②]阿联酋海湾研究中心曾强调："海湾国家是想表明，如果伊朗核技术继续的话，将迫使我们也成为具有核能力的国家。"沙特方面也发出"要么阻止伊朗，要么我们也要拥核"的告诫。[③]这一举措具有双重目的，一是借此向伊朗方面施加压力，二是为了引起美国等西方大国关注以避免西方国家同伊朗单方面妥协后对海合会国家产生不利影响。

　　另一方面，对于伊朗的核计划，阿拉伯民间却存在另一种声音。阿拉伯民众普遍认为，西方国家在核扩散方面执行双重标准，在默许以色列发

① 李宝林：《阿拉伯国家与伊朗核问题》，《国际资料信息》2011年第1期，第2页。
② 同上。
③ 丁工：《从伊朗核问题看伊朗的地区大国意识》，《阿拉伯世界研究》2010年第4期，第50页。

展核武的同时却阻止伊斯兰国家伊朗拥有核能力，加之伊朗在阿拉伯—以色列问题上的一致立场，使得阿拉伯社会存在一种支持同为伊斯兰国家的伊朗拥有核力量用以制衡以色列核能力的倾向。有民意调查显示，在埃及、约旦、黎巴嫩、摩洛哥、沙特和阿联酋组织的民调中，35%受访者认为伊朗发展核能是出于和平目的，57%受访者认为伊朗试图拥有核武器，77%受访者认为伊朗有权开展自己的核计划，57%受访者认为伊朗拥有核武对中东地区具有积极意义。①

3. 海合会国家同伊朗之间的矛盾对立关系

尽管自后霍梅尼时期以来海合会国家同伊朗的关系出现缓和与改善，并且双方尽力维持这一相对平衡的局面，但由于彼此间民族、宗教、领土等问题未获实质性解决，因此双方在一定条件下长期发酵的矛盾纠纷会受到激发，从而加深彼此间裂痕，影响双方关系正常发展，以下几个方面较有典型性：

（1）教派矛盾。2011年2月，巴林爆发严重反政府示威活动，占巴林人口大多数的什叶派穆斯林要求政府消除歧视、保障民众民主自由权利，从而引发巴林国内政治危机。同时沙特与科威特什叶派穆斯林也举行了类似的示威抗议活动，对此海合会指责伊朗策划并煽动了上述什叶派反政府活动。同年3月，科威特当局以间谍罪判处两名在科境内策动什叶派反政府活动的伊朗人死刑，由此引发科威特与伊朗外交纠纷，并且伊朗以同样罪名逮捕两名伊境内科威特人作为报复。同年，针对伊朗境内阿拉伯族与逊尼派民众异动频繁，伊朗方面向沙特等国提出其是幕后策划的指控。②

（2）暗杀事件。2011年10月，美国政府宣称挫败一起伊朗特工企图刺杀沙特驻美国大使朱拜尔的阴谋。此事件一出，沙特与伊朗关系骤然紧张，并引发两国间外交风波。尽管伊朗予以否认，但沙特等海合会国家仍采取措施在经济等领域对伊朗方面加以限制。

（3）三岛问题。作为阿联酋与伊朗的必争之地，海湾三岛一直是影响

---

① 李宝林：《阿拉伯国家与伊朗核问题》，《国际资料信息》2011年第1期，第3页。
② 朱丽涵：《伊朗与海合会国家的恩恩怨怨》，《当代世界》2012年第5期，第43页。

两国关系的主要障碍。三岛迄今仍处于伊朗的实际控制之下，并部署了反舰导弹。2012年4月，伊朗总统内贾德突访存在领土争议的三岛之一阿布穆萨岛，引起阿联酋与其他海湾邻国强烈不满和抗议，激化了两国之间的领土纷争，加剧海合会诸国同伊朗的对立情绪，给双方关系以及海湾局势蒙上一层阴影。

（4）经济之争。主要表现在两个方面：①阿联酋对伊朗的经济封杀。阿联酋曾是伊朗对外贸易最重要的"中转站"和"金融服务商"，与伊朗开展了长期合作，但2012年以来，阿联酋当局调整政策，对伊朗经济实行实质性制裁，封杀了伊朗对外贸易和结算通路，整治与削弱伊朗的意图十分明显，由此引发伊朗强烈不满，并多次扬言报复。[①]②原油贸易竞争。沙特和伊朗分别是全球第一和第三原油出口国，其他海合会国家在原油出口方面同样具有重要地位。由于原油贸易的可替代性决定了石油出口国之间的刚性竞争关系。2012年以来，由于伊朗主动对英、法等国采取石油禁运措施，海湾国家尤其是沙特承担了填补石油出口缺口的责任，由此降低了伊朗的石油战略优势，双方原油贸易之争加剧。

（5）恐怖事件。部分海合会国家出现未遂恐袭事件，背后主使的矛头均指向伊朗。2015年7月，巴林安全部门宣布破获一起从伊朗经由海路向巴林运送烈性炸药和枪支弹药的案件；同年8月，科威特安全部门抓获被控藏匿大量武器弹药的三名恐怖分子，他们供认是由伊朗方面主使。[②]

（6）断交危机。2015年下半年，一系列事件导致沙特同伊朗之间的紧张关系进一步加剧。如9月14日麦加朝觐踩踏事件导致包括伊朗公民在内的多人死亡，引发沙特、伊朗两国激烈论战；10月25日，沙特方面核准了对什叶派教士尼姆尔的死刑，加剧了两国对抗。2016年1月2日，沙特宣布执行对尼姆尔的死刑判决，引发伊朗示威者冲击沙特驻伊朗使领馆，最终导致沙特宣布同伊朗断交，巴林等国也随之宣布同伊朗断交。[③]

---

① 朱丽涵：《伊朗与海合会国家的恩恩怨怨》，《当代世界》2012年第5期，第44页。
② 王光远：《沙特与伊朗关系研究》，时事出版社2018年版，第99页。
③ 同上，第101页。

二、建构主义视角下的海合会国家与伊朗关系评析

总体而言，为应对伊朗威胁而成立的海合会，其成员国在早期合作阶段在同伊朗的关系发展过程中基本采取了相似的战略与立场。作为海合会集体身份建构中的他者，伊朗同海合会国家的外交关系无疑将促进六国作为国家集团的整体意识和集体认同的形成与发展。

从建构主义的视角分析海合会国家同伊朗之间的关系问题，除了考量伊朗作为六国集体以外的"他者"国家对海合会国家集体认同与集体利益的建构作用之外，还应思考的另一个重要方面就是根据建构主义"无政府文化"理论，海合会国家同伊朗之间属于何种性质的文化关系，形成这种关系模式的根本原因是什么，这也是本部分内容需要思考的主要问题。

（一）建构主义理论框架下的海合会国家与伊朗关系模式

在探讨这一问题之前，我们有必要简要回顾一下建构主义理论中的三种"无政府文化"状态。根据国家间互动性质的不同，建构主义者将其划分为霍布斯文化、洛克文化与康德文化三种国际体系文化。这里的"文化"可以理解为国际政治领域的制度、规范、认同等文化表现形式，是国家之间互动实践造就的。其中，"敌人"角色结构建构霍布斯文化，"对手"角色结构建构洛克文化，"朋友"角色结构建构康德文化。①其中在洛克文化体系中，国家间主要关系是竞争者之间的关系，国家间关系特征是维持现状。通过前文对海合会国家同伊朗之间外交互动关系的梳理，我们可以断定，海合会国家同伊朗的国家间关系应当属于洛克文化的国际结构关系。

洛克文化中国家间的角色关系是竞争对手的关系，其核心是"竞争"，"竞争对手像敌人一样是通过自我和他者涉及暴力行为的再现而建构的，

---

① 秦亚青：《国际体系的无政府性——读温特〈国际政治的社会理论〉》，《美国研究》2001年第2期，第141页。

但是这样的再现却不像敌人角色的再现那样具有威胁意义"①。海合会国家同伊朗之间是一种竞争对手关系,无论是霍梅尼时期以"输出革命"为特征的意识形态之争还是海合会国家逊尼派政权同伊朗什叶派力量之间的彼此对立,还有阿联酋同伊朗之间旷日持久的海湾三岛争端,以及同样作为国际原油出口重要国家而产生的经济利益和石油战略的纷争,双方都是以一种对手或竞争者的关系和姿态处理彼此之间的纠纷与矛盾的,都是在遵循威斯特法利亚体系中维护彼此国家主权制度的前提下实现外交互动的。一方面,海合会国家同伊朗之间不是霍布斯文化意义上的"敌人"关系,即便存在严重分歧,双方行为的基础仍是承认主权,承认对方国家生存与发展的权利,不会试图征服或统治对方,更不会产生消灭对方的企图而形成生死攸关的威胁;另一方面,海合会国家同伊朗同样也不是"朋友"关系,双方关系并未发展到友谊的程度,即便是后霍梅尼时代拉夫桑贾尼和哈塔米与海合会国家关系缓和与改善,但双方国家战略与外交理念的基底未发生实质变化,彼此关系修好更多是出于营造宽松地缘安全环境、争取发展空间的现实利益需要,既没有形成共有的制度规约与行为规范,也没有缔造出共享的集体观念和认同。因此说,海合会国家与伊朗之间的关系是一种互为竞争者的洛克文化关系模式。

(二) 海合会国家与伊朗关系模式形成原因

既然海合会国家与伊朗之间是一种基于竞争关系的洛克文化的结构关系,那么为什么会形成这种关系模式而不是基于共有认同的更高层次的文化关系呢? 通过对海合会国家集体身份建构与发展经验的解读,我们或许会将答案解释为海合会国家同伊朗之间缺乏像六国那样的相似性,如国家政权形式、经济发展模式、民族属性以及语言文化的同一等等,但如果我们将视线投到东盟集体身份认同上来,就会发现上述答案有失全面,也缺乏经验支持。在东盟国家集团内部,政治、经济、信仰等层面均存在较大

---

① [美]亚历山大·温特:《国际政治的社会理论》,秦亚青译,上海人民出版社2008年版,第273页。

差异，但这并没有阻碍东盟各国集体身份认同的建构与形成，这说明只有以良性的社会化互动合作为基础，依托行之有效的行为规范与管理制度，才能为优化国家间关系、形成共同利益和集体认同创造条件。海合会国家同伊朗之间缺乏这样一种基于互动合作实践的共有制度与规范，出现这一局面的根本原因是双方观念结构的差异以及在地区化定位中难有共识。

1. 伊朗：民族主义主导下的地区大国意识

在国际体系当中，实力、物质资源以及国际影响力等因素形成了国际权力结构的等级差异。20世纪30年代有西方学者就此提出了大国、中等国家和小国的国家层级概念。根据相应标准，我们可以将伊朗定位为"第三世界中等大国"，这类国家发展过程中的一个重要特征就是"第三世界中等大国的成长过程大多与它谋求成为地区大国同步进行"[1]。

作为历史上第一个地跨欧亚非的大帝国，伊朗曾创造过辉煌的波斯文明，并在其伊斯兰化的过程中，逐渐形成了集波斯文明气质与伊斯兰文明精神于一体的波斯伊斯兰文明。历史的伟业成为伊朗民族自豪感的基础，同时再现民族辉煌成为伊朗民族的理想信念与奋斗目标。巴列维时期，西方援助以及石油财富的增长，使得伊朗国力增强，控制地区事务的大国欲望再次变得强烈，曾一度在海湾扮演"海湾警察"的角色，巴列维国王曾多次扬言："我们要将伊朗建设成为继美、苏、英、法之后的世界第五强国……"[2]霍梅尼上台后，宣布"不要东方，不要西方，只要伊斯兰"的内政外交理念，并在宗教旗帜下以海湾君主国家为主要目标对外输出伊斯兰革命，"其实质是具有极强宗教色彩的民族主义"，以"谋求地区大国主义"。[3]拉夫桑贾尼执政后，逐步摆脱了意识形态为主的国家内外政策，而是推行了稍显务实与温和的"实用伊斯兰主义"，以此摆脱外交困境和恢

---

① 赵建明：《伊朗国家安全战略的动力学分析(1953—2007)》，复旦大学2007届博士毕业论文，第22页。

② 丁工：《从伊朗核问题看伊朗的地区大国意识》，《阿拉伯世界研究》2010年第4期，第45页。

③ 王京烈：《解读中东：理论构建与实证研究》，世界图书出版公司2011年版，第326页。

复两伊战争中受损的国力，但它并未因此放弃"输出革命"的提法以及"伊斯兰世界秩序"的长远目标。①在哈塔米时期，通过推行"文明对话"的外交理念，伊朗在地区与国际政治领域的形象进一步改善和提升，并且同海合会国家的对话与接触进一步加强，但其地区大国意识与理念并未改变，在倡导"文明对话"的同时呼吁在联合国常任理事国席位中能够为伊斯兰国家提供机会。内贾德时期，伊朗外交兼具强硬与务实的特征，与之前的伊朗对外政策有着明显不同，主要表现就是伊朗对核计划的大力推行。对于伊朗而言，拥有核能力不仅是出于威慑与安全的考虑，同时是作为大国地位的标志。正如伊朗部分精英人士所言，"伊朗不仅需要有强大的军队和先进的军备，更需要核武器，拥有核武器伊朗才能进入大国俱乐部……"②

由上可见，在民族主义的引导下践行地区大国理念、争得地区霸权地位始终是伊朗处理地区与国际关系的基本立场与核心观念。

2. 海合会国家：多边主义框架下的均势思想

单边主义、双边主义与多边主义共同构成了国际合作的基本范式。"多边"在一定程度上可以理解为合作或者协调。多边主义是为促进多边活动而提出来的一种意识形态，它具有规范性原则与现实性信念两方面特征。③在地区外交与安全战略方面，海合会国家大多奉行多边主义原则之上的"均衡"或者说"均势"思想，具体可以从两方面加以理解。

（1）海合会国家间的地方主义。地区主义可以认为是某个地区对多边主义的实践，是多边主义在地区层面的表现和具体的实现形态之一，通过地区主义有组织的协调活动与制度安排，能够将国家或次国家地区可能出现混乱局面的被动现象，转化为一个有能力倡导地区利益、解决国内到地

---

① 刘中民：《当代伊朗外交的历史嬗变及其特征》，《宁夏社会科学》2011年第1期，第11—12页。

② 何亮亮：《发展核能：伊朗的强国之梦》，http://news.ifeng.com/opinion/detail_2006_09/07/1332194_0.shtml。

③ 韦民：《民族主义与地区主义的互动：东盟研究新视角》，北京大学出版社2005年版，第16页。

区各种冲突的主体。海湾合作委员会的成立就是海湾地区六国实力相对弱小的君主国家，为加强国家间经济与社会合作，共同防御外来威胁，在多边主义引导下的地区主义实践。从这个角度来说，海合会的成立本身就是海合会国家范围内多边主义的一种表现。

（2）海湾地区层面的均势主义。"均势"原则长期以来在国际关系理论中占有重要地位。亨利·基辛格是多边均势理论的主要代表，他提出没有均势就没有稳定的观点。他所指的均势就是世界各地区、各力量中心之间的权力平衡。海合会国家在地区权力结构方面的主张和原则基本契合上述多边均势理论的观点：一方面，海合会国家成立地区合作组织海合会本身就有意将该联合主体打造为海湾地区战略体系中的一个单位，用以抗衡另外两股地区势力，即伊朗和伊拉克；另一方面，由于海合会成员国尚未达到应有实力，无法掣肘其他两方或两方中任何一方，出于均势的考虑，往往采取灵活、现实的务实主义外交政策，通过"和此抗彼"或"和彼抗此"的方法求得地区各方力量的暂时平衡。

可见，在外交思想与安全理念方面，海合会国家同伊朗存在显著分歧，观念结构的差异导致双方缺乏长期的良性互动合作，难以形成共有的行为规范与制度规约，因此更无法形成真正的集体利益与认同，从而使得双方关系始终保持无政府状态下的安全困境，根据建构主义的说法即洛克文化的国际结构体系。

但是同时需要指出的是，尽管作为地区的重要"他者"，伊朗威胁曾催生了海合会的成立以及海合会各国共享集体身份认同，然而由于海合会各国的教派属性和什叶派人口比例差异，加之与伊朗地缘位置、利益考量等方面的不同，海合会各国在对待伊朗的态度以及对伊朗威胁的认知往往存在着差异。例如海湾战争后，关于海湾地区主要威胁的看法上六国的观点各异甚至分歧严重，科威特认为伊朗值得联合和依靠，主要威胁来自伊拉克，而阿联酋则持相反意见，认为伊朗强占三岛，是地区主要威胁。在对伊立场上，海合会内部主要分为沙特、阿联酋与巴林为一方的强硬派，主张对伊朗采取强硬立场，遏制其崛起；而阿曼、科威特、卡塔尔三国则是主张同伊朗缓和关系的温和派。其中，阿曼与伊朗有着较为深厚的传统渊源,努力扮演沙特同伊朗矛盾的调解人;科威特则主张海合会国家应通过与伊朗对话缓和地区紧张局势;而卡塔尔由于同伊朗共享天然气资源则更倾向于与伊朗合作。①随着地区形势以及海合会内部关系格局的变化,上述分歧日渐突出,最终难免演化为路线之争,最突出的表现就是卡塔尔虽然在2016年初追随沙特断绝了同伊朗的外交关系,但2017年4月重新与伊朗开展天然气合作,在同沙特发生断交危机后恢复了同伊朗的外交关系。尽管奉行相对独立外交政策的卡塔尔主观上采取尽可能同沙特、伊朗保持良好关系的均衡态度,但正如有学者所说,"伊朗威胁也不再是海合会团结的主要动因,因为在一些国家看来,所谓'伊朗威胁论'已成为阻碍海湾国家发展的魔咒和陷阱"②。由此可见,海合会国家在同伊朗的排他性交往中,作为地区"他者"国家的伊朗对于海合会内聚力的加强与集体社会边界的打造客观上起到了重要作用,然而"他者"的作用不仅仅是强化国家集团的社会化归属,在一定条件下,有可能成为弱化甚至解构国家集体内部凝聚力和集体身份的力量,对于海合会而言这一问题不容忽视。

---

① 丁隆:《海合会:决裂只是时间问题?》,《世界知识》2017年第19期,第53页。
② 同上。

海合会国家与伊拉克关系考察

同伊朗一样，伊拉克作为海合会国家另外一个地区层面的重要邻国，在海合会国家集体身份认同的形成方面同样发挥着不容忽视的"他者"建构作用。与伊朗不同，伊拉克与海合会国家有着相同的阿拉伯民族属性和相似的信仰文化。历史经验表明，两者同样始终处于一种安全困境关系的状态，按照建构主义无政府状态的文化体系理论，同伊朗的关系模式一样，海合会国家同伊拉克之间属于竞争与对手层次的洛克式文化结构关系。本节内容将在对两者的社会化互动与交往的历史进行系统梳理的基础上，对上述现象与关系模式的形成原因进行重点分析。

一、海合会国家与伊拉克关系发展演变

"二战"结束以来，海湾地区共发生过三次大规模局部战争，即两伊战争、海湾战争以及伊拉克战争。不难发现，三次战争的主角均是伊拉克或者说是萨达姆政权统治下的伊拉克。对于与伊拉克有着千丝万缕复杂关系的地区邻邦海合会国家来说，三次战争不仅改变了整个海湾地区的权力结构与战略体系，同时对海合会国家同伊拉克之间的关系变化产生了重要影响。下面以上述三场战争的爆发为参照和线索，对海合会国家同伊拉克关系的发展演变进行回顾与梳理。

（一）两伊战争

两伊战争前，伊拉克执政的复兴党对外倾向于与苏联结盟，与以美国为首的西方国家关系较为冷淡。海湾阿拉伯君主国同西方保持良好关系，同时沙特还是西方实现海湾政策的支柱之一，因此海湾诸君主国与伊拉克的关系总体上呈对立状态。1968年，复兴党重新上台后，推行激进的阿拉伯民族主义路线，引起海湾阿拉伯邻国的警觉，但相较于同时期的伊朗霍梅尼政权的输出伊斯兰革命，这一时期海合会国家同伊拉克的关系处于"疏离"状态，并未达到"交恶"程度。之后《阿尔及尔协议》为伊拉克与海湾阿拉伯国家改善关系创造条件。1975年，伊拉克与科威特签署解决边界问题协议；同年，沙特与伊拉克就划分两国中立区签署协议。1976年2月，阿曼与伊拉克建交。1977年，科威特、沙特与伊拉克分别签署一系列协议推动彼此关系发展。①

1980年9月两伊战争爆发加剧了海湾地区的乱局，同时威胁到两伊以外海湾其他国家的安全与独立。在次年海合会成立后，海合会国家依托其共同合作组织，以第三方身份积极参与促使双方尽快停火的呼吁与调解进程中，在对外表明其中立姿态时，从其现实利益出发，对两伊采取了不同立场，即对伊朗是名义上中立、实际对抗，而对伊拉克则是有限接触、适当支持，同时根据形势变化适时调整其立场态度。

海合会国家在两伊战争期间对伊拉克的支持主要体现在以下几个方面：

1. 舆论支持

战争爆发前夕，海合会国家政府和媒体的态度明显较以往倾向于伊拉克。1980年当两伊关系剑拔弩张时，海合会国家部分媒体警告伊朗不要冒险，并强调其同伊拉克之间的团结；当科威特王储造访伊拉克时，表达了对伊拉克的支持，并表示"在保护阿拉伯成就和收复失地方面的任何措施上"与伊拉克保持一致；沙特方面同伊拉克发表联合公报宣称，双方在伊

①　黄民兴：《中东国家通史：伊拉克卷》，商务印书馆2002年版，第304页。

斯兰世界的当前形势与阿拉伯团结方面达成了共识。①1982年伊朗军队越界进入伊拉克境内后，海合会首脑会议随即发表公报，认为伊朗此行为构成了对阿拉伯民族安全的威胁和主权的侵犯。②通过舆论宣传，海合会国家表达了支持伊拉克同伊朗进行战争的政治立场，在共同抵制伊朗方面存在共同利益使得双方之间表现出少有的一致与信任。

2. 经济援助

海合会国家对伊拉克的经济援助成为伊拉克参战的重要财力支撑。有分析认为，如果没有海湾六个君主国战时对伊拉克财政上的大力支持，后者是无法持续对伊朗展开战斗的。截至1981年5月，海合会国家向伊拉克提供了如下贷款：沙特60亿美元，阿联酋10亿—30亿美元，卡塔尔10亿美元，到1981年底，沙特又追加40亿美元。1983年2月，伊拉克副总理阿齐兹曾公开表示，"到1981年底，伊拉克收到海合会经济援助在180亿—200亿美元之间"③。在提供借款的同时，海合会各国还向伊拉克提供大量赠款予以支持。

3. 条件保障

为帮助伊拉克在战争当中取得优势地位，海合会国家还向伊拉克提供物资、场地等后勤条件保障。科威特《祖国报》就曾透露说，海湾国家准备让伊拉克军舰在自卫时进入他们的领海；④沙特曾允许伊拉克战机飞越沙特领空并降落其境内；科威特曾开放与伊拉克的陆地边界为其运送战略物资；在两伊开战不久，就有两架伊拉克战机降落在阿曼空军基地。⑤

之所以为伊拉克提供大量帮助，是因为海合会六国更多的是将伊拉克看作抵御来自伊朗威胁的防波堤并将上述对伊拉克的支援作为向伊朗方面施压的砝码。但同时应当看到，相较于伊拉克争夺地区霸权的战争动机和

---

① Gerd Nonneman. *Iraq,the Gulf States and the War*. London:Ithaca Press,1986,p.22.
② 朱水飞:《海湾合作委员会与两伊战争》,《世界经济与政治》1987年第10期,第45页。
③ 汝涛:《海湾委员会集体安全机制研究》,上海外国语大学2008届硕士毕业论文,第35页。
④⑤ 同②。

目的，海合会国家同伊拉克之间有着根本不同，因此随着战争局势的变化，海合会国家的态度也在发生着摇摆变化，甚至试图改善同伊朗关系，因为对于六国而言，早日结束战争、实现各方势力相对均衡以及确保海湾地区的安全与稳定才是其真正目的与初衷，因此为避免伊拉克称霸海湾，海合会国家对两伊战争期间的伊拉克总体上是在抱有疑虑和戒心的情况下进行接触与支持的。

(二) 海湾战争

长达8年的两伊战争使得伊拉克经济形势严重恶化，物资短缺、外债高企，但战后的伊拉克并未急于裁军和全力从事和平建设以营造稳健、和谐的国际关系，而是在重新追求地区霸主野心的驱使下，以咄咄逼人的外交态势再次走上战争之路。"尽管许多阿拉伯国家在'两伊战争'期间向萨达姆·侯赛因提供了巨额贷款和武器，但是他们低估了伊拉克据说为了遏制德黑兰向阿拉伯世界输出伊斯兰主义的好战性而在人力和财力上付出的代价。"[①]在此背景下，邻国科威特成为伊拉克对外掠夺、重振大国雄风的首选目标。因为在伊拉克看来，控制科威特，不仅意味着能获取巨额经济回报，同时夺取科威特领土还可改善其战略地位，满足其称霸海湾的野心。如前文所述，海湾危机和海湾战争期间，在海合会成员国通过一系列努力积极参与打击伊拉克、解放科威特的行动当中，尽管海合会的表现暴露出该组织在制度、实力等方面存在着缺陷，但这不是本部分内容讨论的重点，我们主要通过对伊拉克、科威特领土问题的回顾了解在该争端进程中伊拉克同科威特关系的发展。

事实上，伊拉克与科威特的领土边界问题由来已久。1932年，随着奥斯曼土耳其帝国衰退，伊拉克成立独立民族国家，并参照1913年的英奥双边协议与科威特划定了边界。但对于科威特，伊拉克始终持有一种复杂情愫，它始终"坚信整个西方帝国主义，特别是英国，力图通过制造一个名

---

① [美]小阿瑟·戈尔德施密特、劳伦斯·戴维森:《中东史》,哈全安、刘志华译,东方出版中心2010年版,第422页。

叫'科威特'的独立埃米尔国而阻挠伊拉克的发展"①。由此伊拉克坚持认为,科威特无权独立。在这种思维指导下,在伊拉克独立后不久出现反悔,改变了对科威特的态度,并提出解决伊、科边界问题的三种方案,即统一、结盟或合并,但在科威特丰富石油资源的诱惑以及国内外环境的影响下,上述倾向很快演变为吞并科威特,这一企图遭到了英国殖民当局的打压。1961年,随着英军撤出科威特,伊拉克政府力图取代英国人在科威特的地位,但其他阿拉伯国家以及英国方面派军阻止了伊拉克吞并科威特。但伊拉克方面一直时断时续地宣称法律上科威特应为其领土,并从未正式承认过科威特的独立。1971年,伊、科两国外长进行互访,之后成立科伊联合委员会来处理边界问题。出于自身利益考虑,伊拉克希望控制其海湾港口临近的科威特的两个岛屿,并要求科威特将两个岛屿转交或租借给它,但谈判未获成功。1973年,伊拉克出兵占领了一个科威特边防哨所,沙特立即向科威特提供支持,在阿盟要求下,伊军最终撤离。②之后随着复兴党政权与海湾阿拉伯国家关系有所改善,1975年6月伊拉克与科威特达成边界问题协议,1977年两国签署协议,规定两国从边界撤军,组建解决领土分歧的联合委员会等。在两伊战争结束后,当萨达姆政权准备将贪欲的触角延伸到科威特时,伊拉克方面在1990年7月通过媒体进行宣传造势,在科威特等国石油政策以及伊、科边界问题上大做文章,为入侵科威特通过舆论制造借口,同月科威特政府代表团同伊拉克代表团在沙特吉达会晤,但无果而终。8月2日,伊拉克军队入侵科威特,海湾危机爆发。海湾战争结束后,伊拉克开始经历联合国与国际社会的长期制裁。在联合国裁定下,1994年,伊拉克政府宣布承认科威特的主权和独立,并放弃对科威特的领土要求,承认1993年5月联合国划定的科、伊边界线。

集体身份认同的缔造并不意味着国家集团成员之间没有分歧与矛盾,问题的关键在于有分歧时,化解矛盾的方法是什么,即是否在彼此克制与互信的基础上、在彼此共享集体认同与利益的前提下以可预期的和平方式

---

① [美]小阿瑟·戈尔德施密特、劳伦斯·戴维森:《中东史》,哈全安、刘志华译,东方出版中心2010年版,第422页。

② 黄民兴:《中东国家通史:伊拉克卷》,商务印书馆2002年版,第264页。

解决问题与纠纷。显然，如果我们将伊拉克与科威特领土边界问题的解决方式同海合会国家之间领土边界纠纷如卡塔尔、巴林领土争端的化解进行比较的话，就会发现两者之间的本质区别。首先，争议双方的动机与态度不同：卡巴纷争的目的是在双赢基础上实现各自利益最大化，并寻求双方都能接受的解决模式，而科伊问题中伊拉克意识中一直认为科威特领土属于其所有，因此始终抱有"零和博弈"的心态处理双方问题。其次，制度与规范的建构存在不同：卡巴纷争过程是海合会成员国纠纷处理原则和机制创建与完善的过程，同时双方总体上是在海合会规制框架下处理彼此纠纷的，而科伊问题则存在许多变数，这是由于双方问题的解决缺乏明确的原则与制度引导，只是随着形势变化进行权宜选择，而且双方并未形成彼此认可的较为稳定的行为规范。此外，集体认同的不同，也是两种领土问题存在差异的主要根源所在：卡巴纷争的解决基于双方作为海合会成员国经过长期交往互动和共同规范制度下产生的海合会国家间集体认同，这为问题的和平解决提供了可能，而科伊边界问题双方彼此间缺乏共有认同与共享观念，缺乏良性互动和集体制度与规范，使得暴力形式的海湾危机的出现成为可能。当然，海湾危机的出现除上述原因外，还与萨达姆政权自身霸权战略下大国心态的形成以及伊拉克国内政权的暴力政治倾向外溢到地区层面有着很大关系。

战争结束后，海合会国家对伊拉克的立场是较为矛盾的。一方面，出于地区安全与稳定的大局考虑，海合会成员国呼吁伊拉克方面与联合国对话，争取联合国早日解除对伊制裁，同时希望在联合国决议框架内向伊拉克提供人道主义援助，以缓解伊拉克人民的苦难；另一方面，对于美国坚持对伊拉克的制裁与打压，以及在处理中东问题方面对阿、以采取的双重标准，包括海合会六国在内的阿拉伯世界普遍存在强烈反美情绪，海合会国家也开始与美拉开距离。此外，由于战后产油国伊拉克的退出有利于海合会国家扩大出口，增加石油收入，一旦解除对伊制裁并恢复其石油出口，势必影响海湾其他国家市场潜力与经济利益，加之伊拉克民族复仇情绪影响，海湾地区可能再次面临安全与稳定的挑战，因此海合会国家对伊态度和立场百味杂陈，难以达成一致意见。

（三）伊拉克战争

伊拉克战争爆发前后，海合会国家对伊拉克的政策总体上延续了以国家利益为核心同时保持各方均衡态势的务实主义原则。

在伊拉克战争爆发前夕，面对日益吃紧的美伊关系，2003年3月，阿联酋提出的要求萨达姆下台的建议未获海合会通过，但卡塔尔、巴林与科威特表示支持这一建议，认为该建议没有干涉伊拉克内政，并称呼吁伊拉克政府放弃政权目的是使伊拉克及其人民免受战争威胁。

战争爆发后，阿拉伯紧急首脑会议中关于反对美国发动对伊拉克战争的决议成为一纸空文，海合会成员国作为美国发动对伊战争的前沿阵地发挥了重要作用，10万美军直接从科威特打击伊拉克，美国中央司令部就设在卡塔尔，沙特与巴林也分别设有美空军与海军基地。[①]

战争结束后，海合会国家对战后伊拉克的政策与态度表现出一定的两面性。一方面，海合会六国积极参与伊拉克战后重建。2004年底，海合会秘书长阿提亚宣布海合会将全力帮助伊拉克重建。海合会各国主要以双边的形式参与伊拉克重建进程：除提供大量资金援助外，沙特希望通过各种形式在多领域加强同伊拉克的合作；科威特表示将为参与伊拉克重建的各方力量提供多种便利；阿联酋从军事方面向伊拉克提供帮助，为培训伊拉克军队提供大力支持；卡塔尔则将免除伊拉克的40亿美元债务。[②]上述行为显示出海合会国家希望加强自身在战后伊拉克新政权中的影响力和存在感、重新营造海湾战略平衡与稳定所做的努力。另一方面，逊尼派的萨达姆政权的倒台，为伊拉克什叶派的强势崛起提供了契机，伊朗与伊拉克什叶派的关系也获得全面发展，中东地区什叶派"新月"地带正在形成，这一趋向的出现意味着海湾以及中东地区将面临什叶派势力的扩张，从而加重了海合会六国的不安全感，因此在与伊拉克关系上六国仍保持警惕。

---

① 王京烈：《解读中东：理论构建与实证研究》，世界图书出版公司2011年版，第234页。

② 钟志成：《中东国家通史：海湾五国卷》，商务印书馆2007年版，第431页。

二、建构主义视角下的海合会国家与伊拉克关系评析

根据建构主义者对国际体系无政府文化的分类标准，海合会国家同伊拉克交往互动的历史经验表明，同六国与伊朗关系模式类似，双方的文化体系结构关系总体上也属于洛克无政府文化，即在遵守威斯特法利亚体系对主权确认的前提下，双方始终处于竞争与对立的关系状态。但值得注意的是，对伊拉克入侵科威特而导致的海湾危机进行分析，洛克无政府文化标准似乎无法对这一事件做出准确判断和评价。首先，海湾战争结束之前，伊拉克一直对科威特的主权独立不予承认；其次，伊拉克入侵科威特的动机不是制造利益冲突，而是以吞并该国将其纳入自身版图为目的，而不是维持国家间现状。"如果国家间关系的目的就是摧毁和吞并对方，国家间的行为特征是各方力图改变现状，那么，这些国家之间的实践活动必然会导致霍布斯文化。"[1]上述两点可以说明，伊拉克对科威特的侵略行为已具备了霍布斯无政府文化的主要特征，从这一点来说，伊拉克萨达姆政权的行为无疑是一种历史的倒退。由此产生的疑问是，作为共同归属于阿拉伯民族的海湾地区邻国，在相同的阿拉伯—伊斯兰文明与传统框架内，伊拉克与科威特以及海湾诸阿拉伯国家似乎更有理由形成一种基于共同身份与认同的和平关系，但事实恰恰相反，如果从建构主义的角度来分析，根本原因在于海合会国家同伊拉克之间观念结构的差异导致双方难以形成促成彼此关系良性发展的共有利益和集体认同，下面就此问题展开论述。

---

[1] [美]亚历山大·温特:《国际政治的社会理论》，秦亚青译，上海人民出版社2008年版，前言。

（一）阿拉伯民族认同：同一概念的两种解读

作为当今世界最为复杂的民族之一，关于阿拉伯人是否为一个民族的问题，即便在阿拉伯世界内部至今也仍存在着争议。对于国内外学术界就这一复杂的民族现象所形成的观点，我国学者杨灏城等做出如下总结：（1）认为世界上没有阿拉伯民族，只有伊斯兰民族；（2）阿拉伯人不是一个民族，而是一个文化实体；（3）阿拉伯人在历史上曾经是一个民族，但现在已经不是一个民族；（4）多数阿拉伯学者认为阿拉伯人是一个民族，但他们在阿拉伯民族形成的时间上观点不一。[①]

这里我们不妨接受大多数学者的观点，即将阿拉伯人视为一个跨越国家的民族来讨论阿拉伯民族观念影响下的伊拉克与海合会国家超越国家界限的阿拉伯民族认同问题。对于"阿拉伯民族"概念的运用，可以从两种不同的含义加以理解：

1. 超国家的、具有政治属性的阿拉伯民族

不仅把阿拉伯民族视为一个文化实体，更把阿拉伯民族视为一个统一的政治实体，同时把它作为建立统一阿拉伯国家的前提。[②]其中，"泛阿拉伯主义"和"地方阿拉伯主义"是这一概念的两种最为具体和典型的形态。（1）"泛阿拉伯主义"也可简称为"阿拉伯民族主义"，它是奥斯曼帝国晚期以来阿拉伯民族在争取民族权利与独立过程中发展起来的一种意识形态与社会运动，该政治思潮在"二战"后到20世纪60年代末风起云涌，追求阿拉伯民族复兴和统一是其核心内容。[③]（2）"地方阿拉伯主义"是强调地域文化特征和民族属性乃至特定利益要求的民族主义思潮，其立足点或出发点是自身国家利益或以某一国家为主导的地区统一。[④]

---

① 杨灏城、朱克柔：《民族冲突与宗教争端——当代中东热点问题的历史探索》，人民出版社1996年版，第2页。
② 刘中民：《民族与宗教的互动——阿拉伯民族主义与伊斯兰教关系研究》，时事出版社2010年版，第71页。
③④ 同上，第6页。

2. 超国家的、具有文化属性的阿拉伯民族

它主要是指在历史、语言、宗教等文化层面具有共同特性的阿拉伯民族群体，但在政治上不存在统一性，而是为若干个具有主权地位的阿拉伯民族国家所取代。①这种概念理解下的阿拉伯民族是一个包括所有讲阿拉伯语的、共享历史和传统与风俗的国际文化实体，泛阿拉伯主义或地方阿拉伯主义均不能抹杀这些民族国家中的个性与特征。

海合会国家与伊拉克对观念认同的差异便体现在上述对阿拉伯民族认同的理解和倾向上，伊拉克所标榜的阿拉伯民族认同更多的是基于明显政治利益倾向的地方阿拉伯民族主义的阿拉伯认同，而海合会国家所代表的阿拉伯民族认同则更倾向于体现民族国家特性的单纯彪炳文化属性的阿拉伯民族认同，两者存在着根本差别。

（二）伊拉克：地方阿拉伯民族主义掩映下的大国诉求

事实上，在泛阿拉伯民族主义早期发展进程中，伊拉克就成为该政治思潮的中心与推崇者，这里有温和的泛阿拉伯民族主义者伊拉克首任国王费萨尔一世和被誉为泛阿拉伯民族主义之父的萨提·胡斯里。

自卡塞姆共和政权建立以来，伊拉克的民族主义主张已突破了泛阿拉伯民族主义的"民族高于国家"的观念，在表达对阿拉伯民族复兴和统一关注的同时，更强调国家主权与利益的不容忽视。如卡塞姆总理曾多次强调"伊拉克的政策是以维护国家主权和同阿拉伯各国完全团结和充分合作为基础的"。关于对阿拉伯统一的理解，卡塞姆指出，伊拉克是阿拉伯民族的一部分，它是一个整体的一部分，而不是某些部分的一部分；时任伊拉克经济部长库巴也曾表示，"伊拉克人民对于阿拉伯统一的理解首先是阿拉伯人民在反对帝国主义斗争中的统一……至于说将阿拉伯人合并为一个国家的问题，那是将在未来加以解决的问题"②。

萨达姆上台后，伊拉克已逐步摆脱传统的泛阿拉伯民族主义框架，彰

---

① 刘中民：《民族与宗教的互动——阿拉伯民族主义与伊斯兰教关系研究》，时事出版社2010年版，第72页。
② 周南：《伊拉克共和国的内政外交政策》，《国际问题研究》1959年第1期，第30页。

显出明显的地方阿拉伯民族主义特征。对于早期泛阿拉伯主义者的主张，萨达姆认为今天的形势与之前已完全不同；他认为，在阿拉伯世界存在着各国自身利益和阿拉伯利益两个范畴，并在1982年复兴党地区会议决议中指出，"伊拉克民族主义优先于泛阿拉伯主义"，"地方局势和地方特征并非民族弱点的前提，只要它们处于统一的大厦里；正相反，这是一种合乎人们意愿的形势，是民族力量的真正源泉，而取消这种独特性的一体化将造成一种不利的形势，后者将危害阿拉伯统一"。同时，萨达姆政权还修改了"没有阿拉伯统一就没有社会主义"的传统观点，指出盛产石油的伊拉克能够通过自力更生达到"一国实现社会主义"的目标。①可见萨达姆时代的复兴党时期，伊拉克以自身主权国家利益为核心的地方阿拉伯民族主义已基本确立，并成为其对外政策与战略的基本指针。

如果进行深层次发掘思考，不难发现，在地方阿拉伯民族主义旗帜与口号的掩映下，伊拉克推行带有民族主义色彩的对外政策的真实目的是伊拉克长期追求的地区大国的企图与海湾霸权的野心。这种地区霸权与地方阿拉伯民族主义的关系主要表现在伊拉克在地区事务推行大国主义的过程中一直试图将阿拉伯民族主义认同工具化，例如：对于与伊朗之间的领土边界纷争，伊拉克方面试图以阿拉伯名义使其同伊朗的领土问题合法化，如将伊朗境内以阿拉伯居民为主的胡泽斯坦省称为"阿拉伯斯坦"，对其提出主权要求，并且于1961年通过决议，将"波斯湾"更名为"阿拉伯湾"；在两伊战争打响之前，为争取海湾阿拉伯国家的支持，伊拉克借口海合会国家遭受伊朗输出革命威胁，以捍卫阿拉伯民族利益为旗号，为其同伊朗开战提供合法性，如萨达姆宣称："为了阿拉伯事业，我们伊拉克人民抛头颅洒热血在所不惜。但我们绝不允许任何外国势力碰这个事业一指头。"②战争期间，为获取来自海湾石油富国的支持，萨达姆一直强调其在战争中的无私奉献，"海湾阿拉伯国家现在面临着严峻的环境和威胁。在这样的事实面前，伊拉克的国家安全与兄弟阿拉伯国家科威特和沙特的

---

① 黄民兴：《中东国家通史：伊拉克卷》，商务印书馆2002年版，第293页。
② 殷罡、秦海波：《萨达姆·侯赛因——注定要震惊世界的人》，警官教育出版社1990年版，第87页。

安全是一致的，对它们的威胁和伤害就是对伊拉克的威胁和伤害”①。两伊战争结束后，面对恶化的国内经济形势，萨达姆声称，伊拉克对伊朗的战争是阿拉伯民族与波斯民族的战争，是伊拉克保卫海湾阿拉伯国家免受伊朗入侵的战争，而沙特和科威特则是战争的直接受益者，因此呼吁沙特与科威特削减石油产量，并要求两国将战争期间对伊拉克的400亿美元贷款改为赠予，以助其经济重建。②

应当说，伊拉克早期泛阿拉伯民族主义领袖如阿弗拉克、巴扎兹等均强调阿拉伯各地区间平等和国家之间无优劣之分，他们的观点属于传统意义上的泛阿拉伯民族主义范畴，但最终强调伊拉克主权国家利益的地方阿拉伯民族主义占据了伊拉克政治意识的主流，并且民族主义沦为伊拉克当权者的政治口号与对外战略工具，为其成为海湾以至阿拉伯世界大国的霸权目标服务。究其原因，大致可以总结为：（1）古代伊拉克历史的辉煌和文化的积淀为20世纪以来几代具有伊拉克民族主义情结的领导人在历史层面造就了其文化的优越感和心理上的优势；（2）国土面积、人口数量、军事实力以及石油资源，丰厚的资源条件和雄厚的综合国力为培植伊拉克的大国心态和推动伊拉克国家民族主义发展创造了条件；（3）20世纪80年代初期埃及与以色列媾和使埃及在阿拉伯地区面临空前孤立，阿拉伯世界权力结构出现真空，客观上淬火了伊拉克萨达姆政权称霸海湾乃至阿拉伯世界的野心。

（三）海合会国家：阿拉伯文化认同下的多边均衡

对于海湾地区的安全结构原则与战略构想，海合会国家总体上奉行了具有务实特征的多边主义均衡原则，这一点在论述海合会国家同伊朗之间的关系时也进行了分析，这里不再赘述。同伊拉克地方阿拉伯民族主义掩映下的地区大国意识不同，海合会国家所理解和实践的阿拉伯民族认同更多的是从文化层面倡导其阿拉伯民族属性，在剥离政治因素影响的前提

---

① 转引自汝涛：《海湾委员会集体安全机制研究》，上海外国语大学2008届硕士毕业论文，第36页。
② 哈全安：《中东史》，天津人民出版社2010年版，第628页。

下，强调各自独立的阿拉伯民族国家的共有传统与共享文化。正如海合会成员国在阐述其安全观点时所说："海合会成员国的安全必须保持阿拉伯属性，它们致力于在海湾地区保持其阿拉伯的民族性，突出它们是阿拉伯民族的一部分。"①这里所强调的"阿拉伯属性"就是阿拉伯各国对阿拉伯族体的共同历史、共同文化、共同语言和共同传统等方面的心理认同。

对于推崇世俗主义和阿拉伯统一事业的泛阿拉伯民族主义以及地方阿拉伯民族主义，招致了以沙特为首的包括海湾君主国在内的中东保守伊斯兰教君主国家的反对与指责，因为作为世俗主义的泛阿拉伯主义者以及地方阿拉伯主义者都对阿拉伯的君主制和保守政权持革命与敌视态度。对此，1962年，沙特国王费萨尔曾倡导召开国际性的伊斯兰会议，商讨应对民族主义和世俗主义的策略。会议宣称："那些不承认伊斯兰教，并在民族主义的幌子下歪曲伊斯兰教义的人是那些将自己的光荣同伊斯兰教联系在一起的阿拉伯人的最凶恶的敌人。"②

在沙特前国王哈立德登基之初的内阁会议公报中，沙特政府宣称："……这一努力将依靠伊斯兰的团结和阿拉伯阵线的巩固这两大支柱来付诸实现。我们靠这两大支柱，能够保卫我们的未来。"③这里的阿拉伯阵线可以理解为阿拉伯国家基于共有文化传统而形成的心理认同。可见，海湾君主国家对于阿拉伯民族认同的定位和理解与世俗的阿拉伯民族主义者具有鲜明政治色彩的阿拉伯民族复兴和统一是不同层面的两个概念，有着本质不同。

具体到海合会国家同伊拉克之间的关系，两者之间的观念结构存在根本不同：首先，如果从阿拉伯民族视角考虑，由于伊拉克推崇的是世俗的地方阿拉伯民族主义，带有阿拉伯复兴和统一的政治倾向，对海湾保守的君主政权合法性形成威胁与冲击，同时海合会国家的阿拉伯民族认同更多

① 转引自刘月琴：《冷战后海湾地区国际关系》，社会科学文献出版社2002年版，第313页。
② 转引自王铁铮：《沙特阿拉伯的国家与政治》，三秦出版社1997年版，第202页。
③ 王铁铮、林松业：《中东国家通史：沙特阿拉伯卷》，商务印书馆2000年版，第216页。

的是从历史、信仰、传统等文化质素中寻找共性,与伊拉克地方阿拉伯民族主义缺乏一致;其次,伊拉克的外交定位与战略一直以来在大国意识的指引下谋求海湾霸权地位,这与海合会国家在多元主义架构内构建海湾战略均衡的安全构想有着根本不同。

因此,由于缺乏共同的观念结构基础,海合会国家与伊拉克之间难以形成深层、稳定的彼此间认同,更谈不上积极的互动和交往合作,同样也不会形成稳固、良性的交往制度与规范。在此情况下,双方之间关系始终停留在以对立与竞争为特征的洛克无政府文化的关系模式中便不足为奇了。

海合会国家与美国关系考察

关于长期以来左右中东局势的基本要素，国内有学者做出了精辟总结，即"大国在中东地区的争夺和影响；处在转变时期的中东社会；中东地区内部错综复杂的矛盾冲突"[①]。作为中东重点区域的海湾地区，其局势的发展变化同样离不开上述三个要素的制约。如果说本章前两节是在"中东地区内部错综复杂的矛盾冲突"这一地区因素框架内展开的，本节关于海合会国家同美国之间关系的讨论将在"大国在中东地区的争夺"这一国际因素框架内进行。

海合会六国出于安全考虑，曾努力为自身构建了三个层级的安全防卫轴心，包括海湾防卫轴心、阿拉伯防卫轴心和国际防卫轴心。其中依托"6+2国家集团"[②]的阿拉伯防卫轴心已形同虚设，海合会六国组成的海湾防卫轴心实力不足，因此海合会国家与以美国为首的西方大国组成的国际防卫轴心显得尤为重要，由此海合会国家同美国之间战略合作关系的发展对于海湾地区的权力结构与安全生态有着十分重要的影响。作为海合会国家集体身份建构在国际层面的重要"他者"，美国如何推动海合会国家共同身份与集体认同的形成？从建构主义角度分析，双方保持着一种什么性质的关系模式？这是本节需要探讨的主要内容。

---

① 王京烈:《解读中东:理论构建与实证研究》,世界图书出版公司2011年版,第3页。
② 即海湾战争期间形成的包括海湾6国和埃及、叙利亚2国的8国安全联盟。

一、海合会国家与美国关系发展演变

从美国霸权触角延伸至海湾地区并逐渐渗透，到作为该地区国际政治舞台的重要一极参与到海湾战略体系的建构，在这一进程中，海合会国家同美国之间的关系随着地区情势的变化不断进行着调整与演变。总体而言，海合会国家对美国的态度与政策可以用"貌合神离"来加以概括，即一方面出于利益需要继续保持对美国依附与合作，同时与美拉开适当距离以坚持自身战略原则与外交独立。

（一）貌合：海合会国家与美国的交往合作

早在海合会成立之前，海合会国家已同美国开始了不同程度的以双边形式为主的交往合作，其中美国同沙特关系发展最为突出。20世纪30年代初，美国石油资本进入巴林，叩开了海湾石油宝库的大门，同期获得在沙特开采石油的特许权；1943年美国就修建军用机场与沙特达成协议；1945年获得自由使用沙特港口和修建巨型空军基地的权利；20世纪60—70年代，美国同沙特签署了一系列包括武器装备、人员训练和军事设施在内的协定，沙特成为美国在海湾和中东地区推行霸权战略不可或缺的重要支柱。[①]此外，阿曼由于其特殊的地理位置，为保证霍尔木兹海峡的通航安全，该国在同英国继续保持牢固的军事关系的基础上，同美国也建立了低水平的战略协议，并表达了与美国建立密切战略关系的愿望，但其做法受到来自海湾其他君主国家的指责与非议。

自海合会成立至海湾战争爆发之前，尽管海合会国家同美国之间继续保持着一定规模的交往与合作，但总体上是低调并维持在一定范围之内的。事实上，加强同美国等西方大国的军事安全交往在某种程度上将有助于海合会国家迅速提升其外部安全水平，但海合会六国并未采取这一做法，这是由当时的主客观原因决定的。

---

① 刘月琴:《冷战后海湾地区国际关系》,社会科学文献出版社2002年版,第214页。

主观原因：作为一个地区军事安全组织，海合会在实现成员集体安全方面的主要原则之一是"维护地区和平与安全的责任应该是成员国自身，而不是其他国家"，"根据这一原则，海合会拒绝与外来大国进行军事合作，不允许它们建立军事基地、军事设施"，"伊拉克入侵科威特之前，海合会国家坚持由它们自己担负实现地区安全带的责任，不卷入国际争端，奉行睦邻友好政策；反对其他国家干涉地区内部事务"①。

客观原因：超级大国对海湾国家安全事务的干预至少从两个方面将对海合会六国产生消极影响。第一，增加地区的不稳定性，并有可能引发地区冲突升级为国际争端的后果。在当时美苏争霸的冷战背景下，为某一超级大国提供发挥更大作用的机会无疑会引发另一个超级大国的敌视与侵扰，同时会引起海湾强邻伊朗与伊拉克的对立与疑虑，进而有可能加剧地区不安与动荡，这只会有损海合会国家安全利益。第二，可能引发国内动荡，降低内部安全水平。与美国等西方大国开展军事安全合作，在提升外部安全实力的同时，极易触及国内社会的敏感神经，点燃民众的阿拉伯民族主义情绪，由此引发国内政局不稳与社会动荡。

基于上述两方面原因，海合会国家缺乏与美国进一步提升军事安全合作水平的动力。

1990年伊拉克入侵科威特以及之后海湾战争的爆发，使得上述条件发生了彻底改变。在现实困境面前，海合会国家的国家主义得到前所未有的激发，并开始重新选择最为合适的安全安排，而依托美国的战略合作与联盟则成为其实现国家外部安全的优选方案。对此，时任海合会秘书长曾明确表示对外国势力在海湾的存在"没有任何保留"，"每个国家都有使用一切可能的方式捍卫自己主权与领土完整的不可剥夺的合法权利，包括请求外国军队的介入以实现那一目标"②。海湾战争打破了之前的不能与美国进行军事合作与结盟的安全禁令，海合会国家与美国的军事安全合作从此步入新的阶段，并给海湾地区的安全模式打下深深的烙印。

① 刘月琴：《冷战后海湾地区国际关系》，社会科学文献出版社2002年版，第87页。
② 转引自[美]彼得·卡赞斯坦：《国家安全的文化》，宋伟、刘铁娃译，北京大学出版社2009年版，第408页。

海湾战争中"反伊联盟"的胜利对于海合会国家具有强大的示范作用,战后六国纷纷同美国签署了《防务合作协定》,与美双边或多边军事安全合作水平迅速提升,主要表现在以下方面:

1. 美国获得在海合会国家驻军、储存武器和建立军事基地的权利

科威特同美国签署了为期10年的安全防御协定,美国在科主要设有3个军事基地,并且在该国部署了1万名美军士兵;2002年,美军中央司令部迁至卡塔尔乌代德空军基地,该基地拥有最先进的空中指挥系统,是美国在海湾地区现代化程度最高的军事基地,并有约3300名驻军;巴林首都麦纳麦是美国海军在中东地区的大本营,在那里驻扎着数个美军核心机构以及1.2万名驻军;沙特某空军基地曾一度是美国中央司令部空军指挥部和联合空中行动中心所在地,该国驻有美军约5000人;[1]阿曼于1979年就与美国签订了防务协定,允许美国在其境内建立空军基地和储存装备。

2. 海合会国家向美国大量军购

尽管海合会国家之间一直保持着在军事安全领域的合作,并取得了一定成绩,但由于实际效果低于预期以及六国之间彼此缺乏信心,各国将精力更多投放在各自的对外军火采购上,以美国为首的西方国家由此获得丰厚的收益,同时也强化了美国对海合会国家在军事安全领域的影响力与控制力。

作为美国在中东地区最大的军火买家,沙特在海湾战争后先后同美国签订约300亿美元的武器购买合同,其中1991—1993年沙特向美方军购的费用就达170亿美元。[2]法国在阿联酋军火市场曾占有主要份额,美国不甘心法国的一方独大,凭借自身的技术优势积极抢占阿拉伯市场,甚至有取代法国的趋势。在科威特的三个主要武器来源国美国、英国和法国当中,美国满足了科威特大部分军事需求。有关资料显示,截至1997年5月,阿曼陆续从美国以赠予的方式获得价值1940万美元的过剩武器。巴林的军火

---

[1] 王京烈:《解读中东:理论构建与实证研究》,世界图书出版公司2011年版,第78页。

[2] 转引自陈万里、李顺:《海合会国家与美国的安全合作》,《阿拉伯世界研究》2010年第5期,第20页。

主要来源于美国，其中1995—1997年，巴林采购军火的95%以上来自美国。[①]

3. 在海湾以及中东政治事务中的合作

2010年以来，突尼斯、埃及、利比亚、叙利亚等多个阿拉伯国家经历了政治剧变的考验，以美国为首的西方国家干预其中，其主要目的就是通过对所谓"激进国家"的整治改良，将整个中东地区纳入其势力范围。与此同时，海湾君主国家积极参与其中，其主要动机就是在中东剧变中通过与美国等西方大国合作，打压其政治对手，防止危机过后出现导致社会政治变革的意识形态与政治制度。这种合作关系"类似19世纪初期欧洲君主国组成的'神圣联盟'，最终目的是维护一种有利于保守落后势力的制度安排和地区秩序"[②]。

此外，在加强军事安全合作的同时，海合会国家同美国之间的经贸关系不断深化。2003年，美国与巴林双边贸易额达到8.87亿美元，其中美国对巴林出口额为5.09亿美元；2004年，美国与阿曼贸易额达到10亿美元，其中阿曼顺差3.7亿美元；科威特经济人士表示，美国已成为科威特最大的贸易伙伴之一，2006年双边贸易额达到61.48亿美元，相比2000年增长71%；美国与沙特的贸易额每年都达数百亿美元，占美国与阿拉伯国家贸易总额的一半以上。[③]

应当说，海湾战争的爆发为美国称霸海湾提供了难得的良机，海湾安全结构由战前的三角制衡变为战后的四方逐鹿，使得海合会国家的外部安全战略迅速发生转移，主要体现为对于美国战略势力的广泛合作与深层依赖，同时美国在海湾地区霸权利益的实现离不开海湾君主国的支持与协助，双方这种互惠共赢的合作关系短期内不会发生变化。

---

① 王宏伟：《海湾六国的军火贸易》，《西亚非洲》2002年第2期，第66—67页。

② 田文林：《"阿拉伯之春"后中东政治面临"制度退化"》，http://www.globalview.cn/ReadNews.asp？NewsID=28673。

③ 陈万里、李顺：《海合会国家与美国的安全合作》，《阿拉伯世界研究》2010年第5期，第22页。

（二）神离：海合会国家与美国的分歧

尽管保持着长期利益合作关系，但海合会国家由于同美国的战略原则与利益出发点存在诸多不同，同时在地区战略体系构建中并不甘于仅仅扮演附庸角色而是要发出自己的声音，因此在许多地区重大问题与事务上，海合会国家试图与美国拉开距离并表现出分歧与不同，具体表现在：

第一，由于美国在阿以问题方面一直实行偏袒以色列、忽视阿拉伯诉求的双重原则，加之海湾战争之后坚持对伊拉克实施制裁，使伊拉克国内民众饱受人道主义灾难。在此情况下，海合会六国随之调整了亲美立场，采取了与美国不同的做法并与美适当拉开距离。如在1998年伊拉克核危机中，沙特反对对伊动武，并拒绝美军使用其军事基地；阿联酋呼吁阿拉伯各国重新接纳伊拉克重返阿拉伯阵营；卡塔尔外交大臣亲赴伊拉克，成为战后与萨达姆会晤的首位海湾国家大臣；科威特、阿联酋等国慈善机构向伊拉克提供了人道主义援助；此外，2000年卡塔尔、巴林、阿曼和阿联酋相继宣布重新开设其驻伊使馆，海合会国家同伊拉克关系明显缓和。①

第二，美国发动的倒萨战争改变了海湾以及中东地区的政治格局，其目的就是通过战后伊拉克的民主改造在海湾乃至整个中东地区树立所谓西方式现代民主的样板，这也是当时的美国布什政府推行其"大中东计划"以扩张其中东和世界野心的重要步骤，对此海合会国家表示出高度戒备与关注。随着美国民主改造的"大中东计划"的公开披露，海合会国家表现出强烈反对和抵制。沙特方面表示，西方民主模式不适合由伊斯兰教推动的中东地区，沙特《生活报》还撰文对美国的"大中东计划"提出质疑与批评。迫于美国的强大压力，海合会国家不得已进行了有限的民主尝试，"统治阶层为了保持在政治领域的核心领导地位，对内出于对民众的安抚，对外为了给美国一个交代，最终象征性地进行了民主改革。但是他们这样做，与其说是顺从美国意愿进行民主化改革，不如说是做做样子，以逃避

---

① 钟志成：《中东国家通史：海湾五国卷》，商务印书馆2007年版，第425页。

美国压力拖延民主化改革"①。

第三，在军事合作领域，海合会国家对美政策进行了变动与调整。海湾地区的动荡曾使美国在与海合会国家的军火贸易中大收渔利。伊拉克战争之后，美国主导海湾军火市场的局面逐渐被打破，海合会国家在武器进口方面正努力扩充渠道，引导其他大国介入。据美国媒体报道，2007年，沙特从俄罗斯购买了3种型号共计150架攻击型和运输型直升机，俄罗斯专家认为这一交易对于俄罗斯军售有重大意义，表明对于作为世界最大武器采购国的沙特来说，俄罗斯对其具有外交政策的重要性。②另据法国媒体2009年5月报道，阿联酋政府允许法国免费在阿布扎比建造军事基地，这无疑有利于阿联酋同法国进行军事合作。同时英国也在积极筹划在阿曼建造军事基地的事宜。③这是海合会国家制衡美国、摆脱一边倒局面并为自身争取更多外交空间与话语权的表现。

第四，在伊朗核危机方面，海合会国家试图表明与美国的不同立场。面对海合会国家对美国"疏离"的迹象，美国政府一方面采取一系列主动行为试图修补双方关系，同时加强在海湾和中东地区妖魔化伊朗的政策，以达到离间海合会国家同伊朗关系的目的，强化自身在海湾的存在的合法性。但海合会国家对此并未盲从，因为海合会国家和伊朗同样作为海湾地区成员，在伊朗核问题方面一味跟风外来势力不符合六国的利益标准与安全需要，同时对美国在核问题方面对伊朗和以色列实施双重原则的做法心存不满，因此在对伊朗核问题的政策上，海合会国家一方面表达了对伊朗发展核武器的担忧与抵制，同时在多个场合也表达了不同于美国的态度和立场。如沙特外交大臣费萨尔在2006年曾公开表示，沙特必须优先考虑自身利益，"如果我们觉得受到威胁……我们和伊朗有外交关系，可以进行谈判。我们欢迎布什总统提出问题，但我们会从自己的角度来研究这些问

① 潘忠岐：《民主改造中东？解读小布什政府的中东战略构想》，《阿拉伯世界研究》2005年第1期，第15页。

② 陈万里、李顺：《海合会国家与美国的安全合作》，《阿拉伯世界研究》2010年第5期，第24页。

③ 同上。

题"①。2007年，阿联酋总统哈利法与到访的伊朗总统内贾德举行会谈，在内贾德谈及两国双边关系以及美国等西方大国的军事存在后哈利法回应道："我们也希望外国军队撤出本地区。"②

海合会国家之所以在很多方面与美国保持距离并在地区事务中发出自己的声音，是因为双方的价值理念、对外战略以及利益支点等存在着诸多不同，美国的霸权行为使得寻求美国安全保护的海合会国家在某些情况下甚至产生不安全感，但由于利益方面彼此各有所需，因此双方以合作互助为主轴的关系模式短期内不会发生实质性变化。

二、建构主义视角下的海合会国家与美国关系评析

综观海合会国家同美国多领域合作关系的发展，美国作为海合会国家国际层面的最主要"他者"国家，对于海合会国家集体认同的形塑发挥着重要作用：在军事安全方面对美国的依附，使海合会国家的军事弱国意识和共同命运感进一步增强；而作为友国，美国的文化背景、政治经济制度以及意识形态同海合会国家之间的巨大反差，无形中加强了海合会成员国之间的同质感。那么，根据建构主义的观点，作为海合会国家建构集体身份认同的外在"他者"，海合会六国同美国之间又是一种什么性质的关系模式？既然双方长期合作、互为需要，那么为什么没有形成彼此之间的集体认同，从而视对方为"我群体"中的成员，而一直互为"他者"？这是本部分内容需要回答的主要问题。

（一）海合会国家与美国关系模式的判定

关于海合会国家同美国关系的模式与属性，这里不妨借鉴一下现实主义国际关系理论中的双向利益机制理论。它是务实理论中的一种，其最大的意义在于关系双方均能获得利益，互相交换，各有所得。应当说，海合

---

① 余国庆：《核阴影下的伊朗与海湾阿拉伯国家关系》，《西亚非洲》2008年第10期，第25页。
② 同上。

会国家对美国的政策就是基于务实主义原则下的双向利益机制，即美国为海合会国家提供军事安全保护，海合会国家则为美国在该地区的存在提供条件与保障，双方彼此互惠、双向获益。从国际关系战略的角度来说，海合会国家同美国的关系总体上应当属于军事结盟的关系，因为双方具备了结盟关系的首要基础，即两者都有利可图，并且双方的合作关系具备了联盟关系的基本特征：

1. 互利性

尽管海合会国家军事装备上十分富有，但相对羸弱的军事实力使其在复杂多变的海湾地缘安全政治中始终处于遭受威胁、被动防范的劣势，由此促使其寻找可依赖的大国结盟。它们最终选择了美国，因为美国的综合实力与国际地位使其有能力对海湾地区的安全事务进行高强度的干预，而美国控制海湾的企图以及称霸世界的野心为美国接受海合会国家的投桃报李提供了可能，而美国也从中获利，除了与海合会国家进行军火贸易、经贸往来捞取收益外，美国通过阻止伊拉克的称霸行径，遏制伊朗的大国野心，实现了在海湾地区的霸权意图，并使得海湾从之前的地区霸权博弈转变为世界霸权对地区大国的压制与替换。双方的合作结盟具有鲜明的互相需要、互利互惠的特征。

2. 战略性

海合会国家同美国的结盟并不是权宜之计，而是具有长远性和长久性的战略特征。首先，与海合会国家结盟是美国中东战略的重要组成部分，美国试图将海湾地区打造成其"世界新秩序"的示范区；其次，在该地区驻扎军事力量，在形成心理威慑的同时为美国在该地区实现利益提供保障；此外，海合会国家对美国形成军事与安全的依赖关系，已成为海合会国家维持海湾地区关系结构的长期和正常的定位。因此二者之间的结盟关系具有战略性特征。

3. 易变性①

联盟是易变的，这是与国家利益的变量特征相关的。当国家利益取舍

---

① 刘月琴：《冷战后海湾地区国际关系》，社会科学文献出版社2002年版，第89页。

发生变化,国家行为随之变动,国家之间的关系结构与联盟关系也将随之调整;当联盟内部成员的预期计划达到或联盟目标实现时,联盟将失去存在的基础和价值,结盟关系也将随之发生变化。尽管海合会国家同美国在海湾以及中东事务方面的总体利益关系没有发生巨大变化,但随着地区与国际情势的变化以及国际利益认知的调整,双方关系势必会发生变动,如伊朗核危机中海合会国家的态度转变就是一个典型例证。

如果从建构主义的角度来定位海合会国家同美国之间的关系模式,根据无政府文化关系理论,我们认为,两者之间同样是具有"竞争"特征的洛克式无政府文化关系模式,只不过这是一种一般性或者说是相对良性的而较少恶性行为的竞争。尽管海合会国家同美国基本保持着友好合作关系,但双方之间的关系性质不是"康德式无政府文化"所具有的友谊或朋友关系,彼此之间并没有真正意义上的互信,也缺乏观念结构层面的认同。"海合会国家与美国的关系在很大程度上是一种交易关系,即以利益的互相交换做交易。"[①]从根本上讲,国家之间进行联盟是由于恐惧、担心,而不是出于友好,这也是联盟关系之所以多变、易变的主要原因之一。

对于海合会国家同美国之间的"竞争"关系,我们可以这样理解:首先,友好关系与竞争关系是相伴而生的,由于对美国的依附,海合会国家在制定对外政策时必然顾忌美方态度或受美方限制,同时美国在海湾国家的驻军对于海合会国家本身主权的完整性以及国内社会认同的建构和保持势必造成影响;其次,由于二者之间更多的是利益互换的交易关系,美国追求海湾与世界霸权,海合会国家寻求外部安全与地区均衡,在利益方面只有互换而少有契合点,当利益环境发生变化或利益需求发生转化,这种友好关系势必会淡化或削弱,而竞争关系则会进一步凸显。

---

① 刘月琴:《冷战后海湾地区国际关系》,社会科学文献出版社2002年版,第227页。

（二）海合会国家与美国关系模式成因

海合会国家同美国之间是一种以结盟关系为特征的洛克无政府文化关系模式。从建构主义视角分析，这种关系模式的形成主要是基于海合会国家同美国之间在价值理念与观念结构上的巨大差异，从而缺乏形成彼此间集体认同的基础和条件。

1. 战略思想不同：美国的单边霸权主义与海合会国家的多边均衡思想

"国家利益是国际关系的最高准则"已成为国际政治领域的普遍共识，美国自然也不例外，但对于奉行实用主义的世界唯一超级大国，美国的外交政策中的国家利益在全球化时代日益显现其新的含义，即远超过传统的狭义上的领土与主权完整，而是要建立以其利益取舍为标准的全球秩序，包括美国的全球领导地位、在多领域的领先优势、美国的全球势力范围等等，显然这是一种膨胀性的跨国利益，是建立在霸权主义与强权政治基础之上的。冷战结束后，美国的对外战略目标已不满足于充当西方世界的领袖，其根本目标是要建立美国治下的资本主义大一统世界，使21世纪成为美国一极独大的世纪。[①]

冷战后美国在海湾地区的政策与行为正是上述对外战略目标的具体体现。随着美苏争霸的结束，海湾地区出现明显的战略结构失衡局面，面对两伊追求地区霸权的"地区控制论"，美国为推行其全球霸权下的"全球控制论"，炮制出遏制两伊的海湾战略；随着两伊实力的衰落，美国又以强力改造的方式实施其在海湾地区推广美式民主价值观的对外战略。

总之，在美国式国家利益观念的主导下，美国在包括海湾地区在内的全球各地区推行其单边主义霸权战略，这与海合会国家一直奉行的多边主义框架下的地区均衡的政策与构想有着根本不同。

---

① 刘胜湘：《全球化与美国：安全利益的冲突分析》，北京大学出版社2006年版，第84页。

2. 意识形态差异: 美国的西方民主制度与信奉伊斯兰教的海合会国家君主政体

1993年, 哈佛大学教授亨廷顿提出了备受争议的"文明冲突论", 指出伊斯兰文明对以美国为首的西方文明形成挑战, 引起广泛关注。2001年"9·11"事件的发生, 使得美国与伊斯兰世界的关系问题迅速成为国际政治与安全领域的重大问题和全球密切关注的焦点之一。事实上, 在美国看来, 所有的"伊斯兰主义"运动无论是温和的还是激进的, 也无论采取何种斗争方式, 都会对美国构成直接或间接的威胁。"美国认识到伊斯兰主义的政治运动几乎千篇一律地对美国的利益构成威胁, 伊斯兰主义者的各种运动, 都在通过多种不同的方式寻求建立以'沙里亚法'(即伊斯兰教法)为基础的政权。这类政权的基本政策和利益——反西方、反民主、反自由、反和平进程、反现状——都有害于美国的利益。"①当然, 美国在制定与实施对伊斯兰世界的外交政策时一直坚持避免将各种"伊斯兰主义"运动与伊斯兰教挂钩的原则, 同时具体问题具体对待, 以实现区分和平衡。到布什政府时期, 在上述基本思想框架内采取了更具有全局性和战略性的对伊斯兰世界的外交政策, 特别是要改造伊斯兰世界的核心——中东地区, 并通过恩威并施的政策推行其旨在对包括海湾地区在内的中东地区进行民主化改造的"大中东计划", 例如旨在推翻萨达姆政权的伊拉克战争, 其目的就是通过强力改造的方式在海湾和中东树立西方现代民主的样板, 而对海合会国家等相对温和的伊斯兰国家则通过柔性重塑的方式进行"软拓展"。②

西方意识形态指导下的美国中东改造构想遭到包括沙特、埃及等阿拉伯国家的强烈抵制, 当然其中包含了中东伊斯兰国家维护政权统治和稳定的现实利益考虑, 同时也反映出两种意识形态之间的巨大差异。"不同的意识形态容易导致国家关系的疏远感, 甚至引起一定的猜疑、鄙视、仇恨等, 最终影响相互的信任和合作, 强化相互之间的对立冲突和敌视状

① 转引自高祖贵:《美国与伊斯兰世界》,时事出版社2005年版,第7页。
② 高祖贵:《美国与伊斯兰世界》,时事出版社2005年版,第40页。

态。"①无疑，美国在包括海湾各国在内的中东伊斯兰国家推行西方式民主的受挫反映出奉行西方政治理念的美国同信奉伊斯兰教并实行君主威权统治的海合会国家在意识形态领域的巨大差异。

　　显然，无论是对外战略思想还是意识形态理念，海合会国家同美国之间存在着根本区别，正是这种观念结构上的不同，尽管双方保持着和平、互惠的社会合作互动，但缺乏价值观念上的彼此认可这一前提和基础，双方之间始终难以形成相互认同，而视对方为"我群体"建构中的"他者"。

---

① 陈万里、李顺：《海合会国家与美国的安全合作》，《阿拉伯世界研究》2010年第5期，第24页。

本章小结

　　20世纪初，马克斯·韦伯曾表达了这样的观点:"并不是观念，而是物质的和概念上的利益直接支配着人们的行为。然而常常是由观念所形成的'世界镜像'像扳道工一样决定着受利益动力驱动的行动运行的轨道。"①观念指导行为者的行事路径，起着路线图的作用，而当观念被嵌入行为制度与规范当中时，也就是说当它被制度化时，观念就成为制约公共政策的关键因素。对于国家而言，国家外交政策的制定和实践依托于政府的价值观念与外交理念，而外交政策的主要作用之一就是对国家身份的构建，并在此基础上解决随之出现的各种挑战。②由此国家观念对于国家身份构建的关系可以理解为"观念—政策—身份"的逻辑推衍关系。

　　无论是地区层面的邻国伊朗与伊拉克，还是国际层面的战略盟友美国，海合会国家的总体外交理念和安全战略都与上述国家存在着差异甚至是本质分歧，这导致六国同两伊与美国在外交政策与地区战略路径方面有明显不同:海合会国家一直是在多边主义均势理念支配下调整和修正其对外政策的，而在此方面无论是伊朗一直奉行的地区大国主义，还是伊拉克的地区霸权意识，抑或美国始终推行的世界霸权选择，都表明海合会国家同上述国家由观念结构差异导致的对外政策与战略是不同的，进而使得六国同三个地区或世界强国之间难以形成国家身份的一致与观念层面的彼此间认同，这也就决定了海合会国家同这些国家之间不能产生基于共有认同的"我们感"，而只能作为外部层面的"他者"国家对于海合会六国的共有身份意识和集体认同感客观上起到凝聚和推动作用。

---

① 转引自[美]朱迪斯·戈尔茨坦、罗伯特·O·基欧汉:《观念与外交政策:信念、制度与政治变迁》，刘东国、于军译，北京大学出版社2005年版，第14页。

② [英]戴维·坎贝尔:《塑造安全——美国的外交政策和身份认同政策》，李中、刘海青译，吉林人民出版社2011年版，第76页。

第四章

海合会集体身份建构中的
非传统安全合作

冷战结束后，全球化现象日益明显，非传统安全问题逐步进入人们关注的视野并成为国际政治研究领域的显学，它充实和丰富了安全研究的内容，并且在颠覆固有安全理念的同时开始重新建构国际安全领域的分析层级与理论架构。在传统安全问题仍旧占据重要地位的同时，非传统安全逐渐被纳入国际关系研究的前沿，从而加剧了安全问题判断的难度和解决路径的复杂性。应当如何看待海湾地区日益凸显的非传统安全现象，非传统安全问题对于海合会组织集体身份建构具有何种意义与价值呢？这是本章需要重点关注的内容。

第一节

非传统安全:理论分析与概念解读

在非传统安全语境下探讨海合会集体身份认同,首先有必要了解相关概念以及非传统安全与传统安全两者之间的区别与关系,进而确定非传统安全与建构海合会集体身份之间的有机联系。

一、非传统安全概念解读

在国际政治中,"安全"是一个基本概念,也是一个基本价值。通常认为,安全是人类社会有序存在的前提条件和国家存在的最重要理由之一。总体来说,"安全"的概念可以理解为"就是不存在威胁和危险"。[①]

非传统安全作为一个新概念的出现,离不开全球化的推动。全球化是一个人类社会的综合命题,它不仅是经济全球化,也是一种政治全球化和文化全球化,其实质内涵是国家边界的超越和空间距离的消失。随着全球化进程的不断推进,传统军事、政治领域以外的影响因子如生态环境、人口问题、信息网络、恐怖主义、跨国犯罪等都出现"安全化"倾向,并超越传统的国家疆界的限制进行广泛的自由流通和传播,从而构成传统安全领域外的新安全挑战。如果说全球化彻底改变着人们的安全理念与各国的安全环境,那么非传统安全问题则是这种改变的具体而突出的体现。它表

---

① 李少军:《论安全理论的基本概念》,《欧洲》1997年第1期,第25页。

明人类面临的安全问题更加趋于多元化、复杂化,安全研究也面临重新定义、探寻新的安全解决之道的理论研究挑战。

在概念的界定上,目前尚无公认的全面完整的定义。对非传统安全的理解大致可以表述为:非传统安全是一个涉及国家生存权与发展权的安全理念,它是一个动态性的概念,体现了安全现实与理论的变化和拓展,是全球化进程和冷战后国际权力格局的变动而凸显的,涉及军事、政治领域之外的经济、社会、文化、环境、生态、信息等广泛领域产生的危及国家和人类社会整体生存与发展的威胁与危险,是有别于传统军事、政治安全的理论观照与现实关注。①简言之,非传统安全就是"一切免于由非军事武力所造成的生存性威胁的自由"。②

非传统安全具有四个方面的突出特点,③具体表现为:

(一) 原发性

之所以称非传统安全问题为"非传统"的,是因为该问题涉及的大部分安全议题都是原发的,正如西方学者所指称的非常规安全或新威胁等等,这些新型安全问题过去很少见到或者根本没有出现过,而目前开始变得日益普及化和常规化,由此也造成各国政府在安全机制和危机应对机制方面有时出现无所适从的不适应局面。

(二) 潜生性

这种潜生性特征表现在两个方面:一方面是潜移默化的特征,多数非传统安全问题早已出现,但由于长期以来缺乏应有的重视和有效治理,使得问题经过长时间不断累积,由量变转化为质变并由普通问题升级为"安全化"问题,并最终演化为大范围危及"生存性安全"的问题;另一方面,部分非传统安全威胁由于其来源隐蔽、复杂和多样,并且发生时间和

---

① 余潇枫、潘一禾、王江丽:《非传统安全概论》,浙江人民出版社2006年版,第51—52页。
② 同上。
③ 同上,第53页。

地点难以确定，因此经常以突发性灾难的形式出现，由此导致巨大的人身与社会危害。

（三）多样性

非传统安全的多样性体现在多个方面。首先，安全威胁的行为体是多元的、复杂的，可分为三类：（1）次国家性安全威胁，如政治、种族、宗教、文化、民族问题等，对国家的整合与建构造成威胁；（2）无国家性的威胁，此类威胁与其所属国家无关，如地区性有组织犯罪、恐怖主义活动等；（3）超国家性的威胁，其威胁超越了国家边界，如国际组织犯罪。其次，安全威胁所挑战的对象是多样的，包括个人、某个群体、某个国家或某个区域。再次，从威胁的形式来看，包括暴力性的威胁，如恐怖活动、有组织犯罪等，非暴力性的威胁，如经济、文化、环境、疾病传播等。

（四）扩散性

非传统安全在地域上具有明显的蔓延性和扩散性特征，而不是某一个国家独立面对的困难。安全威胁大多是由一个国家内部波及其他国家的跨国性问题，或者是危及地区安全、全球安全或人类安全的共同安全问题，因此跨国性、地区性或全球性成为非传统安全问题的突出特点。

二、非传统安全与传统安全的关系

非传统安全是相对于传统安全来界定的。在探讨非传统安全与传统安全之间关系之前，有必要先对传统安全的内涵进行了解。传统安全一般被认为包含两方面内容，即军事安全与政治安全。

军事安全是传统安全最主要的内容，它指一个国家以军事力量和军事手段来维护自己的生存不被武力侵害，如主权不被侵犯、领土不受侵入、政权不被颠覆等。在现实生活中，军事安全包括较广的内涵，军事安全的实现还包括军事威慑、军备控制、军事防卫等非战争方式的国防内容等。①

政治安全同样是传统安全中的主要内容。军事安全侧重于国土与国民的维护，而政治安全则主要是政治主权与政权的保护。政治安全是指国家在维护政治主权与政权过程中政治体系稳定和政权发展有序的实现。政治体系稳定指的是国家的国体、政体、政治意识形态、国家结构、政党制度等因素的协调统一和矛盾化解；政治发展有序则是指在实现政治现代化与民主化进程中，能有效进行政治动员和消除社会不稳定因素，以防止动乱发生，保证政治进程的规范性和连续性。②

至于非传统安全与传统安全之间的关系，事实上，两者之间有时泾渭分明，有时彼此交织，是一种既相互联系又相互区分的关系。

非传统安全与传统安全的区别主要表现在以下几个方面：③

一是关注的核心不同。传统安全的关注核心是国家，注重的是国家安全；非传统安全关注更多的是人的安全和社会安全。

二是冲突形式不同。传统安全表现为结构性暴力形式，而非传统安全主要表现为非结构性骚乱。

三是解决方式不同。传统安全更注重竞争关系，其结果往往是相对受益；而非传统安全则关注互动，其结果通常导致绝对受益。

四是行为体不同。传统安全的行为体通常是国家，而非传统安全的行为体则多为个人、组织和集团。

同时，非传统安全与传统安全之间往往还存在着难以分离的领域边界。一方面体现在双方存在相互重合之处，一些非传统安全问题如民族分离主义、宗教极端主义等都涉及传统安全中的政治安全问题，非传统安全中的恐怖主义问题同时也牵涉军事安全领域；另一方面，两者的差异存在相对性，在一定条件下可以相互转化：同样的问题对于某些国家意味着传统安全问题，对于其他国家则可能成为非传统安全问题，随着时间推移和条件变化，两种不同的安全问题可能会相互转化。

---

① 余潇枫、潘一禾、王江丽：《非传统安全概论》，浙江人民出版社2006年版，第34页。
② 同上，第39页。
③ 俞晓秋等：《非传统安全论析》，《现代国际关系》2003年第5期，第49页。

三、非传统安全与建构主义安全观

建构主义从认识论角度出发，用社会结构的理论范式颠覆了传统的现实主义与理想主义以物质结构为核心的结构范式，建构主义者强调认同、规范和社会化互动的重要性，基于这些因素之上的文化共存与价值理念的认同成为国家安全保障的关键性因素。在国际社会的无政府状态中，国家可以通过社会化互动的过程确定彼此的认同和角色身份的归属。如果彼此建构了认同并选择为友谊关系，则国家间的关系是安全的；如果彼此间缺乏认同，选择了敌对或者竞争关系，则国家间的关系将处于不安全状态。显然，基于彼此认同和角色身份的建构主义安全观是建立在国家避免战争这一最为根本的一致性原则之上的，成员国之间的"非战争性"是其本质特征，因此，建构主义语境下的"安全"就是传统意义上的军事安全与政治安全。

既然本书所关注的基于身份与认同的国家间"安全"关系指涉的是传统领域的军事安全与政治安全，那么它与非传统安全之间应当建立一种什么样的关系模式，二者之间如何搭建一座有机的桥梁呢？

首先，应当明确的是，在国际关系领域国家安全本位的局面仍将不会改变。尽管冷战已结束，全球化得到迅速发展，但非传统安全问题的突起改变了以往过于强调国家军事与政治安全的局面，并成为影响人类生存和发展的重大问题，但"国际关系中国家安全本位仍将难以改变，只是过去对国家安全、军事安全、主权安全强调得太过了，现在只需将天平向个人安全、全球安全、社会安全一边稍稍移动罢了"[1]。

其次，具体到海湾合作委员会，对于海合会六国集团而言，在非传统安全问题凸显之前，海湾六国集体安全主要包括两个层级的架构，即六国之间以认同为基础的传统安全关系的确立和六国集团防止外部传统安全威

---

[1] 刘胜湘：《国家安全观的终结？——新安全观质疑》，《欧洲研究》2004年第1期，第10页。

胁的集体防御体系的建立。随着非传统安全重要性不断提升，涉及海湾六国国民安全、社会安全以及整个海湾地区安全的非传统安全问题已纳入海合会成员国集体安全架构，并作为新的安全层级对海合会国家集体身份的建构发挥着重要形塑作用。由于海湾六国集体认同是作为一个变量存在的，其形成和演进是一个动态过程，在六国原有集体认同的基础上，通过在非传统安全领域达成新的共识与进行新的合作，海合会六国之间将在非传统安全层面形成新的地区主义，这无疑将强化六国之间的共同利益，深化彼此之间的共同命运感与共同体意识，合理有效地运用这一建构性因素将推动海合会国家间关系的凝聚与集体身份认同的发展。

第二节

海合会国家非传统安全形势研究

对于海合会集体身份建构来说，探讨六国以及海湾地区共同面对的非传统安全形势，有助于重新界定海合会六国所处的安全架构。同时为海湾六国的集体安全问题注入新的内涵，正视并重视六国集团共同面对的非传统安全现状，对于海合会阵营来说具有重要意义。通过合作积极应对并有效解决非传统安全挑战，势必将深化六国之间基于集体认同的利益共同体的建设，反之在危及六国国民与社会生存与发展的同时也会削弱海合会六国对国家集体的信心以及彼此之间的信任感。

一、生态安全

对于生态安全可以这样理解，"生态"即生物在一定的自然环境下生存和发展的状态，而"安全"则表示一国在主观上不存在恐惧、客观上不存在威胁的状态，"生态安全"可以表述为人类赖以生存的生物圈的危机不存在，更多地强调了人与自然之间的关系状态。[1]国家生态安全具有以下特征：

一是继承性。生态效益或生态污染的后果会出现"代际间"的继承。

---

① 余潇枫、潘一禾、王江丽：《非传统安全概论》，浙江人民出版社2006年版，第130页。

二是跨境性。虽然国家之间有疆界之隔，但空气、水、物资、人员等的流动，使一国的生态环境问题可以超越国境，呈现区域性、全球性的特征。

三是严重性。一国的生态环境遭到破坏，超出环境的"承载力"，生态系统失去"自净力"，产生不可逆转性，整个国家和民族将失去生存条件和生存基础。

四是滞后性。生态环境被污染和破坏的后果有时滞性。污染和破坏之初或短时期内，其危害与后果不会马上显现或全部表现出来，需几年甚至十几年才能体现。

五是长期性。生态环境被污染和破坏的后果的消除要几年、十几年甚至几代人的努力才能恢复。[①]

因此，作为可持续发展的重要内容，生态安全日益受到世界各国的普遍关注。海湾六国目前在生态安全领域面临的问题主要包括环境安全、物种安全以及水资源安全。

（一）环境安全

一方面，海合会各国城市化进程的加快、外籍劳工的大量涌入以及人口的高出生率，加上社会综合发展水平的相对滞后，使得海湾国家的环境问题日益突出，对该地区的可持续发展形成威胁。例如由于经济生活水平的不断提升，海湾地区汽车保有量迅速增加，由此导致民用汽车尾气排放产生的空气污染日趋严重。据估计，海湾国家所排放的二氧化碳占全球二氧化碳排放总量的2.4%，远远超过其国土面积所对应的比例。另一方面，以石油开采为主导的重工业的迅猛发展，对该地区的环境安全带来严重影响。联合国一份关于阿拉伯地区工业与可持续发展的报告显示，海合会国家的工业增长集中在产生有毒废料的原材料加工特别是化学工业上；[②]基

---

① 杜强:《论国家生态安全》,http://www.eedu.org.cn/Article/ecology/ecoappliacions/eco-safety/200606/8660.html。

② 张玫:《海湾六国的可持续发展及其对中国的启示》,《阿拉伯世界研究》2008年第3期,第25页。

于石油资源的工业化进程对该地区的土壤结构造成了破坏，土壤板结、荒漠化现象日趋严重；此外，石油工业的发展给该地区的海洋生态带来影响，以阿曼为例，该国所有的石油生产活动均集中在首都马斯喀特西北的米那法哈尔地区，由于缺乏有效管理，每年有数百吨石油废弃物排入该水域，给该地区的海洋生态造成恶劣影响。同时，现代战争对环境安全的破坏在海湾地区表现明显。例如伊拉克战争开始以来，伊拉克南部鲁迈拉油田的多处油井着火，巴格达地区周围战壕里的大量石油已被点燃，加之美英联军的战机、坦克和装甲车等排放的废气以及不断轰炸引起建筑物的燃烧，导致伊拉克南部地区、科威特上空、巴格达上空及其周围地区浓烟滚滚，黑云密布。据出席在阿拉木图举行的中亚水文气象国际会议的专家称，伊拉克战争造成的油井大火，不仅使海湾地区以及中东地区的环境恶化，还会造成全球性大气污染，因为油井大火会把污染物抛向空中，并随风力扩散到世界各地。[①]

（二）物种安全

受自然条件影响，海湾地区的物种链条相对脆弱，更由于人为破坏，该地区的生物多样性面临严重威胁。（1）战争后果：海湾战争期间，参战军队重型机械的移动改变了科威特沙漠多达90%的地貌，25%的沙漠被油污和烟灰所覆盖，遗留于沙漠中未引爆的炸弹至今还在威胁牛、羊、骆驼和野生动物的生命；倾倒在海湾中的厚重油污杀死了至少3.5万只来此过冬的候鸟，导致52种水鸟灭绝。（2）过度使用：刺柏是阿拉伯半岛唯一的土生松柏科树种，在该地区生态系统中发挥着重要作用，但由于人为干扰、过度放牧、空气污染、持续的气候变化以及生物侵袭等，部分刺柏林开始出现衰退迹象，"这对该地区受到影响的国家来说是个严重的问题，这是资源无声的退化，可能加剧荒漠化"[②]。

---

① 曲国斌：《伊拉克战争将引发严重生态灾难》，http://news.xinhuanet.com/world/2003-04/03/content_813558.htm。

② 联合国环境规划署：《2006全球环境展望年鉴》，中国环境科学出版社2007年版，第34页。

（三）水资源安全

海湾国家淡水资源严重不足，水资源安全形势十分严峻：海合会六个成员国总的年水资源供应量从1980年的6立方千米增加到1995年的26立方千米；在1995年，海合会成员国所拥有的水资源为每人466立方米/年，而每人的用水量为1020立方米/年，从而产生平均每人554立方米/年的用水赤字，这一赤字主要通过抽取地下储水补足。一方面，该地区常年干旱少雨，境内无一条完整河流或永久性湖泊，地下水是主要的淡水来源，而且地下水地理分布十分不均，该地区地下水储量合计22000亿立方米，而其中19200亿立方米存在于沙特的地下储水层。另一方面，各国淡水需求量不断增加以及水资源消费结构不尽合理现象十分严重。在过去三十年里，采用粮食自给自足的政策鼓励农业扩张。政府提供补贴的激励制度导致畜牧业的大规模发展，这些都使水资源的需求迅速增加，人们只有通过开采深层地下水来满足这些需求。此外，无节制地抽水，对灌溉用水不收或仅征收少量的税费，缺乏治理非法钻井的有效措施，灌溉习惯恶劣以及农民对这一问题认识不足，这些都导致过度用水。根据2005年统计数据，海湾国家78%的水资源被用于农业生产，工业和居民生活用水分别只占4%和18%，然而随着工业化和城市化的推进，工业和城市对水资源的需求将快速增加，海湾国家将面临更为严峻的水源供给紧张和消费增长矛盾。

二、人口安全

保持适度的人口数量与人口结构，是保障国家人口安全和实现可持续发展的必要条件。对于海湾国家而言，目前其人口方面的最大隐患就是外国移民数量激增导致的人口结构安全问题。根据联合国《2004年人类发展报告》提供的数据，按劳工移民占移居国人口的比例，居全球前两位的分别是海合会国家阿联酋和科威特，居全球第六和第九位的则分别是阿曼与沙特。①以阿联酋为例，官方数字显示，2005年该国总人口为4496000人，而非本国出生的人口就达到3211749人，占全国总人口的71.4%，而经济中心迪拜的外来人口比例更高达83%。②联合国国际移民组织（IOM）与全球化智库（CCG）联合发布的报告显示，海合会国家的移民占人口比重一直远高于其他国家，如2015年，阿联酋的移民数量占总人口的88%，科威特的移民数量占总人口的74%。

事实上，在20世纪70年代中期以前，外籍劳工占海湾六国总人口的比例较小，并没有引起海湾各国政府的高度重视。进入80年代以后，外籍劳工人数直线上升，1975—1980年，外籍劳工人数占海湾六国总人口的33%，1995年达到34%，2004年则升至37.5%，并呈继续上升的趋势。推动海湾六国外籍劳动力增长的原因很多。从海湾六国自身来看，主要包括以下几方面因素③：（1）随着石油经济的快速发展，海湾产油国迎来新的历史发展机遇，石油工业的提升以及基础设施的兴建都造成大量人员缺口，对劳动力的需求大幅增加；（2）由于海湾六国人口基数较小，各国普遍存在劳动力缺乏的现象；（3）国内劳动力倾向于进入条件较为优厚的国有部门工作，造成私营部门人力短缺；（4）军队的扩容也吸纳了相当数量的本国青壮年劳动力，加剧了劳动力的不足。从海湾六国外部因素看，大多数外籍劳工来源国是属于发展中国家的亚洲地区，人口的膨胀和经济发展的相对滞缓助推了大量剩余劳动力纷纷涌向海湾产油国。

尽管外国劳动力的大量涌入为海湾国家崛起提供了重要人力保障，为海湾六国的经济发展起到推动作用，但同时也导致许多社会问题。从外籍劳工角度来说，在海湾国家寻求"淘金梦"过程中不得不面对权益难以保障的难题，如法律制度欠缺，待遇不公，工作、生活环境差，医疗、教育等问题无法妥善解决等；同时对于作为移居国的海湾六国来说，随着外籍劳工数量的不断增加，海湾地区的总体人口结构出现了严重失衡，甚至在

---

① 刘军：《当代海湾国家的外来劳工移民及其影响》，《世界民族》2008年第6期，第70页。

② 数据来源：联合国人口司和阿联酋劳工部。

③ 同上①，第71页。

阿联酋、卡塔尔和科威特三国，本国居民已长期处于"少数居民"地位，海湾国家正面临结构失衡导致的国家人口安全威胁。由于本书主要探讨海合会国家面临的非传统安全问题，因此我们将关注重点放在外籍劳工移民对海湾六国人口安全的影响方面。

"移民问题的'安全化'完全是由于移民问题触及了日益扩大的社会自由与安全需要之间最重要、最敏感的神经，而被建构为一个危害社会、劳动力市场和福利体系以及公共秩序的安全威胁。"①具体到海湾六国自身的国家与社会特点，外籍劳工移民给六国带来的人口安全问题可以从几个层面加以理解：

（一）外籍劳工与政治层面的国家安全

外籍劳工对移居国政治安全的影响，主要体现在对移居国政治合法性的冲击方面。国家安全的政治合法性是指国家组织的稳定性，以及对赋予其合法性的政府系统和意识形态的维护，是政府及其机构履行法定职责和自身免于国内骚乱、叛乱或纷争的能力。②对于海湾六国政府而言，外籍劳工移民不仅仅是一个劳动力群体，同时也是一个政治群体，如果在外籍劳工问题方面处理不当将有可能对国家政治生活的稳定带来影响，严重时甚至会波及移居国当局政治统治的合法性。外籍移民对政治稳定的潜在性威胁主要存在于以下几个方面：首先，大量外籍劳工的存在使得海湾国家在制定国内政策时必须将外国移民纳入考虑的范畴；其次，在外国移民中有相当数量的非阿拉伯裔群体，他们的世俗观念与政治理念会对输入国的其他群体产生一定的影响；再次，大量巴勒斯坦人也加入了海湾外籍劳工队伍当中，使得海湾政府在处理与之相关的问题时难免会触及敏感的巴以问题。此外，在社会稳定与发展方面，尽管具有数量优势，但外国移民在输入国的政治、经济以及社会方面并不能同本国居民一样享受同等待遇，

---

① 转引自田源：《移民：传统经济维度中的非传统安全因素》，《经济问题探索》2006年第9期，第74页。

② Nazli Choucri.Migration and Security: Some Key Linkages. *Journal of International Affairs*, Vol.56, No.1（Fall 2002）.

使得外国移民极易产生失衡与对立心理，在一定条件下甚至会演变成罢工、骚乱与暴力行为，对输入国的社会稳定形成威胁。

（二）外籍劳工与经济领域的国家安全

移民问题之所以能够被"安全化"，不仅由于它的重要性，还缘于它的复杂性，因为人口跨国迁移的根本原因可以追溯到移民者个人追求与环境实现之间最佳有效结合的冲动，由此派生出的移民利益诉求不可避免地融入了跨国利益碰撞的因素，从而导致移民族群同主流社会之间一系列复杂问题和矛盾的产生。移民是一种消费各种生存性资源的人口，同时也是一种十分重要的生产因素，它不可避免地会对移居国人口与资源、环境的均衡性产生冲击和影响。[①]具体到海合会六国，外籍劳工移民在经济层面的安全影响表现为：

第一，移民的大量涌入使移居国劳动力的供给增加，从而影响到劳动力市场价格，若外籍移民数量超出移居国可承受规模，则会对该国劳动力结构产生重构作用并带来消极影响。大量外籍劳工移民的涌入对海湾六国劳动力结构的一个最直接影响就是国内居高不下的失业率。以科威特为例，该国失业率2004年为4.7%，由于外国工人不断地大量涌入，2004年该国失业率高达11%。[②]造成这一现象的主要原因是本国国民普遍滋生的"职业歧视"，外籍劳工大多在私营部门工作或从事劳动密集型职业，使得海湾国家大多数国民在待遇高、负担轻、工时短、责任少的国有或政府部门工作，而很少有人到私营部门就职，从而产生"职业歧视"心理，国内劳动力市场"二元化"现象严重。同时，石油经济给海湾六国带来的高福利，使得本国年轻人形成不劳而获的态度和懒散作风，竞争意识日趋薄弱，责任感不强，依赖性与寄生性日益严重，这已成为各国政府难以根治的痼疾。

---

① 田源：《移民：传统经济维度中的非传统安全因素》，《经济问题探索》2006年第9期，第74—75页。

② 陈杰：《海湾外籍劳务现状及其发展趋势》，《阿拉伯世界研究》2007年第5期，第28页。

第二，大量劳务侨汇的输出造成国内外汇资源大量流失，对海湾国家的GDP增长和国际收支平衡产生一定的负面影响，成为各国外汇储备下滑的主要原因之一。迪拜海湾研究中心发布的一项调查报告显示，在海湾合作委员会国家工作的外籍劳务人员每年工资收入的90%—95%寄回本国，向境外汇款总额高达270亿美元，占海合会国家当年GDP的9%。据统计，1975—2006年间，海湾劳务侨汇已经累计超过5200亿美元。[1]

（三）外籍劳工与文化层面的国家安全

不容忽视的是，移民群体同时还是一个庞大的文化群体。每个移民身上都承载着其来自母国的文化印记，积淀着与移居国相异的文化心理与文化传统，当其与移居国文化相遇，难免会产生文化层面的碰撞。尽管移民活动大多是个体行为，但这种个体行为的汇集与综合也会对移居国传统文化带来潜移默化的磨蚀与冲击。一方面，外籍劳务移民因固守其自身的风俗习惯与文化传统，必将威胁到海湾国家文化与社会的整合甚至会造成整个社会文化的断裂；另一方面，外籍劳务的存在将会对海湾国家新生代产生潜移默化的影响，本土文化难免会遭受冲击与淡化，海湾国家固有的阿拉伯—伊斯兰文化特性面临挑战。例如大量来自南亚与东南亚的外国妇女在海湾国家从事家政服务工作，在提供家庭服务的同时，无形中影响了海湾六国国民下一代的语言、行为方式甚至价值观念，从而淡化了下一代人学习母语和阿拉伯—伊斯兰文化的自觉性。[2]

以往人们总是将研究视角集中在发达国家移民问题上，从而形成一种错觉，即西方发达国家移民问题更容易导致国家人口方面的"安全化"。实际上，包括海湾六国在内，尽管石油资源为其带来经济的繁荣，但对于人口控制能力与承受能力逊色于发达国家的发展中国家来说，在大量移民涌入的情况下，外籍移民导致的人口安全化态势对于国家和社会的稳定与发展更具有威胁性。

---

① 陈杰：《海湾外籍劳务现状及其发展趋势》，《阿拉伯世界研究》2007年第5期，第29页。
② 王京烈：《论海湾六国移民与人口结构安全》，《西亚非洲》1999年第2期，第20页。

三、经济安全

从安全的通常意义来看，经济安全可以理解为一个国家的经济发展不受根本威胁、没有根本危险；若从非传统安全视角来看，经济安全则是指一个国家的经济发展能在国际体系中保持"优化状态"。①对于国家而言，经济安全一般包括两个方面：一是在国内层面，国家经济免受金融危机、通货膨胀、失业加剧等因素的冲击，国内经济基本处于稳定、均衡和持续发展的状态；二是指国际层面的经济安全，即国家经济发展所处的国际资源与市场的持续和稳定，使国家的对外经济交往与收益不受威胁。在参与全球化进程的同时如何有效规避经济风险、保障国家经济安全一直是摆在海合会国家政府面前的重要课题。

（一）金融安全

对于海湾六国而言，首要的经济安全问题就是如何应对国际金融危机给地区和国内带来的威胁与挑战。自2008年9月国际金融危机全面爆发以来，海湾国家日益感受到全球经济放缓带来的冲击，随着危机逐步向实体经济渗透，尽管拥有巨额石油美元储备，海湾国家仍无法独善其身，金融危机对海湾国家的影响已逐步显现。

1. 石油收入锐减

据国际货币基金组织发布的报告显示，1997—2007年间，受益于高油价，海湾国家财富显著积累，储蓄率增长了一倍以上。然而全球金融危机爆发以来，石油消费需求大减导致全球油价大幅下跌，包括海湾国家在内的产油国收入锐减，加之中东变局导致政府支出持续增长，海湾国家政府储蓄率出现大幅下降，财富积累放缓。报告说，2014—2015年，国际油价大幅下跌超过50%，2014—2018年，石油出口国的累积石油收入下滑，海

---

① 余潇枫、潘一禾、王江丽：《非传统安全概论》，浙江人民出版社2006年版，第167页。

湾国家出现大量的财政赤字，公共净金融财富从2014年的近2.5万亿美元降至2018年的2万亿美元左右。①

2. 通货膨胀严重

近几年，海湾国家正遭受通货膨胀的痛苦，随着国际金融危机的到来，通胀现象更加严重，通胀率由2007年的6.7%涨至2008年的10.8%，物价上涨明显。②

3. 国家和个人财富大幅缩水

据阿联酋《今日海湾》报道，由于全球发生金融危机，海湾国家的国外资产额损失了3550亿美元，沙特、阿布扎比、科威特和卡塔尔的主权财富基金损失最多，约下降40%。另外，受全球股市低迷影响，海湾国家股指狂跌，市值缩水严重。据统计，截至2008年底，海湾国家的7个股市总市值与2007年同期相比损失5160亿美元。

4. 失业状况加剧

受金融危机影响，海湾国家失业人口开始增加，多年来失业率有所上升的局面被打破。由于实施财政紧缩政策，政府对新毕业的大学生不太可能提供更多的就业机会，同时，私营机构因为经济下滑，也无法创造更多的就业岗位。

（二）粮食安全

作为关系国计民生、具有重要战略价值的特殊商品，粮食安全是国家安全战略的重要组成部分。目前海湾国家粮食安全方面的主要问题包括：

海湾国家自身的粮食生产能力严重不足，粮食生产无法实现自给。一方面，自然环境条件组合性差加之淡水资源匮乏使得海湾国家缺乏发展农业的客观基础：由于地处沙漠地带，气候干燥炎热，海湾六国成为世界上水资源和可耕地占有率最低的几个国家，人均淡水资源占有率仅为全球标

---

① 《IMF报告：全球石油需求见顶可能令海湾国家财富耗尽》，http://forex.cngold.cn/20200210d1709n342299628.html。

② 《全球金融危机在三个方面冲击海湾经济》，http://finance.sina.com.cn/roll/20081117/15592518290.shtml。

准的十分之一，阿联酋可耕地面积仅占国土面积的1%，阿曼为1.3%，巴林为9%，卡塔尔为3%，科威特为1%，沙特为2%，农业生产在国民生产总值中的贡献率极低。另一方面，随着海湾地区人口出生率的提高，该地区人口数量增长迅速，1970—2000年之间，海湾国家人口由800万升至3000万，2006年达到3500万，预计2010年将达到3900万，2030年达到5800万。农业生产能力的低下加之人口数量的不断增加使得海湾地区的缺粮现象十分严重。

粮食严重短缺使得海湾国家粮食消费对外依存度高，进口依赖严重。以2003年海湾地区谷物进口情况为例，该年度阿联酋与巴林的谷物进口率为100%，科威特为99.41%，阿曼为98.66%，卡塔尔为92.28%，沙特为80.56%，海湾六国的平均谷物进口率为84.84%。①据阿联酋《宣言报》报道，海湾地区对小麦、大米和奶制品等基本食品的需求不断增长，每年90%的粮食和60%的肉类均靠进口解决。另据奥地利新闻社 *Economist* 杂志的一项研究结果表明，海湾地区的食品进口量未来10年将持续增加，2020年进口食品的规模将由2008年的240亿美元提高到490亿美元。对粮食进口的过度倚重，使得海湾国家在经济乃至政治上对粮食输出国过分依附，国内社会稳定的基础不仅受到动摇，同时自身的国际话语权将受到牵制。

此外，国际粮食市场的波动使得近年来海湾国家的粮食安全面临更大挑战。据联合国粮农组织（FAO）测算，2008年度世界粮食库存由2002年度的30%下降到14.7%，为30年来之最低；世界粮食储备仅为4.05亿吨，只够人类维持53天，而2007年初世界粮储可供人类维持169天；尽管较2007年世界粮价有所回落，但仍在高位运行，世界粮食安全整体状况不容乐观。②对于粮食进口依赖严重的海湾国家而言，上述情况形成的冲击不可避免。以卡塔尔为例，2008年第一季度该国粮食进口价格平均上浮

---

① 转引自刘彬:《海湾国家非传统安全现状评析》,《阿拉伯世界研究》2010年第1期,第41页。

② 《全球粮食危机显现,严重影响经济复苏》,http://finance.ifeng.com/topic/news/liang-shiweiji/news/hqcj/20090713/928945.shtml。

19%，是上一年同期上浮比例的3倍多，其中谷类价格上涨了15%，肉类上涨31%，果蔬上涨19%，薯类上涨18%。①对海湾国家而言，粮食价格上涨尽管不会像部分欠发达国家一样出现饥荒现象，但粮价上扬导致的巨额支出将使海湾国家的外汇储备受到影响，同时加剧国内通货膨胀。

四、反恐问题

人类社会运用暴力手段进行恐怖活动的历史由来已久，并给人类社会的发展留下黑暗与暴力的阴影。特别是在2001年"9·11"事件之后，"恐怖主义"更多地作为一个国际政治的术语进入全球各界关注的视野。由于立场不同、视角不同、利益取舍不同以及所属国家集团不同，世界各国对恐怖主义的界定一直存在分歧，大致分为两类：一类是以西方国家为主，特别是美国和以色列，它们谴责各种形式的恐怖主义，对正义斗争和恐怖主义不加区分；另一类主要是不结盟国家，特别是阿拉伯国家和伊斯兰国家，它们谴责恐怖主义，并给它增加新的内容，如殖民主义、种族主义和国家恐怖主义，强调应把人们争取自由和独立的斗争与恐怖主义区分开来。②国内有学者从客观、全面的角度出发，在综合各方观点之后，提出了较为公允的概念，即"恐怖主义是在某种极端信念或意识形态理论驱使下的社会组织或群体，用暴力和威胁等非法手段袭击非战斗人员特别是平民及民用目标，以期产生恐惧的社会心理，借此达到特定政治目的的犯罪行为"。其特征主要包括：暴力手段，政治目的，恐惧效果，极端主义信念和理论体系，杀伤平民和摧毁民用目标。③

在"二战"结束后的二三十年间，以反对帝国主义和殖民主义、捍卫国家主权与寻求民族独立的民族主义成为中东伊斯兰世界政治与思想的主流。在此情况下，20世纪60年代以来，伊斯兰复兴运动在中东地区风起云

---

① 转引自刘彬：《海湾国家非传统安全现状评析》，《阿拉伯世界研究》2010年第1期，第41页。
② 朱威烈等：《中东反恐怖主义研究》，时事出版社2010年版，第10页。
③ 同上，第14页。

涌。在这一时代背景下，伊斯兰宗教极端主义分子从事的暴力恐怖行为逐渐成为中东地区恐怖主义的主要组成部分。需要指出的是，这些恐怖主义活动是宗教极端主义派别所从事的恐怖暴力行为，不是指整个伊斯兰复兴运动，更与伊斯兰教本身无关。[1]

在海合会六国中，反恐形势最为严峻的是实力最为强大的沙特，并且海湾战争之前海湾地区的恐怖主义事件大多集中在该国。早在20世纪60年代中后期，沙特政府就开始面临大批主要来自也门、巴勒斯坦、埃及、叙利亚、黎巴嫩等阿拉伯国家的外籍劳工带来的挑战，许多外籍移民为改善低下的社会地位或出于政治目的而参加沙特国内反政府活动。如有资料显示，60年代后半期，在麦加、利雅得和其他主要城市不时发现传单，或发生炸弹爆炸事件，在利雅得、达曼、吉赞和纳吉兰同一天就发生多起炸弹爆炸事件，沙特政府驱逐或逮捕了大批人员。[2]70年代中期沙特石油经济的繁荣在推动沙特现代化进程的同时也产生了负面影响，一方面是引发一些人对政府现代化政策的怀疑与否定，另一方面是现代化进程中衍生出贫富差距、社会不公等社会弊端，使沙特国内社会面临冲击与动荡。加之伊朗伊斯兰革命爆发，"输出伊斯兰革命"的矛头直指其海湾君主制邻国，在此政治气候背景下，海湾国家境内出现了一系列政治性恐怖暴力事件，其中最为典型的就是武装占领沙特麦加清真寺事件。1979年11月20日，400余名宗教极端分子手持武器武装袭击并占领了麦加清真寺，他们原计划杀死前来清真寺做礼拜的沙特国王哈立德，并推翻沙特政府，沙特当局派出大批军警经过两周浴血奋战才夺回麦加清真寺，并最终平息了这次恐怖暴力活动，这次事件完全是一种用宗教作掩护的政治活动，它从某种程度上反映出变革时代沙特社会新旧两种势力的矛盾与斗争。严格来讲，沙特同美国并未建立正式的同盟关系，但自1990年至2003年，数千美军驻扎在沙特军事基地，同时沙特接受了美国先进的军事训练，沙美关系的发展导致伊斯兰极端分子的挑战，后者一直谴责沙特政府道德沦丧并听命于

---

① 朱威烈等：《中东反恐怖主义研究》，时事出版社2010年版，第48页。

② 王铁铮、林松业：《中东国家通史：沙特阿拉伯卷》，商务印书馆2000年版，第211页。

美国人，并由此导致1996年对美国驻沙特霍巴塔军事人员的袭击、2003年和2004年发生在利雅得的恐怖袭击事件以及2004年12月对美国驻吉达领事馆的袭击。

至于海合会其他成员国，虽然也曾遭受过恐怖主义的威胁，但并未达到沙特那样的频度与严重程度，总体上保持了安全与平静状态。如1985年5月，一支伊拉克什叶派突击队向科威特埃米尔的座驾投掷炸弹，造成4人死亡；同年7月，科威特两座咖啡馆遭袭，造成多人死伤，但当时科威特面临的恐怖主义威胁不大，在科威特甚至流行这样一句话："科威特没有恐怖主义。"[①]1983—1986年，巴林宗教极端主义组织伊斯兰行动党暗杀了两名政府官员和一名阿曼商人，1984年该党还曾两次向埃米尔的汽车投掷炸弹，但均未成功。[②]由于和美国关系密切，卡塔尔一直面临恐怖袭击的威胁。不过和沙特等邻国相比，卡塔尔局势还算平稳。近年来卡塔尔发生的严重的袭击事件包括2004年2月车臣前领导人扬达尔比耶夫遭汽车炸弹袭击身亡以及2005年3月一起针对多哈一家剧院实施的汽车炸弹事件。

此外，海湾六国传统的宗教慈善事业也受到恐怖主义活动的殃及。"9·11"事件之后，人们发现阿拉伯国家用于服务社会、赈济穷人的数笔宗教慈善募捐款项被恐怖组织用于暴力活动，阿拉伯国家慈善捐款面临空前信任危机。以美国为首的西方国家据此大造舆论并对伊斯兰慈善机构予以鞭挞，并将沙特国内四个宗教慈善机构推上被告席。[③]恐怖活动与全球性反恐运动对包括海湾六国在内的阿拉伯慈善事业造成巨大冲击，并造成众多需要慈善救助的穷困人口面临困境。受反恐问题波及的阿拉伯慈善事业的前途命运引起人们极大关注。

---

① [美]小阿瑟·戈尔德施密特、劳伦斯·戴维森：《中东史》，哈全安、刘志华译，东方出版中心2010年版，第455页。
② 朱威烈等：《中东反恐怖主义研究》，时事出版社2010年版，第54页。
③ 《反恐冲击阿拉伯的慈善业》，《世界知识》2004年第4期，第35页。

海合会国家非传统安全合作及其评价

　　非传统安全问题不仅拓展了安全概念的外延与内涵，同时为各个国家和地区的安全结构增加了新的维度。对于海合会成员国来说，非传统安全威胁无疑从外部集体安全防御的层面为六国集体身份的建构带来新的挑战。因为集体身份的出现不是一种终极状态，而是一种包含多个关键性变量的发展进程，海合会六个成员国在非传统安全问题方面进行必要的积极合作，将有助于深化六国间集体认同并强化与优化其共有的行为规范，从而推动这一进程的稳定前行与进一步提升。

一、海湾六国非传统安全合作

　　为消除非传统安全威胁、实现国家稳定与社会发展，海湾六国针对上述主要问题实施了一系列合作与应对措施。

（一）生态安全合作

　　在环境安全维护与资源保护方面，海合会六国开展了较为积极的合作，主要表现在：①

---

①　海合会秘书处信息中心：《进程与成就：三十年一体化历程》（阿文版），2011年第五版，第234页。

第一，立足于海湾地区可持续发展的长远利益和六国之间环境发展方面合作不足的现状，海合会最高理事会早在1985年11月于马斯喀特的第六届峰会上就制定出《保护环境总体政策与原则》文件，并以此作为海湾六国未来环境事务处理与战略制定的基本政策原则：成立并完善相关立法与协调机构，加大对环境保护执行机构的支持力度，加强监管工作；将环境规划工作纳入工业、农业、基础设施建设等所有行业规划当中并使之成为不可或缺的一部分；提高各方面的环境意识，提高环保理念；等等。

第二，以上述政策原则为指导，海合会六国在环境安全的法律法规制定方面加强合作，在六国环境合作框架下制定出多个关涉共同生态利益的指导性制度准则，例如《环境保护总则》（1995年12月，马斯喀特）、《项目环境评估统一制度》（1995年12月，马斯喀特）、《自然环境保护与发展统一制度》（1997年12月，科威特城）、《放射性物质处理统一制度》（1997年12月，科威特城）、《垃圾废物管制统一制度》（1997年12月，科威特城）等十余部规章制度。

第三，为防御与应对各类环境与生态灾害和突发事件，2007年7月在吉达召开的部长理事会会议上，六国一致同意成立"海合会国家灾害应对中心"，其宗旨是将该中心建设成为海合会六国应对灾害相关规划与决定的研究基地，对相关资料数据进行统计、搜集，对灾害进行评估，对潜在危险进行预测，等等。部长理事会决定该中心驻地为科威特，巴林负责领导管理。

第四，海合会国家加强同与环保和自然资源维护相关的组织与机构的互动合作，包括"海洋环境保护地区组织""欧洲联盟""联合会西亚地区环境项目地区办事处""阿拉伯国家环境事务部长执行委员会"等。

在水资源安全方面，海合会六国也采取了一系列合作措施。例如六国共同制定了关于水资源领域统一管理与可持续发展的项目规划；拟订了海合会六国水资源共同政策的指导性文件，并拟将此文件作为六国规定性文件；在海水淡化领域进行专门合作研究，并将此作为满足海合会国家用水需求的战略选择；六国通过制定协议等方式，加强对具有战略意义的地下水资源的保护与监管工作；2007年在利雅得，海湾六国水利、电力合作委员会第二十届会议上，海合会六国水电部长共同制定出一项海合会国家应急共同指导性计划以应对水资源安全方面的突发事件。

（二）人口安全合作

对于由大量外籍劳工涌入而出现的人口安全问题，海合会各国尽管存在一定差异，但总体上在该领域具有相似性与利益一致性，在肯定外籍劳工移民对海湾六国国家建设做出贡献的同时，也对外籍劳工所带来的负面影响普遍感到担忧，并通过相关措施力图将该问题控制在安全范围之内。在微观或实践层面，海合会成员国将重点放在工作职位国有化方面，并制定实施多项国内劳动力取代外籍移民的项目计划；在宏观或制度层面，海湾六国各部长级委员会或共有的劳动委员会出台了多个有关决议，其中最为突出的是海合会最高理事会于1994年11月在麦纳麦举行的第15次峰会上通过的决议，该决议内容包括推动公共和私营部门、管理机构、相关协会组织执行具体措施控制外籍劳工规模，并促使本国劳动力替代外籍移民。[1]又如1998年12月于阿布扎比举行的最高理事会第19次峰会上，海合会六国出台了《海合会国家人口战略总体性框架文件》；在1999年11月于利雅得举行的最高理事会第20次峰会上，海合会决定成立一个共同委员会以研究海合会六国外籍劳工以及国家人口配比问题，该委员会关于六国人口安全问题提出了一系列解决机制和一揽子执行措施；2000年12月，在麦纳麦的最高理事会第21次峰会上，海合会六国通过了该委员会提出的旨在解决人口安全问题的措施与建议。全球金融危机爆发后，在2009年2月于阿布扎比举行的"海湾人力资源发展会议"开幕式上，海湾国家一位政府官员明确表示，应当将目前的金融危机视为海合会国家的一次"历史机遇"，借此机会修正各国的经济政策、恢复劳动力市场平衡并解决各国由于外籍劳工存在而出现的问题。[2]

---

[1] 海合会秘书处信息中心：《进程与成就：三十年一体化历程》（阿文版），2011年第五版，第218页。

[2] 《金融危机是恢复劳动力市场平衡的历史机遇》，http://www.emaratalyoum.com/local-section/2009-02-03-1.122778。

（三）经济安全合作

本书前面章节已经对海湾六国集体身份建构过程中经济合作进程进行了总结与回顾。早在1981年5月25日海合会成立之初，六个成员国就共同签署了《海合会国家经济一体化协议》，为六国经贸协同发展制定了框架，开始了经济一体化进程，在30余年的经济合作历程中取得了诸多成果，其中最具标志性意义的是2003年关税的统一、2008年海湾共同市场的启动以及向着货币统一目标的逐步迈进。实际上，如果从安全的视角进行解读，海合会六国在经济领域的统一与合作很大程度上也是在经济安全维度上集体防御能力的构筑和集体安全的打造。当然，在具体的安全挑战方面，海合会六国通过具体的合作行为来规避经济领域风险、维护国家经济和社会民生的繁荣与稳定。

在全球金融危机爆发后，海合会各成员国各自在国内层面采取措施积极应对的同时，继续保持并加大合作力度，通过一体化进程的推进提升六国集体抵御经济安全威胁的能力，同时围绕经济一体化的核心目标继续迈进。如2010年12月6日，第31届海合会峰会发表《阿布扎比宣言》，强调必须实现经济一体化和多元化以及能源多样化，确保水资源安全与粮食安全；强调加快关税联盟机制，消除成员国之间关税与非关税壁垒，允许各国公司以对等条件在各成员国设立分支机构；提出修正反倾销与反补贴共同法律；通过了2010—2025年海合会国家全面发展长远战略和统一统计的战略框架。[①]又如海湾央行官员于2011年11月底提出金融改革方案，以避免在欧元区的危机在海合会发生，根据方案要求，为确保货币政策的稳定，所有海合会成员国应承诺以下标准，即预算赤字不超过国民生产总值的3%，通胀率不超过5.1%，利率不超过2%，公共债务不超过国民生产总值的60%。[②]

[①]《第31届海合会首脑会议在阿布扎比闭幕》，http://news.xinhuanet.com/world/2010-12/08/c_12857403.htm。

[②]《海合会国家呼吁金融改革以避免欧元危机问题》，http://finance.ifeng.com/roll/20111129/5161946.shtml。

在长期困扰海合会各国的粮食安全问题方面，六国同样加大合作力度，以期确保这一关涉社稷民生的重大问题得以稳妥解决。（1）在海合会合作框架内，海湾六国十分重视共同农业政策的制定与实施。1996年12月在多哈举行的第17届海合会首脑峰会上，六国联合制定了《共同农业政策》，并于2004年对该政策进行了修改，通过该政策的制定与实施，海合会六国希望在统一战略指导下能够最大限度地利用水利资源、提供自我粮食保障、增加农业生产和鼓励私营部门参与共同农业发展项目，在此基础上实现海合会国家农业一体化。（2）加强相关领域的咨询与研究工作。2008年12月马斯喀特的海合会第29届峰会上，最高理事会决定委托咨询委员会对成员国粮食与水资源安全问题进行研究，在次年的第30届峰会上最高理事会对咨询委员会在该领域的意见表示认可；在此次峰会上，最高理事会还责成咨询委员会对海合会各国本土农业产值情况及其在国内GDP所占比重进行研究评估，以此为依据制定六国保护本土农业生产的总体框架，提升国内农业生产在国内GDP中的比重，进而改变各国粮食消费对外依赖严重的被动局面，提升海合会国家粮食安全水平。（3）加强农业合作领域的规章制定与立法工作。通过制定多部专门性规章制度或法规来框定六国在农业合作方面的共同行为规范，推动农业合作一体化健康发展，例如2004年制定的《化肥与耕地改良剂管理办法》和《农药管理办法》以及2008年出台的《种子与种苗管理办法》等等。[1]（4）重视同其他相关机构的交往与合作，并积极参与相关国际组织的会议与活动。例如自2004年起，海湾各国在阿拉伯农业发展组织的带领下，积极参与"阿拉伯农业可持续发展战略（2005—2025）"的制定与实施，以期实现包括海湾六国在内的阿拉伯农业一体化。

---

[1] 海合会秘书处信息中心：《进程与成就：三十年一体化历程》（阿文版），2011年第5版，第176—180页。

（四）反恐安全合作

冷战后中东地区恐怖主义威胁日益严重，不仅对中东各国的经济发展与社会稳定造成影响，同时危及地区与全球的安全。在此背景下，海合会六国无法独善其身，在加强国内安全维护和措施保障的同时，积极参与到地区与国际层面的反恐安全合作当中去，力图在国家、地区乃至全球范围内营造稳定、安全的发展环境。

国际层面合作：20 世纪 90 年代中期前后，在阿拉伯国家意识到加强地区性反恐合作必要性的大背景下，1994 年 12 月 13 日，第 7 届伊斯兰会议组织国家首脑会议在摩洛哥卡萨布兰卡举行，会议把反恐问题作为优先议题，强调恐怖主义已成为伊斯兰国家走向未来的严峻挑战，并通过《反对国际恐怖主义行动准则》；1996 年 7 月，包括沙特、阿联酋、卡塔尔和阿曼海合会四国在内的阿盟 15 个国家和地区在埃及开罗召开会议，强调恐怖主义同伊斯兰精神相抵触，并主张通过一系列措施对恐怖主义活动予以打击；1998 年 4 月 22 日，阿拉伯国家内政部长与司法部长联席会议召开，签订了《阿拉伯制止恐怖主义公约》，为阿拉伯国家有效开展国家间反恐合作提供了制度性框架。[①]

地区层面合作：地区层面合作在这里主要指海湾六国在海合会框架内开展的地区层级的反恐安全合作，具体表现在：1990 年 11 月，海合会国家召开会议，讨论如何应对本地区的恐怖主义活动，会议要求加强海合会成员国情报机构之间的联系，通过密切合作加强安保措施。[②]1996 年 11 月 11 日，海合会发表联合打击恐怖主义活动的公报。2005 年 5 月，海合会六国部队与驻海湾美军在卡塔尔举行了以反恐为主要目的和内容的"2005-迅猛之鹰"跨国多兵种合作演练，在提高联合军事实力的同时，加强联合打击跨地区国际恐怖主义势力。2005 年 12 月，在海合会第 26 届首脑峰会上，海合会重申其一贯的坚定反恐立场和政策，并明确其对恐怖主义的概念理

---

① 朱威烈等：《中东反恐怖主义研究》，时事出版社 2010 年版，第 98—104 页。
② 同上，第 98 页。

解，同时审查了海合会各国安全部门的工作情况。①此外，海湾六国还在金融领域采取一致行动，加强对跨国洗钱行为和资助恐怖活动的打击与监管。

二、非传统安全合作对海合会国家集体身份建构的意义

前文已经提到，在非传统安全挑战面前加强集体安全合作将助推海合会集体身份的建构与提升。那么，非传统安全领域的互动合作是如何影响并推动海合会集体身份的形成与发展的呢？这种促进关系的形成机理与路径又是如何的呢？这是本部分内容重点讨论的问题，主要涉及两个方面。

（一）非传统安全合作对海湾六国"认同机制"的推进

首先有必要对"认同"的概念进行温习。"认同是自我与他者之间的一种关系的认定，是共同体成员对现实境遇中生存价值归属的自我确定。任何行为者作为体系中的一部分总是在他所属的共同体中，通过互动确定其生存认同的价值取向。"②

从认同的角度来看，生态、人口、经济、反恐等非传统安全问题"安全化"过程，则可以理解为使得这些公共问题经过特定的主观社会心理层面的"认同普遍化"而成为国家机构涉及的安全问题的过程。对于诸多传统安全以外的问题，安全的主体已经从传统的国家单一主体转变为基于国家、个人与社会共同感知的包括权威政府、民众、非政府组织等多元化主体。在此情况下，对于非传统安全的认定则不仅仅依托于政府权威对于安全威胁的宣布，还包括基于各层次安全主体主观心理层面的"认同普遍化"而将非传统安全问题认知为存在威胁。这一认知过程转变的关键意义在于，通过"认同"作为社会心理层面的参与，非传统安全问题不仅仅是国家权威的"客观"认定，而且具有了基于行为主体间的社会互动的"认同建构"的成分。

---

① 钟志成：《中东国家通史：海湾五国卷》，商务印书馆2007年版，第451页。
② 余潇枫、潘一禾、王江丽：《非传统安全概论》，浙江人民出版社2006年版，第346页。

冷战结束后，特别是随着全球化趋势的不断加强，恐怖主义、金融危机、移民问题、生态威胁等非传统安全问题相互交织，促使各国政府在维护军事、政治等传统安全利益的同时，开始重视人的安全与社会的安全。而社会则是具有观念结构特征的以"认同"为纽带的共同体，所以以非传统安全为主要内容的社会安全"则是关于巨大的、自我持续'认同'的全体安全"，是"关于集体的、成员之间的相互'认同'"。[1]因此，非传统安全更多地体现出跨国之间的"认同"要素与水平。[2]由此可以认为，对于非传统安全威胁达成共识的过程，也是行为主体间认同机制的形成与推进过程。具体到海湾六国，无论是对于生态危机和外籍劳工问题方面的协调一致，还是经济安全和反恐方面的互动合作，这些举措都是基于六国对于危及各国国家、国民与社会生存与发展的普遍性问题的观念一致和共同认知基础之上的，对于上述安全问题的理解过程以及海合会六国通过社会化互动合作在这些安全认知方面的相互融合过程本身就是海湾六国集体认同的强化以及认同机制的巩固进程。以反恐安全理念为例，如前文所述，对于恐怖主义的认识与界定，至今仍存在西方阵营与发展中国家之间的两大国家群体的理念上的鸿沟，对此，海合会六国从自身的价值观念与客观现实出发，多次公开表明其反恐立场以及对于恐怖主义概念的理解和界定，释放出与美国等西方国家不同的声音。从建构主义角度来说，这一过程本身就是海湾六国明确六国作为国际行为主体之间的认同关系、塑造其集体身份和共同利益的过程。

（二）非传统安全合作推动海湾六国"优态共存"关系模式的发展

作为行为主体的国家间的非传统安全合作，更多地因循了"优态共存"的伦理向度与价值理念，反映在国家之间合作的实践操作层面，则有效推动了国际合作领域"和合共生"的良性关系模式的发展。

非传统安全语境下的安全合作的实质可以理解为"优态共存"。"优

---

[1] ［英］巴瑞·布赞等：《新安全论》，朱宁译，浙江人民出版社2003年版，第160页。

[2] 余潇枫、潘一禾、王江丽：《非传统安全概论》，浙江人民出版社2006年版，第351页。

态"是指行为体可持续发展的生存境况，在国际关系领域，对于"优态"的追逐表明国家间关系不再拘泥于传统的"战争与和平"的语境，而是开始思考更为深远的"和平与发展"的目标与议题；"共存"意即安全获得的条件，即行为体追求安全所需要的历史性条件，在国际关系层面，国家要获得安全，其基本立场与途径都只能通过"互惠互利"与"共同发展"才能实现。[①]之所以具有上述特征，是因为在实践操作层面上，非传统安全的维护与传统的军事、政治安全观有着显著差别：[②]

在安全维护目标与范畴上，非传统安全超越了传统安全以军事、政治安全为目标的维护向度，以整个人类社会的和平与持续发展为根本出发点和最终诉求，它着眼于基本的生存与发展，从微观层面的个人安全到宏观层面的人类社会命运走向都予以关注和维护。

在维护内容和维护主体上，超越了以往传统的军事结盟与对抗方式而扩大到经济、社会、文化、生态等多个领域；维护安全的主体小到民众个体，大至国际组织和国家集团等各个层面的组织形态。

在维护手段和途径上，传统安全的实现往往采取自助、结盟、威慑等具有独立性和排他性的方式，而非传统安全的维护路径则更多地采取他助、共助、对话、沟通与合作等方式，表现出彼此关联、互为依托、相互融合的特点。

一方面，作为建构主义理论框架下的共享集体身份与认同的国家集团，海湾六国通过在非传统安全领域的多元合作，非传统安全"优态共存"的关系模式得以对六国间关系发展发挥新的凝聚与优化作用；另一方面，海合会六国自身的一体化进程无疑使得海湾六国集体认同的塑造和一体化合作平添更多优势，因为"地区性合作既使国家摆脱了孤军奋战的窘境，又使国家数量相对稳定适中，因而在共同威胁、共同命运的驱动下，集体认同比较容易形成，合作也更有效"。[③]

---

① 王江丽：《非传统安全语境下的"安全共同体"》，《世界经济与政治》2009年第3期，第58页。

② 同上。

③ 刘兴华：《非传统安全与安全共同体的建构》，《世界经济与政治》2004年第6期，第41页。

本章小结 ——— ▪

由上文可以得出结论，海合会六国在其一体化互动进程中，随着非传统安全重要性的提升，在重构六国集体安全结构的同时，非传统安全合作为海湾六国的多边合作注入新的内涵与更为丰富的内容，促进六国基于共有认同的"我们感"进一步增强、以海合会组织为合作平台与互动空间的规范制度与行为偏好进一步充实和完善，海合会六个成员国之间以友善与互信为特征的和平关系不断深化，从而推动海合会基于共有身份认同的利益共同体向着更为成熟的层级发展。从建构主义角度来说，这也是非传统安全合作对于海合会集体身份构建的根本价值所在。

同时需要指出的是，尽管在缓解非传统安全威胁方面取得了一定成效，但由于非传统安全问题自身的复杂性以及受多种因素制约，海湾六国在非传统安全领域的合作仍面临多种挑战。

挑战一，非传统安全本身具有的长期性、动态性以及关联性特征向海湾各国应对挑战提出更高要求。首先，非传统安全问题与国家、社会的发展进程相伴而生并将长期存在，如生态安全问题，无论是环境保护或者物种安全还是水资源合理利用都具有持续性和累积性特征，因而需要各国政府长期予以关注；其次，非传统安全问题是不断变化、动态发展的，如经济安全方面，尽管推行了各种措施来摆脱金融危机带来的影响，但由于国际、国内经济形势瞬息万变，海合会国家必须不断调整其政策与措施以适应形势的变化。此外，非传统安全问题各个方面并非孤立存在而是相互影响、相互激发、相互依存，形成了具有自身内在逻辑的非传统安全体系，如国际粮价的高企不仅是由于粮食价格与能源价格联动性增强，国际金融动荡以及气候变化也起到了助推作用，因此客观上要求海湾六国在处理问题时应统筹规划、全面考虑。

挑战二，由于受各种因素制约或政策本身存在缺陷，造成政策效果不尽如人意甚至产生负面影响。如人口安全方面，尽管海湾各国政府在移民政策和劳动力市场方面进行了调整与改革并加大国家间的合作力度，但外国移民在海湾国家人口中所占比例仍居高不下。出现这种局面的原因是海合会国家对外籍劳工严重依赖的现象短期内难以改变，同时通过发展教育和培训事业实现对本国劳动力的培养不能一蹴而就，加之本国劳动力仍固守旧有劳动观念，使得六国在应对人口安全问题上任重道远。又如尽管六国在生态安全与环境保护方面制定了多个制度、政策或协议，但在具体实施过程中面临诸多困难，如国内相关专业人才的短缺或者海合会自身执行力与监管力度方面的缺陷，导致在安全问题的实际处理过程中预期与现实往往存在差距。

挑战三，海湾六国公民安全理念与危机意识有待增强。安全素质的提高与安全意识的增强是国家实现非传统安全保障的基础与前提，因为非传统安全的行为主体已超越传统的国家政府权威而涉及公民个体乃至全体社会，这从客观上要求增强各国公民的非传统安全意识。如尽管各国在施行国内劳动力市场本土化方面加大投入与力度，但由于长期依赖外籍劳动力，使得本国公民倾向于政府部门岗位的固有观念难以改变，造成各国政府在缓解国内人口安全问题方面仍面临困难。又如政府的高额补贴，使得海湾各国国内燃油、电力价格低廉，造成居民能源浪费严重，其中沙特人均石油年消费量高达40桶，远高于国际标准，给国家财政与环境保护带来巨大压力。此外，据联合国粮农组织（FAO）统计，海湾国家居民人均用水需求量比用水大国美国与澳大利亚还要高出70%，居民用水浪费现象严重，与该地区水资源短缺现实形成强烈反差。以阿联酋为例，随着经济的迅速发展，该国农业、工业、生活等用水需求增长迅猛。农业用水占全国用水总量的34%，居各类用水之首，全国80%的地下水用于农业，工业和生活用水共占全国用水总量的32%。1990—2010年，农业和工业用水增长率分别达到55%和300%。阿联酋人均日用水量超过550升，是世界平均水平（200升）的2.75倍，居世界第三位。绿化用水占全国用水总量的26%，且呈不断增长之势。[①]因此，加大力度对国民进行非传统安全宣传与教育、

[①]《阿联酋水资源现状及国家战略》，https://www.fmprc.gov.cn/ce/ceae/chn/sbgx/
t763681.htm。

强化安全观念与危机意识是海合会各国应对非传统安全挑战的当务之急。

挑战四，加快参与经济全球化进程将促海湾六国的非传统安全问题更加严峻。经济全球化同时意味着风险全球化。随着近年来海湾国家经济实力的进一步提升，其参与全球化的程度将进一步加强，进而面临的人口、生态、粮食以及经济等非传统安全问题将更加突出，安全形势将更加严峻，从而使海湾六国的合作水平与执行能力面临更大考验。

第五章

集体身份视角下的海合会未来发展及其对中国的启示

在前面几个章节，本书以海合会国家一体化进程为线索对六个成员国国家主体间的社会化关系发展这一集体身份形成的关键性因素进行历史考察，并以此为基础分析和讨论了制度规范这一关乎集体身份认同建构的另一个关键性因素，进而通过理论层面的探讨和实证方面的解读讨论了海合会集体身份认同的发展情况、所处的层级以及面临的挑战。同时将伊朗、伊拉克和美国作为地区层面和国际层面的"他者"国家对海湾六国集体身份的构建作用进行了研究，并从建构主义观念结构的角度分析了海湾六国同上述"他者"国家难以形成主体间认同的主要原因，此外从非传统安全的视角出发就海合会集体安全结构的变化及其对六个成员国集体身份塑造的作用进行了研讨。首先，作为"过程变量"与"结构变量"共同塑造的结果，海合会国家集体身份的构建作为一个发展过程并非一劳永逸的终极状态，对于其未来的发展走势以及衰落与瓦解的风险值得评估；其次，尽管有学者认为建构主义者主张以"康德无政府文化"为特征的大同世界的构想过于理想化，但如果以海合会国家集体身份的形成作为经验支撑，以海合会扩容作为一种构想，以此来探讨将海湾六国"次地区"的国家间秩序延伸至海湾或中东"地区层级"的国家间和平秩序实现的可能性，尽管在实际操作层面面临诸多困境，但从理论角度仍具有一定的指导意义；同时，尽管从地缘环境和地区安全结构方面中国同海湾六国存在很大差异，但基于国家间关系本质的共性特征，海合会国家集体身份的构建同样能够为中国与周边国家和平关系的缔造提供有益借鉴与启示。本章内容将就上述方面展开论述。

身份认同视角下的海合会未来发展

　　如前文所述，通过对海合会成员国基于制度规范以及社会化合作互动的集体认同建构情况的考察，本书认为从发展层级来说，海合会处于集体身份建构的上升阶段。该阶段所表现出的特征为：日益密集的网络化关系、反映紧密军事协调和合作的新制度与组织、促进联合行动的认知结构、互信的深化、基于集体认同的对和平变化可靠预期的出现等。最集中的表现就是国家之间更多的是鼓励依靠"和平变革"处理国家关系和维护地区秩序。那么按照常规思路与发展路径，海湾六国关系的未来发展趋势则应当是向着集体身份的更高层次即成熟阶段迈进，这一阶段的主要特征是国家之间较高的制度化、超国家主义、高度的彼此互信、较低或没有军事冲突的可能性，该地区组织是由主权国家构成的跨国界区域，区域内的国家集团奉行依托共识来进行决策和处理矛盾冲突的多边主义原则、对于威胁具有共同的理解以及国家间保持对和平变革的可靠预期①。但实际上，对于海合会六国来说，跃升到更高层次的成熟阶段并不是通过简单的实践积累而达到量变到质变的结果的水到渠成的过程，因为"认同"是一个处在不断变化中的变量因素，"规范"同样如此，而"社会化"建构也不是单一的线性发展过程，这就意味着海合会集体身份在未来向更高层级的演进和建构过程中必然要面对共同体曲折迂回发展乃至被动摇甚至瓦解的风

---

① Adler and Barnett. *Security Communities*, pp.49–58.

险。对于此，我们不妨借用建构主义的主张基于共有认同实现国家间和平预期的"安全共同体理论"来进行解释，即安全共同体可以被建构也可以从内部或外部被瓦解，因为其发展所必需的核心价值观和集体认同的一致性不是静止的而是易受变化影响的。"建构安全共同体同样的力量能够将之拆毁"，因此安全共同体再造的社会进程往往同衰落的危险相伴而生，其中最主要的风险是"互信的丧失"。①对于此，多伊奇曾做出预见，他断言：任何特定的安全共同体能否长久运行，取决于其是否有进行和平调整的能力，这种调整要先于由于社会互动作用的增加可能出现的各种紧张以及负担。②在该方面，阿查亚同样进行了精辟的论断与分析，"当安全共同体扩大或深化它们的合作时，安全共同体也可能解散。已经产生了新的合作形式的安全共同体，或深化了现存的合作形式的安全共同体，也可能面临着有效的资源或指导合作行为的原则在处理新的任务时被证明是不充分的情况。同样，一种现存的安全共同体的扩展能够改变它的社会化动力。因为安全共同体的发展从根本上讲是一个社会过程，以前'非社会化'行为体的进入可能给安全共同体造成新的心理压力，并检验其处理相互间冲突的能力。另外，一种扩大了的安全共同体需要阐明新行为体的特殊安全问题"。③基于这段文字，我们将从"纵向"的深化发展和"横向"的接纳新成员的扩容行为两个方面来探讨海合会集体身份未来建构中可能面临的问题与挑战。

因此说，海合会利益共同体内部合作的社会化过程以及共同体与外部世界的社会化互动，都要受制于国家集团内部制度规范和集体观念认同的影响，而海合会国家多元—体化进程中在规制层面和观念层面存在的各种缺陷与不足，势必会削弱海合会六国集团内部关系处理的能力和应对外部压力的水平，如果这些不利因素得不到重视与妥善解决而积重难返，海合

① 郑先武：《"安全共同体"理论探微》，《现代国际关系》2004年第2期，第58页。
② 转引自［加拿大］阿米塔·阿查亚：《建构安全共同体：东盟与地区秩序》，王正毅、冯怀信译，上海人民出版社2004年版，第49页。
③ ［加拿大］阿米塔·阿查亚：《建构安全共同体：东盟与地区秩序》，王正毅、冯怀信译，上海人民出版社2004年版，第50页。

会集体身份的维护与未来发展难免面临挑战。

一、海合会未来纵深化发展

在海合会现有框架内，海湾六国面临的重要任务之一就是如何在保持现有关系模式与地区秩序基础上推动六国之间的多元一体化合作沿着更为持久和深化的方向发展，在加强共有观念的前提下强化集体身份认同，优化与改进共有制度与行为规范，推动六国集团内部关系更加成熟与稳定。在此方面，海合会六国有着积极因素主导下的发展机遇，同时也面临各种消极影响所带来的风险与挑战。

（一）军事与政治领域合作

首先，海湾六国在军事与政治层面的合作最主要的障碍之一就是六国在集团安全合作过程中始终未能处理好主权国家利益与地区集体利益的协调关系，即地区化进程中民族国家的主权让渡问题。对此有学者评价说："（海湾六国）有集体安全与个体安全的矛盾，即对集体安全机制的不信任而扩充军备或缔结同盟以自保；集体利益与个体利益的矛盾，即一个主权国家不仅需要考虑绝对收益，更需考虑相对收益，因此各国必定会追求各自利益；主权共享与主权独立的矛盾，即集体安全思想与传统国家主权观之间存在不可调和的矛盾。以上几点硬伤拖延了海合会的政治一体化进程。"[1]具体到实践则表现为海合会国家在决策时往往言语大于行动，时常出现有集体安全机构，但无集体安全行动甚至无集体安全决议的尴尬情况，同时经常出现海合会各国领导人热衷于协议的制定而对后期协议的执行与操作不闻不问的局面，即使是达成共识的项目在合作进程中各国领导人也会犹豫不决或争执不休，出现这种局面的直接后果就是加大成员国之间的罅隙和彼此信任感的缺失。最为典型的表现就是海合会国家在军事安

---

[1] 王睿：《从联合国看集体安全理论与实践的七大矛盾》，《国际论坛》2004年第6期，第30页。

全领域将精力更多地投放在各自的军火采购上，而集体军事与政治安全的建设则相对滞后。

其次是军事一体化成果方面差强人意。以海合会"半岛盾牌"联合部队为例。尽管该联合武装已历经多年的共同建设与发展，但至今该部队仍仅有由沙特人组成的两个旅的兵力，而且在训练、后勤保障、基础设施建设以及武器装备的互用性方面都没有取得实质性进展，因此有评论认为该部队存在的象征与威慑意义大于其操作层面的实战意义。同时尽管六国早已拟定了建立一体化防空和指挥系统的合作计划，但由于各国军队的通信与电子设备无法兼容，上述计划一拖再拖，武器装备的生产计划也未能实施。[①]

再有就是海合会六国集体安全合作的公信力有待提升。集体安全要求在任何时间、任何地点反对任何有侵略行为的国家，但在一个自助的无政府国家体系中，各国不可能在不考虑各自国家利益情况下与任何侵略者开战。[②]尽管海合会国家曾一度申明"对海合会任何一国的攻击将被视为对海合会全体的攻击"的共同立场，但在现实利益面前，"利益的一致程度决定了对外政策的协调程度"的原则有时占据了上风，至少在共同行动中的力度方面体现出差异。例如在伊拉克入侵科威特时，科威特面临的是亡国之辱，其反应是不惜一切代价"复国雪耻"，而海合会其他成员国则根据伊拉克对自身的威胁程度来采取不同措施和做出适度反应，海湾战争爆发前夕的海湾危机期间，科威特方面就曾对阿曼政府接待伊拉克外长访问的举措表示不满。"正是因为在特定条件下无法形成合力，从而削弱了联盟[③]在对抗或冲突均势中的实力。"[④]

此外，在2011年以来的中东变局中，通过海合会国家的表现，可以看出六国积极介入地区政治与安全事务、影响地区发展走势的战略趋向。例

---

① 钟志成：《中东国家通史：海湾五国卷》，商务印书馆2007年版，第452页。
② 汝涛：《海湾委员会集体安全机制研究》，上海外国语大学2009届硕士毕业论文，第49页。
③ 指海合会六国。
④ 王京烈：《论海湾三角关系与地区安全》，《西亚非洲》1999年第6期，第9页。

如，对于部分参与海合会的也门，该组织三次提出并修改调解方案，最终推动也门萨利赫政府与反对派在2011年底签署协议，初步实现政权和平过渡，为也门政局朝着稳定方向发展创造了条件，这在相当程度上使也门问题在海合会框架内得到初步解决。与此同时，对成员国之外的变局走向施加影响。在利比亚问题上，就率先明确表示支持联合国安理会通过设立禁飞区的1973号决议，支持利比亚反对派的基本立场，此举成为推动阿盟整体乃至其他国家对该决议采取支持立场的重要因素。对于美、法、英等北约国家的军事干预，卡塔尔和阿联酋等海合会成员国亦步亦趋，提供政治、经济、军事和舆论支持，特别是卡塔尔还直接派出军机参与作战，帮助利比亚"全国过渡委员会"在卡塔尔设立办事处和电视台，为利比亚进入"后卡扎菲时代"发挥了比较重要的帮手作用。在叙利亚问题上，沙特作为在海合会中享有主导地位的国家，在美欧明确表示巴沙尔总统已经失去执政合法性而要求其下台后，就发出了相同的呼吁。同时，海合会还支持阿盟通过派遣观察团、提出调解方案等方式积极发挥作用，并派出代表参加观察团。[①]上述行为表明，海合会六国在确保自身集体安全的前提下，正逐步通过积极介入地区事务扩大其地区与国际影响力与话语空间，以期在未来阿拉伯世界和中东地区战略棋局的重塑中占据优势地位。而在此过程中，海合会内部关系进一步凝聚，最为突出的表现就是卡塔尔与沙特关系的升温。由于历史与现实等因素困扰，卡塔尔与沙特之间的关系一直起伏不定，但在中东危机爆发后，共同战略利益与立场促使两国关系迅速改善，除作为两国关系晴雨表的天然气供应工程进展顺利，同时其他领域合作也进一步加强，如在沙特长期被禁的半岛电视台被允许设立沙特办事处等，甚至有分析预测，这种友好关系至少会持续到2022年。[②]但是2017年发生的沙特等国与卡塔尔之间的断交危机向人们表明，上述预测过于乐观，尽管沙特与卡塔尔之间的矛盾并非不可调和，双方关系逐步显现缓和

---

① 高祖贵：《中东大变局与海湾合作委员会的崛起》，《外交评论》2012年第2期，第56页。

② Sultan Sooud Al Qassemi：《沙特阿拉伯和卡塔尔如何再次成为朋友》，http://www.observe-china.com/article/50。

迹象，但成员国在地区事务以及对外政策上的分歧与矛盾，向海合会国家再次敲响警钟，海合会应汲取危机带来的教训，更加科学地完善自身组织体系，寻求更为协调的内部关系模式和更为合理的未来发展之路。

（二）经济一体化方面

经济一体化目标客观上要求成员国实现资源的有效配置与优化整合，但由于多种条件制约，海湾六国在其经济一体化进程中，仍面临诸多分歧与障碍，为六国作为地区经济体整体实力的提升带来变数。

首先，海湾六国经济体经济结构单一、过度依赖石油的局面仍未彻底改观，六国之间经济缺乏互补。海合会六国均为石油国家，长期依赖石油资源的开发造成各国普遍存在单一石油经济结构的困局，一方面各国经济因受制于国际市场的供需情况而影响国民经济的持续稳定发展，另一方面相对于丰厚的石油利润，六国彼此间的合作收益难以达到合理水平，从而造成相互间贸易与合作发展滞缓，最终难以形成相互依赖程度较高的稳定统一市场。尽管六国政府近年来努力改变经济结构单一状况，发展基础工业、金融、旅游、服务等多种行业，推动经济发展多元化，但单一经济结构和彼此互补性差局面的根本改观仍需时日。

其次，资源条件与发展水平不一，造成经济政策实施过程不畅。在海合会六国中，卡塔尔的人均国内生产总值位居榜首，沙特则最低，不及卡塔尔的三分之一，而与此同时沙特却拥有全球石油储量最多的优势地位，并且开采周期至少还有80年，而巴林、阿曼则相对有限，石油开采期不足20年。收入水平与资源状况的差异，催生出相异的经济发展政策。以石油政策为例。对于沙特来说，"稳提价、高产量"成为其保证收入和稳定市场的上策；对于巴林、阿曼和卡塔尔来说，利用有限的石油资源最大限度创造财富成为其根本出发点。政策不同使双方合作中出现分歧，削弱了对外经济活动的向心力。

再有，立法与经济一体化方面存在障碍。尽管海合会提出了经济合作与一体化发展的纲领性文件与规章，但由于各国以集权为特征的政治体制导致的立法批准效率滞缓、人事变动频繁以及各国过多考虑自身利益，六国在经济一体化实施过程中出现立法与协议制定的瓶颈，从而大大影响了海合会国家宏观经济整合的进程。

（三）美国的制约因素

从海合会六国整合过程中的外部因素考虑，美国作为全球霸权已成为海湾地区秩序的主导，对该地区军事、政治乃至经济都有着方向性影响。美国出于其海湾战略与国家利益并不愿看到海合会国家间的通力合作，因此其对同海合会各国展开双边合作抱有更大热情，例如2004年9月，美国与巴林单方面签订自由贸易协定，使刚刚启动的海湾关税同盟严重受阻，并遭到沙特方面强烈抵制，尽管对巴美自贸协定颇有微词，但阿联酋、阿曼和科威特随后也都同美国就双边自由贸易协定开始谈判，给本已出现裂痕的海合会内部关系制造了新的分歧。

（四）非传统安全合作的考验

随着生态问题、金融危机、移民问题、反恐问题等非传统安全问题日益引起关注，海湾六国的集体安全合作在逐渐注入新的内涵的同时，合作理念与模式也面临转变与提升。尽管非传统安全领域的合作会给海湾六国带来增加合作机会、深化国家间凝聚力的积极作用，但同时在缺乏经验或认识不足的情况下，该领域的合作同样会带来不利影响。例如由于非传统安全涉及的主体延伸至国家权威政府以外的公民个体、社会、非政府组织等层面，由此可能会激发海合会国家市民社会意识和力量的提升，进而对一向由君主制政府主导的地区主义和精英阶层领导的不尽完善的共同体事业产生影响和冲击，这一点值得关注；同时，即便在具有集体认同的国家集团行为体之间也有发生冲突的可能，其中一个重要根源在于分享认同的行为体很可能围绕和它们相联系的建构性规范展开辩论、争执甚至冲突，[1]随着非传统安全在海合会六国集体安全合作领域的加入，在群体成

---

[1]　［美］彼得·卡赞斯坦：《国家安全的文化》，宋伟、刘铁娃译，北京大学出版社2009年版，第386页。

员的可接受行为和理念上如果看法不一，也容易成为矛盾与冲突的潜在根源。

对于海合会六国一体化进程及其效果，已故沙特国王阿卜杜拉的评价不乏尖锐。他指出："我们尚未建立一支能够抵御外敌和支持朋友的联合军事力量。我们尚未形成一个共同市场，也没有在政治事务中达成一致立场……我们应当客观并坦诚地申明，我们所取得的成绩明显不够，这提醒着我们要付出更多努力完成尚未实现的目标……我们仍旧缓步前行而没有跟上时代的步伐。"①

二、海合会未来横向扩容发展

建构主义认为，国家间的关系同人与人之间的关系一样，具有社会化属性，因此国家之间社会化的行动过程也是造就和建构自我与他者的过程。当作为行动主体的国家的身份与利益在社会化互动过程中发生变化的时候，国家间的观念结构也会随之发生变化，因为观念结构与国家主体之间不仅表现为观念结构对国家的约束，同时作为行动者的国家对观念结构还有反向作用，即二者是相互建构的。国家身份与利益同观念结构的这种逻辑关系为国家集团以扩容为主要形式的横向发展提供可能，因为随着集团内部新成员的加入，新老成员之间的身份与利益关系会重新塑造，通过在国际组织框架内的社会化互动合作，随着扩员后国家集团集体身份与共同利益的形成，附着于行动者身份的观念与认同逐渐清晰与稳定，国家间关系由此步入新的发展阶段。对于海合会而言，当海合会内部关系与外部条件发展到一定程度，海合会是否吸纳新成员的问题逐步提上日程，而这一课题如果最终变为现实，海合会则要面临一个包含相互矛盾的两个方面的结果，即海合会扩容在推动海湾六国与其新的伙伴国家朝着建构新的集体身份的方向发展的同时，又削弱和冲淡了增员后的海合会组织继续以原

---

① Matteo Legrenzi. *The GCC and the International Relations of the Gulf.* London：I.B. Tauris&Co Ltd，2011，p.1.

有集体身份进行一体化合作的可能性。

2011年5月，在利雅得召开的海合会首脑峰会做出决定，将吸纳约旦与摩洛哥成为该阿拉伯地区组织的新成员。海合会秘书长扎耶尼在会后发表声明说："约旦和摩洛哥与海合会成员国同祖同根、命运相连、制度相似、关系紧密，海合会对于两国申请加入的请求表示欢迎。"[1]

外界普遍认为，海湾合作委员会是一个封闭的具有排他倾向的组织。它一反国际组织的惯例，章程中没有提及成员退会、开除会籍或停止成员权利的任何内容，并且没有任何涉及关于海湾以及中东地区其他阿拉伯国家可以加入该组织的内容，似乎暗示着该组织仅限于海湾六个君主国。对此，曾有人质疑海合会对共和制或信奉革命思想的国家抱有成见，海合会立即予以公开澄清，强调六国在政治、经济和社会制度等各方面条件存在相似性，而这是合作成功的必要保证，同时表示，如果海湾地区其他国家的政治制度与发起国一致的话，不排除接受新成员的可能。

可见，在海合会国家的意识中，跨入海湾君主制石油富国俱乐部的门槛的第一个条件就是政治制度上的相似性。那么对奉行君主立宪制的约旦与摩洛哥两个国家而言，君主王权统治的政权基础，无疑成为其叩开海合会组织大门的首要条件。首先，约旦是实行君主立宪制的国家，设参众两院，权力掌握在以国王为首的哈西姆家族王室手中，该国宪法规定，约旦是一个世袭的阿拉伯君主立宪制国家，立法权属于国王和议会；其次，摩洛哥同样实行君主立宪制，国王拥有国家最高权力，根据宪法规定，国王是国家最高元首、宗教领袖和武装部队最高统帅，王位世袭；[2]此外，两个国家均为逊尼派执掌国家政权。

此外，海合会国家做出这样"冰冻三尺"的重要决定绝不是"一日之寒"的仓促之举，海合会六国同约、摩两国已有多年的关系发展作为基础。海湾危机发生后，由于约旦采取了与埃及、叙利亚、沙特和科威特等国相悖的立场，同这些国家的关系一度趋冷。海湾战争结束后，约旦迅速

---

①《海合会缘何踏上扩员之路》，http://news.xinhuanet.com/world/2011-05/14/c_121415871.htm。

②《世界知识年鉴(2002—2003)》，世界知识出版社2002年版，第277、465页。

调整其外交政策，主动改善同上述国家的关系。2001年3月，约旦国王访问沙特、阿联酋等国，4月访问阿曼，5月对也门、科威特和埃及进行了访问，同年8月和11月，两度访问沙特。此外，约旦同科威特之间由于海湾危机中约旦支持伊拉克的立场而受损的双边关系有所缓解，双方签署了两国保护投资、避免双重征税以及劳务技术等协定。①而摩洛哥同海湾石油国家的良好关系由来已久：1999年12月，摩洛哥国王穆罕默德六世即位后首次出访沙特、阿联酋等国；自西撒哈拉冲突爆发以来，沙特每年向摩洛哥提供大量财力支援，摩洛哥40%以上的石油资源依靠沙特赠送，1997年，沙特在摩洛哥投资达5亿美元。②

同时，海合会做出扩容的决定，在时间的选择上也有其深刻的现实利益考量。

有分析认为，在现有成员国一体化进程因诸多困难而停滞不前的情况下，海合会突然宣布将扩员，与目前中东地区的动荡局势不无关系。海合会希望与约旦和摩洛哥联合起来共同维护君主统治，同时应对中东变局中伊朗对一些阿拉伯国家的影响。

自2011年初开始的中东变局期间，摩洛哥、约旦、巴林、阿曼、科威特和沙特等阿拉伯君主国家都发生了程度不同的示威游行，在巴林，以什叶派为主的示威民众公开提出废除王权、将政治体制由中央集权改为民主选举的政治诉求。加之突尼斯、埃及、利比亚等阿拉伯国家持续数年的强人政权的垮台，使这些君主国家的统治者普遍意识到，在地区局势持续动荡面前，只有联手组建一个政治联盟，彼此互相支撑，才能确保世袭的君主威权统治得以延续。

如果海合会组织扩员成功，该组织的结构与定位必然将做出调整，将由先前的次级区域组织升级为地区层面的区域化组织，中东地区也将出现一个新的地缘政治轴心。海合会与约旦和摩洛哥的连横合纵对于新老成员来说，从积极的角度来看显然是一个双赢的选择。

---

① 《世界知识年鉴(2002—2003)》，世界知识出版社2002年版，第281页。
② 同上，第470页。

对于约旦和摩洛哥来说，加入海湾君主国家阵营将使两国更多地从经济方面获益。从经济角度讲，约旦和摩洛哥两国经济问题都比较突出，主要表现在失业率高、物价攀升和人民生活水平降低等，其中一个重要原因就是以海合会国家为主要出口国的国际油价的高企，而一旦加入海合会，两国可以获得海合会成员国提供的低价甚至是赠予的石油、投资以及经济援助等，在缓解国内经济压力的同时，还可以为两国经济发展提供新的机遇与增长点。以农业为例，作为两国经济支撑点之一，两国国民生产总值（GDP）的16%来自该领域，同时国内劳动力人口的42%从事农业生产，如果海湾六国对该领域进行投资无疑会给两国经济发展提供重要推动力，并且两国的旅游业也需要外资注入以获得更大提升。此外，如果约旦和摩洛哥国内今后爆发民生问题引发的反政府浪潮，海合会中的产油国即可通过提供经济支持来帮助化解它们面临的威胁。

而对于海湾六国而言，扩员的实现将使六国在政治层面成为受益者。在政治上，约旦和摩洛哥可向海合会提供支持。2009年，摩洛哥就曾在伊朗高官发表了巴林曾经是伊朗的第14个省的言论后断绝了与伊朗的外交关系；在平息此次巴林动乱的行动中，约旦就派出800名士兵，插入沙特阿拉伯部队中，进入巴林帮助其稳定局势，而约旦如果成为海合会成员，就可按照集体安全原则名正言顺地进入成员国提供安全和军事支持，因为约旦可利用其在中东地区实力较强的军事武装和安全部队帮助海合会成员国维护安全；此外，与海湾六国相邻的约旦在地缘上可以作为外部势力进入海合会现有成员国的缓冲区。①

海合会的扩大使新老成员国家受益的同时，也使以海合会为共享平台的未来集体身份的建构面临严峻的考验。

首先，在制度与规范层面，作为海合会新成员的约旦与摩洛哥由于不熟悉海湾六国作为共享集体身份的国家集体在处理成员国间关系时的模式、规范与原则，两个新成员能否通过社会化交往融入"海湾模式"当中

①《海合会缘何踏上扩员之路》，http://news.xinhuanet.com/world/2011-05/14/c_121415871.htm。

无法确定。这同时意味着扩员后的海合会必须面对新的组织框架中低水平的合作关系的重启和承担处理海合会低度发展的新责任，以确保扩员后的海合会新老成员之间的关系平等。

其次，在经济层面，在海合会六国30余年的长期合作中，海湾六国经济一体化合作已取得长足进展，尽管出于各种原因，六国经济合作进程中的某些领域有时会出现曲折前行甚至裹足不前，但总体而言，六个石油国家正逐步以完整的经济实体的形象出现在国际政治与经济舞台。事物的发展往往具有两面性，尽管前文谈到，海湾六国普遍存在的经济结构单一的问题造成六国之间经济合作缺乏互补性而成为彼此间合作的消极因素，但同时应当看到，海湾六国经济一体化进程能够取得重要成果的重要前提之一就是海湾六国之间经济发展模式的相似性与政治制度的趋同性。新的成员国家的到来，一方面由于约、摩两国资源基础与经济制度与发展模式跟海湾六国明显不同，新老成员之间容易形成互补与互惠，但另一方面六国经济一体化方面已经形成的制度、习惯和机制都将面临调整或重组，两个新的成员国家能否同海湾六国合作而形成新的经济一体化关系模式与目标，同样有待观察。

再次，在集体认同方面，随着新成员的加入，海合会国家面临新老成员之间初始化水平的认同建构。海湾六国业已形成的旧有集体认同在新成员加入后形塑新的集体认同的任务面前如何修正与调适，同样是海合会各国需要关注的重要课题，处理得当将有助于扩容后的海合会的内部互信与凝聚，若新的集体认同不能有效建构，则不仅无助于新的利益共同体凝聚力的形成，甚至会使新的国家集团面临解构的风险。例如，尽管政治制度相似，但新的海合会架构内，新老成员经济基础与发展模式的差异无法使其形成同之前海湾六国之间一样的天然的团结，阿盟内部海湾六国同经济落后的阿拉伯兄弟国家之间关系发展的历史经验提醒我们，如果不能将这种新老成员间的贫富差距转变为一种积极的互补与互助关系，则可能在海合会内部出现由于经济差异而导致的不同阵营，从而在成员国之间制造心理上的藩篱，进而给扩容后成员国集体身份认同建构的前景蒙上阴影。

此外，还有海合会扩容后与外部势力关系的变化。作为海湾六国在海湾地区的盟友，约旦与摩洛哥两国成为海合会的新成员后，同美国的关系发展状况同样是海合会处理外部关系不容忽视的问题。

最后，海合会成员的增加，归属范围的扩大，同时意味着该组织安全范围的扩大，因此客观上要求它承担比目前更为艰巨的任务与重担，对于海合会各国来说同样是一个新的挑战，成与败会影响到该组织对外的可信度和内部的互信团结，因此间接影响着海合会共有身份的未来建构。

总之，尽管海合会扩员问题仍停留在纸上，但无论是约旦加入海合会，还是摩洛哥成为该组织的新成员，海合会六国的扩员行为，对于该地区组织来说，意味着在很多方面将从初始化的低端层面重新开始新的集体身份的建构，是机遇，更是挑战，值得继续保持关注。

三、海湾六国与两伊关系展望

本书的关注重点集中在海合会六个成员国集体认同与彼此互信关系的建构与塑造，其中在共同体的形成与演进过程中，伊朗与伊拉克作为地区层面的"他者"国家由于物质层面对海湾六国外部安全产生压力，主观层面与六国存在观念上的明显差异，客观上促进和助推了海合会国家集团中的"我们感"即集体认同的形成。但我们可否因循建构主义理论观照下探讨海合会六国建构集体身份的路径，将思考的范围延伸到整个海湾地区，讨论海湾六国同两伊之间从积极层面建构彼此认同的可能性，以期在海湾地区更大限度地实现安全与稳定。

从海合会六国同伊朗、伊拉克关系的历史发展与现时交往可以看出，尽管伊朗国家政权已摆脱了早期意识形态主导下的进攻性外交理念，但同美国在地区战略层面抗衡、继续保持对地区霸权的追逐的对外战略短期内不会改变，因此从观念层面来说海湾六国同伊朗之间的距离是难以拉近的；而尽管伊拉克萨达姆时代逐鹿海湾的强人政治已成历史，但对于海湾六国而言，同尚未实现政治平稳过渡和步入经济重建正轨的伊拉克什叶派主导的政权通过多元的深层次合作来建构共有观念与彼此信任，至少目前而言无疑是缺乏可行性的。例如，美伊战争后，什叶派上台执政，伊朗趁机不断扩展其在伊拉克的利益，提升对伊拉克国家走势的影响，并进一步加强了同具有什叶派背景的叙利亚政府和黎巴嫩真主党的关系。2011年初中东变局开始之后，伊朗认为这是"反对世俗的亲西方政权的伊斯兰起义"，"一个基于伊斯兰原则的新中东正在崛起"。[①]特别是沙特、巴林和也门等国的什叶派在中东变局期间的抗议行为，客观上进一步提升了以伊朗为代表的什叶派的影响力，由此造成逊尼派执政的海湾君主国家感受到由伊朗、伊拉克、叙利亚和黎巴嫩组成的"什叶派新月地带"势力扩张带来的压力。

值得注意的是，随着非传统安全重要性的不断提升，各国对该领域的重视与合作正逐渐加深。在海湾地区，非传统安全方面的合作更多地体现在海合会内部六国之间的互通有无上，并未上升到牵涉所有海湾国家的地区层面，而实际上，由于一些非传统安全自身的跨界性与延伸性等特征，客观上要求更多国家在更大范围内进行合作与参与。以生态安全为例，生态安全问题具有无国界性特征，当生态危机来临时，它使整个海湾地区成为一个安全单位并在该区域内蔓延并反复回流，使得海湾各国共同面临安全挑战。在此情况下，客观上要求海合会六国以及伊朗、伊拉克等海湾国家开展生态领域的互助合作，在生态安全利益方面产生共鸣与交叉，相互依存，彼此回报，加之生态安全问题政治敏锐性弱，从而在生态安全层面形成海湾诸国之间的共同命运感与集体认同感，提高国家间在此方面的互信，促进海湾地区身份与意识的觉醒；同时，由于生态问题的特殊性，在处理该问题时，要求区域内成员有计划、有步骤地集体应对，从而在客观上催生了集体约束机制的形成，进而促进了参与合作的国家行为体的自我行为约束，这对于海湾各国关系的良性发展具有积极作用。由此可以认为，从建构主义的认同理论来看，以非传统安全领域合作为介质，推动包括海合会六国和伊朗、伊拉克在内的海湾国家集体意识的形成进而促进海湾各国在其他领域的关系向着乐观方向发展，至少在理论层面值得进一步

---

① 转引自高祖贵：《中东大变局与海湾合作委员会的崛起》，《外交评论》2012年第2期，第59页。

探讨，但该领域的合作能否为海湾地区安全困境的摆脱和整体安全形势的
改善提供足够动力同样值得思考和关注。

第二节

海合会集体身份建构对中国的启示
——以东北亚地区安全关系为例

对于中国而言，建构主义的重要意义之一在于可以加深中国同地区与世界关系的认识和理解。随着我国综合国力与国际地位明显提升，参与国际体系、实现国家身份再造和加强国际关系社会化的要求也日益迫切。根据建构主义的观点，物质力量和水平的提高尽管十分重要，但并不是国际关系体系中首要的关键性因素，发挥决定性作用的更多是基于社会化互动国家间观念结构的变迁，因为社会化实践与观念结构都是可变因素，因此国家间的关系存在摆脱无政府状态的安全困境、实现具有康德文化特征的关系状态的可能性。正是基于这一理念，现在中国同世界的多元互动比以往任何一个时期都更为频繁与活跃，随之对于自身身份与定位的理解、对于未来国际形势以及国家战略的确定也更加明晰。在此背景下，有学者提出，在目前的战略态势下，我们有必要构建中国大战略的框架，并将全球化战略和地区一体化战略作为中国大战略框架的支柱，而东亚应成为中国崛起的地缘战略依托。"我们必须强调东亚作为中国崛起之战略依托地带的核心价值，将推进东亚一体化作为基本的大战略目标乃至基本国策加以推行。"①而一体化的最终目标则是建立一个基于共有认同、统一制度规范和目标利益一致的包括经济共同体、安全共同体在内的东亚共同体。实际上，东亚地区共同体的建构包括东北亚和东南亚两个次区域为主轴，因此

---

① 胡鞍钢、门洪华：《中国：东亚一体化新战略》，浙江人民出版社2005年版，导言。

在探讨东亚安全关系之前，首先应对东北亚共同体与东南亚共同体的建构进行可行性分析。其中，对于以东盟为依托的东南亚共同体的形成各界已基本达成共识，同时人们对于以"10＋3"作为合作模式的东盟十国同中日韩未来关系的建构总体持相对乐观的态度，但就东北亚共同体而言，学术界观点各异、说法不一，本书以集体身份认同为研究主题，因此对于东北亚地区国际体系的探讨更多集中在东北亚集体身份问题的层面之上。有学者认为，东北亚国家具备了形成各国间集体认同的条件，符合建构主义集体认同主变量的标准，构建东北亚共同体是乐观和可行的。甚至有研究断言，东北亚地区体系目前处于从集体身份建构初始阶段向上升阶段的过渡过程。而有学者对此持质疑态度，认为东北亚国家之间更多地显现为霍布斯文化或洛克文化主导下的安全困境，认为基于集体身份的东北亚共同体未来塑造的可能性与可行性并不乐观。而本书基于对海合会集体身份建构的分析与思考，加之对中国与地区安全关系的考察，总体上持一种相对审慎的态度，即东北亚集体身份认同尚未形成，且未来建构之路困难重重，但仍有强化各国共同利益、推进各国达成共识和改善安全关系的可能路径，并以海合会六国集体身份认同的建构经验作为启示和借鉴，就中国与东北亚安全关系的构建展开讨论。

一、建构东北亚安全关系的困境与挑战

（一）地区主义与国家主义关系的合理建构

海湾六国集体身份的建构过程，也是海合会次区域范围内地区化的发展进程，而地区主义的培育过程也是地区利益至上与国家主义主导下的国家利益优先原则二者关系的调适与合理建构过程。海合会六国互动合作的经验表明，实现民族国家利益在地区化进程中的合理让渡有助于地区国际合作的顺利进展和获得预期收效，海合会六国一体化进程中一系列规划与协议的最终出台，就表明了六国通过合作协调有限让渡国家利益的利他行为的有效推动作用，而一些协议的实施过程中出现的拖延甚至停滞的局面则说明各国不愿适当放弃自身的利益与政策选择对集体观念与地区主义的解构作用。由此可见，集体身份认同建构的重要前提之一就是在观念层面应做到地区主义与国家主义的合理调适，二者关系能否顺利建构对于地区合作的走向至关重要。

提倡地区主义的一个主要动因就是，全球化进程中各个领域的大量问题已经表现为地区性特征。"全球范围内的政治经济合作面临着同样的问题，即如何适应各个地区的需要，怎样为解决地区性的问题提供优先方案。"①在地区性问题中有一大部分是个体、民族、国家所共同关心的问题，因此对于地区主义而言，解决地区性的政治经济或社会问题是其优先议程。地区利益大多数是客观现实利益，例如对东北亚地区各国来说，发展经济一直是涉及各国现实需要的突出地区利益，为发展经济而谋求长期稳定的安全环境也符合地区整体利益，伴随着经济发展而逐步显现的保持社会稳定和改善生态环境的需要又成为新的地区共同利益，因此提倡和实践地区主义，首先要将地区利益放在首位。同海合会地区一体化进程中集体身份的建立一样，包括中国在内的东北亚地区合作的实现，在正视地区各国共有利益的前提下，在地区社会化互动合作过程中，各国首先应对倡导地区主义需求下适度让渡国家个体利益，达到地区主义与国家主义的协调一致，这是保证东北亚地区合作关系得以延续的必要前提。

（二）国际组织与制度规范不可或缺

关于区域合作或者说地区化的动力，有学者认为，主要包括三个层面的内容，即"合作的原则""合作的组织机构""组织机构的决策和执行程序"。②海合会六国的共同经验告诉我们，国际组织及其框架内的制度规范，对于直接或间接推动国家间信任与认同的形成发挥着重要作用。海合会作为海湾六国的合作组织与互动平台，尽管存在着个别制度缺失、公信力不够等许多不尽完善之处，但在六国集体认同的建构方面仍起到了不可

---

① 耿协峰：《地区之上——新地区主义的核心价值》，引自胡鞍钢、门洪华：《中国：东亚一体化新战略》，浙江人民出版社2005年版，第42页。
② 王子昌：《东亚区域合作的动力与机制》，中国社会科学出版社2004年版，第1页。

或缺的作用，具体包括：首先，通过海合会基本章程、合作协议、行为规范、监督机制等规约的制定与实施，保证了成员国行动的一致性，并从行为内化为主观意识，促进国家间的和平倾向；其次，在海合会内部，海湾六国通过彼此网络化互动和相互学习，重新定义其利益与身份，产生积极的互惠预期，促进彼此认同；再有，通过海合会提供的互动空间，在六国既有信仰、语言、传统的一致性基础上，进一步促成了成员国之间的文化同质性、相同命运感，在规范的约束下，培育出具有"海湾"特色的地区文化和对政治、经济、社会等各领域的共同认知。

对于国际组织与制度规范的建构，可以从两方面加以理解：一是指有组织的制度化的机构；二是就国家间安全关系的建构而达成共同遵守的条约、协议、协定或规则，以约束或促使相关国家遵守。从历史和现实来看，东北亚是区域化和一体化程度极低的地区，因为该地区从未建立过真正的地区合作组织，也未形成共同的制度与行为规范，而主要是以均势和同盟来维持该地区脆弱的战略平衡，其安全合作具有明显的冷战特征。[①]在经济合作领域面临同样的问题，在经贸合作领域，东北亚国家不仅没有像海合会国家那样签订关税同盟、自由贸易区等正式协定，甚至连讨论经济合作的协商机制都没有设立，更谈不上一种国家间经济组织的搭建。这说明东北亚国家经济合作是非制度化的功能性合作，只是围绕某一领域或特定项目展开合作。

如前文所述，国际组织及其制度规范对于集体身份的建构是不可或缺的，而东北亚国家无论是政治合作还是经济合作，没有国际组织可依托，同时也不是一种制度化的安排，没有具体的协定、规则和规范制约和引导。可以说，组织与制度缺失导致的困境，使国家行为的不可预测性和互信度降低，从而意味着基于共有认同的共同体成功建构的关键性元素的缺失。

---

① 黄凤志：《东北亚地区安全困境的多维透视》，《北华大学学报》2006年第3期，第45页。

（三）多种因素导致安全困境

在海湾地区，以海合会、伊朗、伊拉克为代表的海湾地缘政治与安全结构中，一直存在着上述三方形成的三角关系。按照建构主义理论，该关系模式表现为以竞争、对立关系为特征的洛克无政府关系模式，三者之间始终保持着一种缺乏制度规范与制衡的安全困境状态，并成为影响海湾地区形势发展的主要因素之一。与之相对应的是，东北亚地区各国的安全关系总体上同样处于安全困境的状态，并在某些方面与海湾地区的安全态势具有相似之处，现以海湾地区海合会六国与伊朗的关系和东北亚地区的中日关系为例展开比较讨论。

由于缺少制度化的安全机制、观念与文化的认同以及地缘上的利害关系，海合会同伊朗之间的安全困境与中日之间的安全困境一样一直没有出现根本性变化。

1. 共有理念的缺失

建构主义认为，国家间关系主要取决于各个国家对对方的认识，这种认识既可能缓解安全困境，也可能加剧安全困境。而安全困境之所以产生，正是出于对对方意图的不确定性的忧虑，即无法确定对于对方的判断和认识。[①]海合会六国同伊朗的关系发展中始终存在观念意识的差别和国家战略的差异，具体表现为海合会国家的多元均衡战略原则下的地区制衡与更多生存发展空间的谋求，而伊朗则是在地区大国意识的引领下追求在海湾地区的大国地位与主导权，由此造成彼此意图层面的不信任感和战略层面的不确定性，进而形成相互关系的安全困境。而对于中国与日本来说，双方共有理念的缺失不是体现在意识形态不同而是体现在双方意图认识的差异。在历史层面，虽然历史已成过去，但作为曾经饱受日本军国主义危害的中国，生灵涂炭和惨无人道的屠杀等反人类的侵略行为的影响在受害国人民的心理上往往是难以抹去的，因此中国在历史问题上一直主张

---

① 王子昌：《东亚区域合作的动力与机制》，中国社会科学出版社2004年版，第171页。

日本应以史为鉴，而日本主流社会则将注意力集中在彻底走出战败历史的阴影，例如中国将靖国神社问题看作如何正确对待历史的问题，日本一些人则认为中国将历史问题当作一张牌来压制日本，并以人权问题来回应中国。[①]在现实战略上，中国的快速崛起使得中日权力对比关系发生变化，加之历史上从未出现过两国作为地缘主要势力同时崛起的局面，因此双方在彼此战略选择立场上的认识存在很大的不确定性，认知偏差与误判进一步加深。理念与认知的分歧与战略选择的不确定，说明两国观念层面的差异明显，彼此认同建构的可能性便极大地降低了。

2. 国家利益的冲突

建构主义认为，物质利益的纷争不是界定国家关系是否陷入安全困境的关键因素，根本原因在于利益冲突各方对于矛盾的解读方式以及分歧的化解模式。海合会与其地区邻国伊朗之间在部分领域存在着一定的现实利益纠纷，最为典型的就是阿联酋同伊朗之间的海湾三岛之争，这一领土边界争端之所以悬而未决，其中一个主要原因在于伊朗方面的强硬姿态与现实主义的立场态度，从而使伊朗同海合会国家特别是阿联酋之间的关系始终存在隔膜与芥蒂。同样，随着中国的和平崛起，其在东北亚均势战略构想主导下，地区安全影响力日益提升，而一直致力于争夺亚洲主导权的日本视中国为潜在威胁，并采取对华牵制战略；并且，随着两国经济发展，中日之间的领土、资源矛盾不断加剧，以钓鱼岛争端为例，尽管中方在两国领土纠纷中始终采取有理、有力、有节的理性与克制姿态处理问题，但日方基于现实主义理念的零和博弈的立场与做法使得双方战略层面的利益冲突难以改变，中日在国家利益层面理念与战略的差异使得两国间的安全困境难以跨越，进而成为影响东北亚稳定的主要因素，使得东北亚安全机制难以建立。

（四）美国因素的外部影响不容忽视

海合会六国集体认同形成的发展经验告诉我们，在共同体以及地区地

---

① 石冬明：《中日安全困境与东北亚安全机制》，《理论观察》2008年第6期，第51页。

缘安全的建立上，作为外部势力的美国因素不容忽视。海合会、伊朗与伊拉克的海湾三角关系虽然长期存在，但三者间的非均衡关系状态一直没有改变，这给以美国为代表的外部势力的渗透提供机会，从而使得地区局势更加复杂。对于海合会成员国来说，海湾政治舞台有了美国的加入为其提供了安全依托和外部支持，同时也给海合会六国集体身份的维护与发展带来一种潜在的解构威胁。为谋求其在海湾地区霸权地位的稳固与长期存在，美国并不希望海合会六国保持稳固和持久的凝聚力，因此对待海湾六国的方式更多地采取分而治之的双边合作形式，无论是在经济领域与部分海合会国家自由贸易协定的签署，还是在军事安全领域双边军火贸易如火如荼地开展，对于海合会六国内聚力的提升和集体认同的维护无疑都会带来潜在的负面作用。

联系东北亚地区安全秩序的塑造，外部强权美国的参与和影响使该地区安全困境产生并加剧，其中美国难辞其咎。出于单极霸权需要，美国希望其势力在东北亚地区得以辐射，通过影响东北亚地区国际关系的发展和走向，成为该地区安全秩序构建的决定力量。为控制东北亚地区的整体发展态势，防止该地区大国的崛起对美国霸权的存在构成挑战，美国在力图主导东北亚地区秩序的谋划中，一直将中国与俄罗斯视为防范与牵制的对象，而最为典型的做法就是在该地区推行双边主义，由此造成东北亚地区少有多边主义传统，而军事同盟与双边合作更为盛行。在东北亚安全架构中，主要存在着美日联盟、美韩同盟、中朝传统关系以及中俄朝单边力量结构，其中较为完整的安全架构就是美国建立的双边军事同盟。[1]双边军事同盟的天然排他性，造成东北亚地区利益各方缺乏互信、相互猜疑，对抗性思维与制衡性行动普遍，地区安全困境加剧，从而阻碍了东北亚地区良性安全秩序的构建和安全合作的达成。

---

① 门洪华：《东北亚安全困境及其战略应对》，《现代国际关系》2008年第8期，第18页。

二、深化东北亚地区合作的可行性路径

通过上述内容我们认为，就目前东北亚安全关系现状而言，探讨如何在打造集体认同基础上创建该地区共同体的问题为时尚早，但在深化该地区国家间合作的途径方面有讨论的必要，进而为推动中国同该地区其他国家建立良好的地区秩序创造条件。

（一）深化经济合作

对于海合会而言，基于社会化互动合作的经济一体化在集体认同和规范形成方面功不可没。尽管东北亚国家之间已开始开展双边或多边经济合作，但与海合会六国经济共同体的建设有着根本不同，因为东北亚的经济合作只是任由市场力量推动的功能性合作，而不是由中央政府推动的制度性安排。因此，加强东北亚地区经济合作，并朝经济一体化方向发展对于深化地区关系、改善地区安全秩序有着重要意义。首先应树立远景观念，摒弃零和理念，将各国个体利益同地区繁荣发展紧密结合；其次在共识基础上分阶段、分步骤进行，鉴于地区所有国家共同参与多边合作尚有难度，中日韩合作可以先行一步，并通过示范与辐射效应扩展地区合作，如2003年签署的《中日韩推进三方合作联合宣言》确定了三国合作的框架与方向，成为东北亚深化经济合作的重要举措；再有，在功能性合作基础上，积极推动东北亚各国之间纲领性经济合作协议的签署、官方合作对话或合作论坛等带有制度性作用的合作方式的发展，这对于地区组织建立和制度规范的形成具有重要作用。

（二）深化非传统安全合作

非传统安全问题来源具有不确定性，且行为体多样化，因此合作层次与合作方式具有多样化特征；其跨国性使得国家利益与地区利益产生更多的交汇面，有利于促进地区身份认同与"群我"意识形成；其嬗变性与长

期性，也会促使地区合作机制的建立。[①]如本书第四章所述，非传统安全问题的出现，在拓宽安全观念范畴和革新安全理念的同时，也为海湾六国"我们感"的增强和利益共同体的持续建构与进一步升级创造条件。随着冷战结束，东北亚地区非传统安全问题日益凸显，经济与金融安全问题日益突出，生态危机不断加剧，自然灾害与公共安全问题频频发生，典型案例包括金融危机、非典型肺炎与禽流感等公共卫生事件以及沙尘暴等生态问题，这些安全问题只有通过地区国家的合力应对，才能保证该地区国家、社会以及公民个人的安全。如果在非传统安全领域实现成功合作，东北亚地区各国国家利益、社会利益以及地区利益的模式与格局都将产生革新与变化，安全观念与合作理念也会相应调整，进而有助于缓解竞争与对立关系，推动东北亚地区国家安全困境的化解与地区新秩序的建立。

尽管海湾地区与东北亚地区的地缘环境与安全结构有着显著差异，但在国家间关系与地区秩序的构建方面的共性问题使得海合会六国建构集体身份认同的经验对于中国参与东北亚地区秩序的建设具有参考与借鉴意义。作为负责任的地区大国，中国的和平发展是东北亚地区崛起的重要组成部分，而同时，东北亚的安全困境制约着中国发展的总体环境，地区合作滞后也影响着中国的地区战略布局。建构主义理论与海合会打造地区认同的实践表明，作为东北亚地区秩序的重要塑造者，中国应在其东北亚战略基本目标指导下，促进该地区安全与合作制度框架的构建，努力培养地区国家之间的信任与合作，实现该地区秩序的优化与长期的稳定与和平。

---

① [韩]金淳洙、韩献栋：《非传统安全合作与东北亚安全共同体的构建：基于中日韩环境安全合作进程的评价》，《当代亚太》2010年第5期，第78页。

本章小结

"世界政治中难以达成合作。没有共同政府来实施规则，而且按照国内社会的标准，国际制度也很软弱。欺骗和背叛是普遍的现象。然而，……合作有时可以达成。世界政治并非单一的战争状态：合作随着议题和时间的不同而变化。"[①]在这段并不十分乐观的论断中我们可以看到，国际关系领域的无政府状态下，和谐与共生总体目标的实现困难重重，但同时表明，摆脱战争状态和安全困境的合作关系的构建存在可能，这为谋求建立国际与地区层面的和平关系的政策与战略的付出提供了得到回报的潜在路径。无论是对处于上升阶段并面临不少挑战的海湾合作委员会，还是随着国力的增强使东北亚地区安全秩序优化得以实现而提升国家战略的中国，在探求平等与均势状态下地区和平局面的道路上面临着相似的选择，即一方面面临构建地区和平秩序的各种解构威胁与失败风险，地区国际关系模式的发展面临着多种结果，另一方面国际关系发展动态的平衡趋势又为我们提供了乐观前景，正如建构主义代表人物亚历山大·温特所做的展望："21世纪对外政策决策者面临的最大挑战是发现一种方式，既可以相互尊重主权的个体性，同时又可以把各国纳入建立真正的国际共同体的进程。如果国家能够解决个体性和共同体之间的矛盾，就一定会创建一个康德无政府文化的体系。"[②]

---

① [美]罗伯特·阿克塞尔罗德、罗伯特·基欧汉：《无政府状态下合作的达成：战略与制度》，引自肯尼思·奥耶：《无政府状态下的合作》，上海人民出版社2010年版，第233页。

② [美]亚历山大·温特：《国际政治的社会理论》，秦亚青译，上海人民出版社2008年版，中文版序言。

结束语

　　建构主义以社会学的观念结构为主导理论，对国际政治与国际关系做出不同于传统理论的解释，为国际政治研究提供了全新的研究视角。本书将建构主义理论中的"规范""认同"以及"社会化合作"三个概念作为核心解释工具，探讨海湾合作委员会一体化进程中六个成员国家之间国家体系的社会化建构，通过分析其发展进程中社会化互动过程的形式、内容、性质以及该过程中共有制度和规范的内容与特征，进而管窥社会化合作以及共有规约对海合会集体观念与认同的影响，明确海合会国家之间集体身份建构方面的成败得失，进而探讨以地区安全体系为视角的海合会集体身份的他者建构，包括海合会国家同地区邻国伊朗、伊拉克以及西方大国代表美国之间的关系等，最后从身份认同视角对该次区域组织今后面临的挑战及其未来走势进行了分析和展望。

　　在建构主义理论参与的全球区域化研究的学理论争中，如果说欧盟集体身份建构为该理论提供了欧洲的地区经验，东盟地区认同提供了亚太的区域实践，那么海合会国家集体身份认同的构建则应被视为建构主义在该领域的"阿拉伯经验"。本书通过对这一经验领域的探讨，初步解答了以下几方面问题：

一、海合会成员国集体身份是否形成以及属于哪个层级

　　根据建构主义的"三级阶梯理论"，本书分析了海合会国家一体化合作的动态性发展进程：第一级阶梯是"初始时期"，技术进步、经济因素、外来威胁等突变性的基础条件发挥作用；第二级阶梯是"上升时期"，权力结构、国际制度与社会学习发挥作用；第三级阶梯是"成熟时期"，相

互信任和集体认同形成。在此基础上得出结论，即海合会国家集体身份建构所处层级可以被看作开始迈向成熟阶段的过渡时期。

二、海合会一体化合作的缘起及其得以长期存在的内在缘由

尽管经历了各种矛盾和争端甚至面临解散的严峻考验，海合会近40年的发展经验证伪了地区一体化研究"阿拉伯例外"的论断。那么，海合会国家体系得以长期存在特别是在其早期阶段获得发展的内在逻辑与深层缘由是什么呢？建构主义理论从社会学的角度为上述问题提供了系统的核心解释工具，即海合会一体化模式的出现与发展源自海合会国家间逐渐形成的共有观念与集体认同，而共同制度规范和成员国之间的社会化交往在海合会国家的利益取向和集体认同方面发挥了关键作用，从而推动了海合会国家一体化合作的长期持续发展。

三、海合会国家集体身份建构中的"他者"及其以海合会为基点的海湾地区安全关系模式

海合会国家集体身份认同的形成同样离不开与"他者"互动的外在建构过程，因为作为具有一定排他性的共同体，它本身存在着社会边界。这种社会边界不仅是空间的划分，更是一种心理与观念的差异。在地区层面，海合会国家集体安全的"他者"包括伊朗和伊拉克，国际层面的"他者"主要是以美国为首的西方大国。在海湾地区安全框架之下，海合会国家与上述国家是何种安全关系模式，其性质和成因是什么？

本书认为，对于海合会国家来说，无论是地区层面的邻国伊朗与伊拉克，还是国际层面的战略盟友美国，海合会国家的总体外交理念与安全战略都与上述国家存在着显著差异与分歧，导致六国同两伊与美国在外交政策与地区战略路径上明显不同：海合会国家一直在多边主义均势理念支配下调整和修正其对外政策，而在此方面无论是伊朗一直奉行的地区大国主义，还是伊拉克早期的地区霸权意识，抑或美国始终推行的世界霸权选择，都表明海合会国家同上述国家由观念结构差异导致的对外政策与战略的不同，进而使得六国同上述三国之间难以形成主体间身份的一致与观念

层面的彼此认同，这也就决定了海合会国家同这些国家不能产生基于共有认同的"我们感"，而只能作为外部层面的"他者"国家对海合会六国的共有身份意识和集体认同感客观上起到凝聚和推动作用。同时，海合会内部出现的对伊朗关系的路线之争表明，在一定条件下，"他者"也有可能成为弱化甚至解构国家集体内部凝聚力和集体身份的力量。

四、身份认同视角下海合会国家关系的未来走向

集体身份能够被建构和提升，同时也面临从内部或外部被销蚀瓦解的风险。因为作为一体化合作发展动力的共同价值观与集体认同并不是一成不变的，而是容易变化和受到影响的，而这种变化和影响恰恰来自组织扩展和深化合作的过程中。

对海合会国家来说，跃升到更高层次的成熟阶段并不是通过简单的实践积累从量变到质变的水到渠成的过程，因为"认同"是一个处在不断变化中的变量因素，"规范"同样如此，而"社会化"建构也不是单一的线性发展过程，这就意味着海合会国家集体身份在未来向更高层级的演进和建构过程中必然要面对该国家共同体被动摇甚至瓦解的风险。同时，海合会以增员为主要形式的扩展方式在未来同样面临风险，因为新行为体的进入可能给国家集体造成新的心理压力，并对其处理相互间分歧与冲突的能力带来新的考验。因此，无论是"纵向"深化发展还是"横向"接纳新成员的扩容行为，海合会集体身份的建构都将面临考验与挑战。

近年来，海合会各国纷纷出台旨在实现经济转型的高度相似性的国家政策，这无疑加剧了海合会国家源于经济层面的同质性带来的竞争。当前，卡塔尔断交危机带来的海合会内部分歧尚未消弭，而不期而至的全球新冠疫情不仅使海湾各君主国家经济上遭受巨大冲击，在应对疫情方面各自为政的局面也使得本应成为集体发展与政策协调平台的海合会的作用大打折扣。面对不断出现的问题和挑战，甚至有人提出海合会近四十年的一体化之路或将面临终结的悲观看法。尽管海合会未来走向无法预知，但可以明确的是，随着内部力量对比的改变以及国际和地缘形势的变化，海合

会各国需要寻求新的利益支点作为推动其社会化合作的引擎，为该组织的存在和发展注入新的动力与活力。对此，我们拭目以待。

参考文献

[1] 阿米塔·阿查亚.建构安全共同体:东盟与地区秩序[M].王正毅,冯怀信,译.上海:上海人民出版社,2004.

[2] 彼得·卡赞斯坦.国家安全的文化[M].宋伟,刘铁娃,译.北京:北京大学出版社,2009.

[3] 汉斯·摩根索.国家间政治[M].李晖,孙芳,译.海口:海南出版社,2008.

[4] 肯尼思·沃尔兹.国际政治理论[M].胡少华,王红缨,译.北京:中国人民公安大学出版社,1992.

[5] 肯尼思·奥耶.无政府状态下的合作[M].田野,辛平,译.上海:上海人民出版社,2010.

[6] 小阿瑟·戈尔德施密特,劳伦斯·戴维森.中东史[M].哈全安,刘志华,译.上海:东方出版中心,2010.

[7] 亚历山大·温特.国际政治的社会理论[M].秦亚青,译.上海:上海人民出版社,2008.

[8] 朱迪斯·戈尔茨坦,罗伯特·O·基欧汉.观念与外交政策:信念、制度与政治变迁[M].刘东国,于军,译.北京:北京大学出版社,2005.

[9] 巴瑞·布赞,奥利·维夫,迪·怀尔德.新安全论[M].朱宁,译.杭州:浙江人民出版社,2003.

[10] 保罗·肯尼迪.未雨绸缪——为21世纪做准备[M].何力,译.北京:新华出版社,1994.

[11] 戴维·坎贝尔.塑造安全——美国的外交政策和身份认同政策[M].李中,刘海青,译.长春:吉林人民出版社,2011.

[12] 埃斯波西托. 伊斯兰威胁——神话还是现实?[M]. 东方晓,曲洪,王建平,等,译. 北京:社会科学文献出版社,1999.

[13]《世界知识年鉴》编委会. 世界知识年鉴(2002—2003)[M]. 北京:世界知识出版社,2002.

[14] 陈玉刚. 国家与超国家——欧洲一体化理论比较研究[M]. 上海:上海人民出版社,2001.

[15] 高祖贵. 美国与伊斯兰世界[M]. 北京:时事出版社,2005.

[16] 哈全安. 中东史[M]. 天津:天津人民出版社,2010.

[17] 黄民兴. 中东国家通史:伊拉克卷[M]. 北京:商务印书馆,2002.

[18] 黄振. 阿拉伯联合酋长国[M]. 北京:社会科学文献出版社,2003.

[19] 金宜久. 伊斯兰教与世界政治[M]. 北京:社会科学文献出版社,1996.

[20] 李明明. 超越与同一:欧盟的集体认同研究[M]. 上海:上海人民出版社,2009.

[21] 李意. 海湾安全局势与中国的战略选择[M]. 北京:世界知识出版社,2010.

[22] 联合国环境规划署. 2006全球环境展望年鉴[M]. 北京:中国环境科学出版社,2006.

[23] 刘胜湘. 全球化与美国:安全利益的冲突分析[M]. 北京:北京大学出版社,2006.

[24] 刘月琴. 冷战后海湾地区国际关系[M]. 北京:社会科学文献出版社,2002.

[25] 刘中民. 民族与宗教的互动——阿拉伯民族主义与伊斯兰教关系研究[M]. 北京:时事出版社,2010.

[26] 饶戈平. 国际组织法[M]. 北京:北京大学出版社,1996.

[27] 王京烈. 解读中东:理论构建与实证研究[M]. 北京:世界图书出版公司,2011.

[28] 王军. 民族主义与国际关系[M]. 杭州:浙江人民出版社,2009.

[29] 王铁铮,林松业. 中东国家通史:沙特阿拉伯卷[M]. 北京:商务印

书馆,2000.

[30] 王铁铮.沙特阿拉伯的国家与政治[M].西安:三秦出版社,1997.

[31] 韦民.民族主义与地区主义的互动:东盟研究新视角[M].北京:北京大学出版社,2005.

[32] 杨灏城,朱克柔.民族冲突与宗教争端——当代中东热点问题的历史探索[M].北京:人民出版社,1996.

[33] 殷罡,秦海波.萨达姆·侯赛因——注定要震惊世界的人[M].北京:警官教育出版社,1990.

[34] 尹崇敬.中东问题一百年[M].北京:新华出版社,1999.

[35] 余潇枫,潘一禾,王江丽.非传统安全概论[M].杭州:浙江人民出版社,2006.

[36] 于永达.国际组织学[M].北京:清华大学出版社,2006.

[37] 袁正清.国际政治理论的社会学转向:建构主义研究[M].上海:上海人民出版社,2005.

[38] 钟志成.中东国家通史:海湾五国卷[M].北京:商务印书馆,2007.

[39] 朱威烈,等.中东反恐怖主义研究[M].北京:时事出版社,2010.

[40] 陈杰.海湾外籍劳务现状及其发展趋势[J].阿拉伯世界研究,2007(5).

[41] 陈万里,李顺.海合会国家与美国的安全合作[J].阿拉伯世界研究,2010(5).

[42] 陈万里,汝涛.海湾合作委员会决策机制研究[J].阿拉伯世界研究,2008(4).

[43] 程星原.海湾阿拉伯国家合作委员会[J].国际资料信息,2001(3).

[44] 戴炳然.欧洲一体化中的国家主权问题[J].太平洋学报,2004(4).

[45] 丁工.从伊朗核问题看伊朗的地区大国意识[J].阿拉伯世界研究,2010(4).

[46] 范鸿达.20世纪阿拉伯人和伊朗人的思想冲突[J].世界民族,2006(6).

[47] 高祖贵.中东大变局与海湾合作委员会的崛起[J].外交评论,

2012(2).

　　[48]蒋大鼎.反恐冲击阿拉伯的慈善业[J].世界知识,2004(4).

　　[49]孔凡伟.战后欧洲安全合作的建构主义分析[J].外交评论,2007(3).

　　[50]李宝林.阿拉伯国家与伊朗核问题[J].国际资料信息,2011(1).

　　[51]李达熊.海湾合作委员会的运作机制与一体化进程[D].西安:西北大学,2011.

　　[52]李福泉.巴林什叶派穆斯林问题简介[J].国际资料信息,2009(9).

　　[53]李少军.论安全理论的基本概念[J].欧洲,1997(1).

　　[54]李尧丰,肖翠英.海湾合作委员会的发展演变[J].西亚非洲,1987(4).

　　[55]梁柱.海湾合作委员会经济与货币一体化进程及其经济趋同性分析[J].亚太经济,2010(2).

　　[56]刘彬.海湾国家非传统安全现状评析[J].阿拉伯世界研究,2010(1).

　　[57]刘竞.海湾国家的家族统治[J].西亚非洲,1992(6).

　　[58]刘军.当代海湾国家的外来劳工移民及其影响[J].世界民族,2008(6).

　　[59]刘胜湘.国家安全观的终结?——新安全观质疑[J].欧洲研究,2004(1).

　　[60]刘兴华.非传统安全与安全共同体的建构[J].世界经济与政治,2004(6).

　　[61]刘中民.当代伊朗外交的历史嬗变及其特征[J].宁夏社会科学,2011(1).

　　[62]潘忠岐.民主改造中东?解读小布什政府的中东战略构想[J].阿拉伯世界研究,2005(1).

　　[63]蒲瑶.中东冲突的部落文化解读[J].西亚非洲,2009(6).

　　[64]漆竹生.海湾阿拉伯国家合作委员会(下)——机构与任务[J].阿拉伯世界,1986(4).

　　[65]钱学文.海合会国家的财政赤字与经济改革[J].阿拉伯世界,1998(1).

［66］钱学文．论海湾六国安全防卫三轴心［J］．阿拉伯世界，1998（2）．

［67］秦亚青．国际体系的无政府性——读温特《国际政治的社会理论》［J］．美国研究，2001（2）．

［68］汝涛．海湾委员会集体安全机制研究［D］．上海：上海外国语大学，2008．

［69］束锡红，刘炜．试论伊斯兰经济思想与社会主义相适应［J］．宁夏社会科学，2002（2）．

［70］思畅．简评也门安全形势［J］．阿拉伯世界，2005（1）．

［71］唐志超．海湾合作委员会第20次首脑会议［J］．国际资料信息，2000（1）．

［72］田源．移民：传统经济维度中的非传统安全因素［J］．经济问题探索，2006（9）．

［73］王广大．从建构主义视角考察阿以冲突的缘起、困境及其出路［J］．阿拉伯世界研究，2011（6）．

［74］王宏伟．海湾六国的军火贸易［J］．西亚非洲，2002（2）．

［75］王江丽．非传统安全语境下的"安全共同体"［J］．世界经济与政治，2009（3）．

［76］王京烈．论海湾六国移民与人口结构安全［J］．西亚非洲，1999（2）．

［77］王京烈．论海湾三角关系与地区安全［J］．西亚非洲，1999（6）．

［78］王睿．从联合国看集体安全理论与实践的七大矛盾［J］．国际论坛，2004（6）．

［79］王昕．全球化背景下海湾阿拉伯国家现代化进程研究［D］．上海：上海外国语大学，2008．

［80］王学玉．通过地区一体化实现安全共同体：一个分析的框架［J］．欧洲研究，2003（5）．

［81］谢立忱，黄民兴．中东国家边界领土纠纷的民族主义诠释［J］．西亚非洲，2009（2）．

［82］杨建荣．阿拉伯海湾国家经济一体化及面临的挑战［J］．国际商务（对外经济贸易大学学报），2007（1）．

［83］杨建荣.巴林与卡塔尔的领土之争［J］.阿拉伯世界,1993(2).

［84］杨建荣.也门侨汇在国民经济中的作用［J］.阿拉伯世界,1999(4).

［85］杨建荣.也门与海湾合作委员会关系探究［J］.阿拉伯世界研究,2009(1).

［86］余国庆.核阴影下的伊朗与海湾阿拉伯国家关系［J］.西亚非洲,2008(10).

［87］俞晓秋,李伟,方金英,等.非传统安全论析［J］.现代国际关系,2003(5).

［88］俞亚克.东盟与海湾合作委员会区域一体化的比较研究［J］.世界历史,2010(5).

［89］袁正清.从安全困境到安全共同体:建构主义的解析［J］.欧洲研究,2003(4).

［90］张良福.波斯湾还会有一场风波?——关于阿布穆萨岛的争端［J］.世界知识,1992(20).

［91］张玫.海湾六国的可持续发展及其对中国的启示［J］.阿拉伯世界研究,2008(3).

［92］张旭鹏.文化认同理论与欧洲一体化［J］.欧洲研究,2004(4).

［93］赵建明.伊朗国家安全战略的动力学分析(1953—2007)［D］.上海:复旦大学,2007.

［94］郑先武."安全共同体"理论探微［J］.现代国际关系,2004(2).

［95］周南.伊拉克共和国的内政外交政策［J］.国际问题研究,1959(1).

［96］朱丽涵.伊朗与海合会国家的恩恩怨怨［J］.当代世界,2012(5).

［97］朱水飞.海湾合作委员会与两伊战争［J］.世界经济与政治,1987(10).

［98］Amin Hewedy.Militarization and security in the Middle East:its impact on development and democracy［M］.New York:The United Nations University,1989.

［99］Anthony Cordesman H,Khalid Al-Rodhan R.Gulf Military Forces in an Era of Asymmetric Wars［M］. Center for Strategic and International Studies,

2007.

［100］Arshin Adib-Moghaddam. The International Politics of the Persian Gulf：A cultural genealogy［M］. London：Routledge，2006.

［101］Augustus Richard Norton. Civil Society in the Middle East［M］. Leiden：E. J. Brill，1996.

［102］Dennis G. Stevens.Challenges to Peace in the Middle East［M］. New-York：Longman，2003.

［103］Emanuel Adler，Michael Barnett N.Security Communities［M］. Cambridge：Cambridge University Press，1998.

［104］Emile Nakhleh A. The Gulf Cooperation Council：Policies，Problems and Prospects［M］. New York：Praeger，1986.

［105］Friedrich Kratochwill V.Rulls，Norms and Decisions：On the Conditions of Practical and Legal Reasoning in International Relations and Domestic Affairs［M］. London：Cambridge University Press，1989.

［106］Gerd Nonneman.Iraq，the Gulf States and the War［M］. London：Ithaca Press，1986.

［107］Ghalib Tulhab Etaibi.The Gulf Cooperation Council：Arabia's Model of Integration［M］. Boston：Boston Colleage，1984.

［108］Gulf Information and Research Centre.The GCC［M］. London：Gulf Information and Research Centre，1983.

［109］Hooshang Amirahmadi，Nader Entessar.Reconstruction and regional diplomacy in the Persian Gulf［M］. London：Taylor & Francis e-Library，2005.

［110］John AUcock，ed al. Border and Territorial Disputes［M］. Essex，UK：Longman，1992.

［111］JohnA.Sandwick.The Gulf Cooperation Council：moderation and stability in an interdependent world［M］. Boulder：Westview Press，1987.

［112］Joseph Kostiner.Conflict and Cooperation in the Gulf Region［M］. VS Verlag für Sozialwissenschaften，2009.

［113］Karl Deutsch. The Analysis of International Relations，Englewood

Cliffs[M]. NJ:Prentice Hall,1988.

[114] Kourosh Ahmadi.Islands and International Politics in the Persian Gulf [M]. London:Taylor & Francis,2008.

[115] Madawi Al-Rasheed. Transnational Connections and the Arab Gulf [M]. London:Routledge,2005.

[116] Matteo Legrenzi.The GCC and the International Relations of the Gulf [M]. London:I.B. Tauris &Co Ltd,2011.

[117] Mohammed Ayoob.Regional Security in theThird World:Case Studies from Southeast Asia and the Middle East[M]. Boulder:Westview Press,1986.

[118] Nasser Ali Qaedi. The Security Motivated Cooperative Relationship and Development of the Gulf Cooperation Council,Dissertation for PHD[M]. Boston:Northeastern University,2003.

[119] Robert Hunter E. Building Security in the Persian Gulf[M]. Santa Monica:RAND Corporation,2010.

[120] Roy Andersen R, Robert Seibert F, Jon Wagner G. Politics and Change in the Middle East:Sources of Conflict and Accommodation,Upper Saddle River[M]. NJ:Pearson Prentice Hall,2008.

[121] Abd al-Hadi Khalaf.The Elusive Quest for Gulf Security[J]. MERIP Middle East Report,1987(148).

[122] Alexander Wendt.Collective Identity Formation and The International State[J]. American Political Science Review,1994,88(2).

[123] Anoushiravan Ehteshami.Reform from above:The Politics of Participation in the Oil Monarchies[J]. International Affairs,2003,79(1).

[124] Atifa Kubursi, Salim Mansur. Oil and the Gulf War:An "American Century" or A "New World Order"[J]. Arab Studies Quarterly,1993(4).

[125] Barbara Kwiatkowska.The Qatar v.Bahrain Maritime Delimitation and Territorial Questions Case[J]. Ocean Development & International Law,2002,33 (3-4).

[126] Barry Rubin. Drowning in the Gulf[J]. Foreign Policy, 1987-1988

（69）.

［127］Eric Hooglund.Iranian Populism and Political Change in the Gulf［J］.
Middle East Report,1992(174).

［128］Fred Lawson H.Using Positive Sanctions to End International Con-
flicts:Iran and the Arab Gulf Countries［J］. Journal of Peace Research,1983,20
(4).

［129］Fred Halliday.The Gulf War and Its Aftermath:First Reflections［J］.
International Affairs,1991,67(2).

［130］Gil Feiler.Migration and Recession:Arab Labor Mobility in the Mid-
dle East,1982-1989［J］. Population and Development Review,1991,17(1).

［131］Henner Fürtig.GCC-EU Political Cooperation:Myth or Reality? ［J］.
British Journal of Middle Eastern Studies,2004,31(1).

［132］Joe Stork.Prospects for the Gulf［J］. Merip Reports,1985(132).

［133］Joseph Kechichian A.The beguiling Gulf Cooperation Council ［J］.
Third World Quarterly,1988,10(2).

［134］Joseph Kechichian A.The Gulf Cooperation Council:Search for Secu-
rity［J］. Third World Quarterly,1985,7(4).

［135］Joseph Kostiner.The Arab States of the Gulf before and after the Sec-
ond Gulf Crisis［J］. Middle Eastern Studies,1997,33(4).

［136］Joshua Goldstein S,Jon Pevehouse C,Deborah Gerner J,et al.Reci-
procity,Triangularity,and Cooperation in the Middle East,1979-1997［J］. The
Journal of Conflict Resolution,2001,45(5).

［137］Kristian Coates Ulrichsen.Internal and External Security In the Arab
Gulf States［J］. Middle East Policy,2009,16(2).

［138］Lewis Snider W.Comparing the Strength of Nations:The Arab Gulf
States and Political Change［J］. Comparative Politics,1988,20(4).

［139］Michael Barnett N. Regional Security after the Gulf War［J］. Political
Science Quarterly,Vol. 1996-1997,111(4).

［140］Nader Entessar.Superpowers and Persian Gulf Security:The Iranian

Perspective[J]. Third World Quarterly, 1988, 10(4).

[141] Nazli Choucri. Migration and Security: Some Key Linkages[J]. Journal of International Affairs, 2002, 56(1).

[142] Neil Partrick. The GCC: Gulf State Integration or Leadership Cooperation? [J]. Kuwait Programme on Development, Governance and Globalisation in the Gulf States, 2011(11).

[143] Peri Pamir. Peace-Building Scenarios after the Gulf War[J]. Third World Quarterly, 1992, 13(2).

[144] Robert Looney E. Structural and Economic Change in the Arab Gulf after 1973[J]. Middle Eastern Studies, 1990, 26(4).

[145] Thomas R. Mattair. Mutual Threat Perceptions in The Arab/Persian Gulf: GCC Perceptions[J]. Middle East Policy, 2007, 14(2).

[146] Yezid Sayigh. The Gulf Crisis: Why the Arab Regional Order Failed [J]. International Affairs, 1991, 67(3).

[147] Yoel Guzansky. The Arab Gulf States and the Iranian Nuclear Challenge: In the Line of Fire[J]. MERIA Journal, 2010, 14(4).